Música e Política

Música e Política
um olhar transdisciplinar

Tânia da Costa Garcia
Lia Tomás
(orgs.)

alameda

Copyright © 2013 Tânia da Costa Garcia/Lia Tomás

Grafia atualizada segundo o Acordo Ortográfico da Língua Portuguesa de 1990, que entrou em vigor no Brasil em 2009.

Publishers: Joana Monteleone/Haroldo Ceravolo Sereza/Roberto Cosso
Edição: Joana Monteleone
Editor assistente: Vitor Rodrigo Donofrio Arruda
Projeto gráfico e diagramação: Juliana Pellegrini
Revisão: Juliana Pellegrini
Assistente de produção: Gabriela Cavallari /Rogério Cantelli
Capa: Rogério Cantelli

CIP-BRASIL. CATALOGAÇÃO-NA-FONTE
SINDICATO NACIONAL DOS EDITORES DE LIVROS, RJ

M975

MÚSICA E POLÍTICA: UM OLHAR TRANSDISCIPLINAR
Tânia da Costa Garcia, Lia Tomás (orgs.).
São Paulo: Alameda, 2013.
250 p.

Inclui bibliografia
ISBN 978-85-7939-183-5

1. Música popular - Brasil – Aspectos políticos. 2. Música popular – Brasil – História. I. Tomás, Lia. II. Garcia, Tânia da Costa.

13-0440.   CDD: 782.421640981
            CDU: 784.7:316.485.22(81)

                                          042304

ALAMEDA CASA EDITORIAL
Rua Conselheiro Ramalho, 694 – Bela Vista
CEP: 01325-000 – São Paulo, SP
Tel.: (11) 3012-2400
www.alamedaeditorial.com.br

Sumário

APRESENTAÇÃO 7

I. MÚSICA, POLÍTICA E SOCIEDADE 15

Redefinindo a nação: canção popular e folclore: 17
um estudo comparativo entre Chile, Argentina e Brasil
no pós-Segunda Guerra Mundial
Tânia da Costa Garcia

A música e seu uso político no III Reich 39
Lia Tomás

Dois momentos do modernismo musical no Brasil 57
Paulo de Tarso Salles

II. ENTRE A HISTÓRIA E A MUSICOLOGIA 73
TENSÕES EM TORNO DE UM OBJETO

Fazendo história da música com a musicologia em crise 75
Juan Pablo Gonzalez

Música popular e historiografia: considerações sobre métodos 97
Silvano Fernandes Baia

Inércia, inocência ou negação? 127
A linguagem musical como desafio epistemológico
da musicologia histórica brasileira
Diósnio Machado Neto

Musicologia e história da música: 155
a contribuição das linguagens da mídia
no estudo da performance da canção
Heloísa de Araújo Duarte Valente

III. Música, consumo e singularidades 169

Ação e afirmação dos sambistas na invenção do samba 171
como "coisa nossa": uma história vista de baixo
Adalberto Paranhos

Samba carioca e carnaval: 201
sonoridades, identidades, urbes e imaterialidades
Fabiana Lopes da Cunha

A "canção imperfeita" de Tom Zé e a Tropicália 231
José Adriano Fenerick

os autores 247

Apresentação

Nas últimas três décadas, e com maior intensidade a partir dos anos 1990, a música tornou-se objeto de pesquisa de diferentes campos das ciências humanas, extrapolando a musicologia no seu sentido mais tradicional. Tal transbordamento trouxe a expansão do campo ao incorporar as manifestações populares e massivas, sob uma nova perspectiva.

Utilizando-se das teorias e métodos da história, da semiótica, da filosofia e das ciências sociais, o código sonoro passou a ser estudado relacionando-se à configuração e à reconfiguração de identidades, às políticas culturais democráticas, autoritárias e totalitárias, ao papel dos meios de comunicação, aos movimentos de esquerda, e outras tantas abordagens. A música foi, enfim, trazida para o centro da sociedade moderna, onde dentre as diferentes manifestações artísticas, é uma das mais evidentes em termos de produção, circulação e consumo.

Seu alcance não depende exclusivamente do acesso a uma educação formal. Usufruindo da tecnologia disponível, a música popular urbana relaciona-se, desde fins do século XIX, com um público amplo. Veiculada pelo disco, pelo rádio, pelo cinema, pela televisão e, mais recentemente, pela internet, a música transborda fronteiras, integrando diferentes grupos sociais, etnias e nações e ainda representando reações e resistência.

A música, muitas vezes, é chamada a constituir clivagens tanto intra como extramuros. A divisão clássica entre música erudita, música folclórica e música popular urbana, por exemplo, é constantemente reivindicada para afirmar as hierarquias sociais, incluindo ou excluindo determinados segmentos, conforme os interesses dos grupos hegemônicos.

Não há, portanto, como pensarmos em arte, ou mais especificamente em música, desvinculada do social e do político, apesar de ainda sobreviver a tradicional história da arte, em que a produção artística é estudada a partir de uma sequência evolutiva de estilos, consagrando-se "gênios" e obras-primas, nomeados a partir de convenções estabelecidas e perpetuadas.

Definitivamente, a arte não é algo que paira sobre nós. Ao integrar um tempo e um espaço determinados é constituída e constituinte da realidade social. Encontra-se atrelada ao mercado, desafiando estratégias e superando previsões; é formatada pelas tecnologias disponíveis, assim como usufrui das mesmas em direção a novas formas de criação e dialoga com as políticas culturais, negociando representações. Não se pode esquecer que os artistas sempre estiveram atrelados a instituições que os patrocinavam ou, quando finalmente se libertaram destas terminaram, de alguma maneira, submetidos ao mercado. As editoras, a indústria fonográfica, o rádio, o cinema e a televisão interferiram algumas vezes mais e outras menos no processo de criação musical. A tecnologia disponível em cada época no mínimo influenciou a escolha dos arranjos, do repertório, enfim, da elaboração do produto final.

Mesmos os mais autônomos, os ditos alternativos, desde que sobrevivendo de sua arte, dependiam da mediação de seus agentes com seu público. Mesmo a experiência estética aparentemente a mais descomprometida revela algo a respeito de seu tempo, no mínimo a total aversão às convenções do período. O surgimento do sistema dodecafônico, a forma de 32 compassos na canção popular, a introdução de ruídos na paisagem sonora nas primeiras décadas do século XX, enfim, seus aspectos formais, são produzidos em uma determinada época, reafirmando ou contribuindo para a transformação de certos valores e comportamentos que interferem na maneira como percebemos o mundo e como o representamos. A perpetuação de convenções ou as rupturas estéticas dependem das práticas sociais que as legitimam.

Esta coletânea, dividida em três partes, reúne trabalhos de pesquisadores brasileiros e estrangeiros – oriundos dos campos da História, da

Semiótica e da Musicologia – apresentados originalmente no I Colóquio Internacional História e Música: música e política um olhar transdisciplinar ocorrido na Unesp, campus de Franca, nos dias 31 de maio e 1º de junho de 2011.

O livro, fiel à proposição do evento, divide-se em três partes, denominada, respectivamente, "Música, sociedade e política", "Entre a Historia e Musicologia: tensões em torno de um objeto" e "Música, consumo e singularidades".

Na primeira parte, os olhares privilegiam as apropriações da música por distintos regimes de governo durante o século XX e seu uso em construções identitárias atreladas à nacionalidade no Brasil, em outros países da América Latina e na Europa, a partir de expressões tradicionalmente denominadas populares e eruditas.

O término da Segunda Grande Guerra, as transformações na política mundial decorrentes da nova relação de poder entre as nações e seus desdobramentos na América Latina constituem o cenário de "Redefinindo a nação: canção popular e folclore – um estudo comparativo entre Chile, Argentina e Brasil no Pós-Segunda Guerra Mundial". Nesse trabalho, Tânia da Costa Garcia retoma, em novas bases, o interminável debate que se estende por quase todo o século XX acerca da identidade nacional, analisando as diferentes apropriações da denominação "música folclórica" pela música popular urbana relacionada ao nacional. A narrativa demonstra com propriedade como, no campo musical, esses movimentos nacionalistas foram marcados pela atuação, nem sempre convergente, de amplos setores da sociedade – meios de comunicação de massa, Estado, universidades ou outras instituições – com o propósito de redefinir as características do cancioneiro popular, atualizando o discurso frente às novas exigências do período.

Na sequência, Lia Tomás, em "'A mais alemã dentre as artes': A música e seu uso político no III Reich" discute a trama ideológica entre a construção do Estado alemão e a excelência musical inata do povo alemão. A partir de antecedentes da historiografia musical, analisa o uso da música como instrumento político-ideológico no III Reich, enfatizando as práticas do *Einsatzstab Reichsleitter Rosenberg* (ERR), assim como o papel desempenhado por musicólogos no confisco de bens musicais nos países ocupados.

Encerrando o primeiro bloco, "*Dois momentos do modernismo musical no Brasil*", de Paulo de Tarso Salles, tem seu foco sobre dois momentos distintos do que já foi considerado expressão de "modernidade" na música brasileira. O primeiro é situado entre o final do século XIX e a década de 1930, com a afirmação do nacionalismo como ideologia dominante entre os intelectuais brasileiros e a consequente construção de uma estética musical com ênfase na representação da nacionalidade. O segundo momento da modernidade musical brasileira localiza-se entre os anos 1950-70, de acordo com um modelo desenvolvimentista cujo maior ícone foi o próprio governo JK. As definições vigentes do "modernismo" musical, remanescentes ainda do início do século seriam, então, revistas de acordo com novos pressupostos estéticos e teóricos que expuseram as divergências entre as gerações de músicos já constituídos nos aparelhos estatais e os que buscavam um espaço nessa nova ordem.

A segunda parte dedica-se a uma discussão absolutamente atual relativa ao campo: as tensões entre a musicologia e a história. Os discursos voltam-se para os limites das abordagens tradicionais da musicologia, propondo examinar as contribuições do campo historiográfico, sem perder de vista as demandas específicas da linguagem musical como objeto de análise.

Em "*Fazendo História da Música com uma musicologia em crise*", Juan Pablo Gonzalez analisa, a partir de sua experiência como docente e pesquisador, os avanços que os estudos musicológicos sofreram nos últimos 30 anos em decorrência de um diálogo aberto com as ciências humanas e sociais. Destaca importantes chaves de leitura que essa interdisciplinaridade trouxe para os estudos musicológicos, permitindo à musicologia, como disciplina, revisar seus cânones e incorporar novos objetos e abordagens na sua narrativa.

Músico de formação mas com pesquisa na área de história, Silvano Baia, diferente de Juan Pablo cujo movimento de análise é da musicologia para a história, enfoca as relações da história com a musicologia ao traçar um panorama da pesquisa sobre música popular na área de História. Em "*Música Popular e Historiografia: tendências e reflexões*", o autor chama a atenção para a importância das relações entre texto e contexto, sincronia e diacronia, e a articulação entre as abordagens histórico-sociológicas e a análise técnico-estética para o estudo e a história das diversas linguagens artísticas. Além das tensões teórico-metodológicas que permeiam o objeto música, Baía não perde de vista o aspecto político da disputa entre as áreas relacionadas.

Numa perspectiva bastante diversa de Gonzalez e Baía, Diósnio Machado Neto em "Inércia, inocência ou negação? A linguagem musical como desafio epistemológico da musicologia histórica" interpreta os estudos culturalistas como responsáveis por uma história ideologizada da música. O nacionalismo musical dominante no Brasil durante a primeira metade do século XX é apontado pelo autor como um exemplo dessa contaminação da musicologia pelas abordagens culturalistas. As vanguardas, em contrapartida, simbolizariam a possibilidade de ruptura com um sistema discursivo perpetrado pela ideologia nacionalista. Para Diósnio Machado Neto a musicologia é, sobretudo, um discurso sobre a linguagem musical.

Embasada na semiótica, Heloísa Valente propõe em "Musicologia e história da música: a contribuição das linguagens da mídia no estudo da performance da canção" a valorização das fontes visuais para a análise musical. Considerando que desde o século XX não é possível pensar em música sem levar em conta os suportes midiáticos, Valente chama a atenção para as informações contidas nesses suportes para a compreensão do fenômeno musical. Comentando brevemente sobre a importância dos *shows* (gravados) para o estudo da *performance*, detém-se com mais demora na contribuição oferecida pela capas dos LPS, como um discurso sobre a obra que não se esgota nos sulcos do disco. Para além da notação musical, a autora destaca a importância de se agregar outras fontes para o estudo da música popular urbana.

A terceira parte evidencia as relações de produção, circulação e consumo em torno da criação musical, levando em conta as instituições patrocinadoras, as políticas culturais e o mercado. Neste universo, a perpetuação de tradições, identidades e as rupturas estéticas são consideradas em função das negociações e práticas sociais que as legitimam.

A elevação do samba ao *status* de representante da identidade nacional é explorada por Adalberto Paranhos em "Ação e afirmação dos sambistas na invenção do samba como 'coisa nossa' uma história vista de baixo". Elegendo como fonte o próprio samba, o autor analisa a participação ativa dos sambistas/compositores na invenção dessa tradição, questionando as tendências historiográficas que atribuem ao Estado o papel de principal protagonista nesse processo. Sem descartar as ações oficiais na monumentalização de um dado repertório do samba como legítimo representante da música popular brasileira, o estudo revela a importância desses outros atores na definição do samba como símbolo de brasilidade.

Ainda sobre o samba, Fabiana Lopes da Cunha discute em "Samba carioca e carnaval: sonoridade, identidade e imaterialidade" a vinculação do samba com a festa carnavalesca e a construção da identidade carioca e nacional associadas às políticas culturais e aos projetos urbanísticos de transformação de espaços citadinos do Rio de Janeiro, consagrados pela história do samba carioca. A autora enfoca ainda o registro das matrizes desse gênero musical como um bem imaterial no Livro das Formas de Expressão criado pelo IPHAN em 2000.

Encerrando o última parte e também o livro, José Adriano Fenerick, em "A 'canção imperfeita' de Tom Zé e a Tropicália" aborda, paralelamente à produção musical de Tom Zé, os dois projetos opostos de renovação da canção brasileira propostos pelos movimento tropicalista: modernização da linguagem da música popular brasileira por meio do uso de procedimentos e técnicas oriundos das vanguardas musicais mais radicais, de um lado, e a promoção e aproximação da canção popular brasileira com a *música pop* internacional, ampliando sua inserção no mercado musical, de outro. O autor situa ainda o vanguardismo do seu protagonista como critica implícita aos desdobramentos do movimento, da década de 1970 em diante.

Por fim, "Música e Política: um olhar transdisciplinar" busca expandir as possibilidades de pensar e analisar a música como objeto de estudo. Mais do que a interdisciplinaridade, este livro propõe a utopia da transdisciplinaridade, isto é, mais do que a troca entre disciplinas, a suplantação dessas fronteiras formais que, se por um lado, estruturam métodos de abordagem, por outro, se traduzem, muitas vezes, em lugar de conflito entre diferentes áreas do conhecimento pela posse desse objeto polissêmico e escorregadio, que rejeita tornar-se preza de um único saber.

Música e Política apresentam configurações móveis e impasses, possibilitando ao leitor fazer suas escutas entre essas perspectivas.

As organizadoras

Música, política e sociedade

Redefinindo a nação
canção popular e folclore: um estudo comparativo entre Chile, Argentina e Brasil no pós-Segunda Guerra Mundial

Tânia da Costa Garcia

As transformações ocorridas no cenário internacional após o fim da Segunda Grande Guerra, ao anunciarem a hegemonia norte-americana, colocaram em curso, na América Latina, mudanças estruturais nos campos político, econômico e social, responsáveis por acontecimentos que marcariam as três décadas seguintes. Tal processo, ao provocar rearranjos internos em todos os níveis das sociedades, desencadeou um movimento, no plano simbólico, de revalorização da identidade nacional, a fim de fazer frente à mundialização da cultura promovida pela nova dinâmica da ordem internacional.

No universo das artes, a música popular, pela sua capacidade de difusão, graças ao barateamento da tecnologia disponível e à circulação entre os distintos grupos sociais, tornou-se expressão das disputas em torno da identidade nacional. Redefinir o simbólico da nação implicava também na redefinição dos grupos que partilhariam o poder.

Concorreram nesse processo os meios de comunicação de massa, a política cultural dos respectivos governos e os produtores culturais. A negociação durante o breve período de democracia – entre meados dos anos 1940 até meados dos anos 1960, para o Brasil e a Argentina, e até 1973, para o Chile – prevaleceu na relação entre os diferentes setores, revelando tensões e contradições que, embora não tenham sido solucionadas, foram responsáveis pelas bases fundadoras, no campo da música, de uma cultura popular nacional moderna, influenciando as gerações seguintes.

Distanciando-nos das abordagens mais tradicionais sobre a construção das identidades nacionais, centradas nas originalidades que caracterizam cada nação, apresentamos uma análise comparada enfocando as diferentes apropriações da denominação "música folclórica" pela música popular relacionada ao nacional no Chile, na Argentina e no Brasil, de meados da década de 1940 ao final da década de 1960. Entendemos que o método comparativo permite não só buscar as semelhanças entre as tão exaltadas diferenças, como ainda trazer à luz aspectos da realidade que, de outra forma, seriam vistos como "naturais", deixando de serem examinados.

Antes de adentrarmos as especificidades de cada país, consideramos necessário destacar a existência de uma distinção formal entre música folclórica e música popular. Nessa linha, Eduardo Carrasco, intelectual e músico chileno, tece a seguinte reflexão: a música folclórica.

> (...) é local e se incorpora à vida do povo como qualquer outra tradição assimilando-se a ação e a crença concreta, cujas bases se perdem na memória do povo que cria. Ela não se dirige a um público qualquer, definindo desde o princípio quem deve escutá-la, como e quando, e as formas de relação que cria entre o executante e quem a escuta, não tem que ver com o que nós, hoje em dia, entendemos como espetáculo. A diversão e o entretenimento, tal como são concebidos hoje em dia, não guardam nenhuma relação com a canção folclórica. (CARRASCO, E., 1982, p. 7)

A música popular, por sua vez,

> (...) está associada, desde sua origem mais distante, ao baile e outras atividades sociais da vida citadina, onde já não mais se encontram os fios da tradição folclórica e as finalidades prescritas pelo rito. Em realidade, é a vida moderna que inventa a canção popular e lhe tem dado forma atual de produto de consumo, com

características cada vez mais internacionais e mais distantes das culturas originais". (CARRASCO, E., 1982, p. 7)

O folclore seria, numa palavra, a tradição, e o popular, a ruptura com essa tradição. A música urbana, pela maneira como se relaciona com seu público, mediada pelos meios de comunicação e voltada para o mercado, estaria distante da música folclórica. Todavia, tanto no Chile como na Argentina, a denominação música folclórica não se restringiu àquelas canções tradicionais, oriundas do meio rural, tomadas como a legítima tradução do "povo chileno" ou do "povo argentino", mas abarcou um repertório de gêneros que, após ser formatado e veiculado pelo rádio e pelo disco, atendendo às demandas do mercado, continuou, vulgarmente, a receber essa denominação.

O uso, aparentemente pouco preciso, da terminologia "música folclórica" para designar as manifestações sonoras cada vez mais imbricadas ao contexto urbano e à modernidade, adquire sentido se relacionado às disputas das representações em torno da identidade da nação. Isto é, ser folclórico tornou-se uma condição para que um determinado repertório fosse reconhecido e respeitado como *a* música nacional. Vale lembrar que os estudos folclóricos, surgidos na Europa do século XIX, foram, desde o início animados pela necessidade de elaboração de uma identidade para a nação. Em busca da "essência do povo", os folcloristas nomearam o mundo campesino como depositário de um passado comum capaz de representar o espírito da nação, em detrimento do universo urbano degradado, corrompido, visto como ameaça a essa unidade. O que interessava era o "passado em vias de extinção" (ORTIZ, 1986, p. 23-28). A despeito das polêmicas internas entre os folcloristas, foi essa concepção de folclore que alcançou o século XX, norteando os debates em torno dos critérios para se definir a cultura nacional.

No Chile, a denominada música folclórica tocada em bailes e festas rurais, partilhada por patrões e empregados, ao migrar para a cidade, no início do século XX, identificou-se com os distintos grupos sociais presentes nesse novo espaço e, adaptando-se aos meios de comunicação de massa, foi largamente difundida e reconhecida como a "música típica chilena".

A partir de meados dos anos 1940, os estudos folclóricos, financiados pelo governo, avançaram na pesquisa e preservação desse repertório, expandindo suas referências. Mais tarde, nos anos 1960 e 1970, a música folclórica inspirou novas leituras desenvolvidas pelo cancioneiro popular urbano. Primeiro, o *Neofolclore*, numa sintonia mais aguçada com o mercado depois, a *Nueva Canción*, comprometida com a tradição folclórica e o engajamento político.

Na Argentina, a nomeada música folclórica teve que disputar espaço com o tango, detentor exclusivo, até os anos 1940, da nacionalidade que, de Buenos Aires, emanava para o resto do país. Desde então, a migração do meio rural para o urbano foi estrategicamente capitalizada pelo peronismo que, ao valorizar a cultura desses novos segmentos sociais estabelecidos na cidade, reconheceu as sonoridades do interior como dignas representantes do cancioneiro popular. A "música folclórica" tomava conta dos meios de comunicação e, num hibridismo constante, renovava-se e expandia-se, concorrendo no mercado, inclusive com ritmos estrangeiros. Nos anos 1960, o manifesto do *Nuevo Cancionero* reafirmava a necessidade de renovação do cancioneiro popular, sem perder de vista suas origens.

No Brasil, o que se convencionou denominar música folclórica – as manifestações do cancioneiro rural tradicional (congadas, reisados, maracatus etc) – desde o movimento modernista esteve exclusivamente a serviço da configuração de uma música erudita brasileira, sendo desprezada, na sua forma original, como representante da nacionalidade. O samba, que nos meios de comunicação tornava-se conhecido como a canção popular brasileira, gênero citadino desde a sua origem, era, pelos seus hibridismos, desclassificado pelos folcloristas. A respeito do nacionalismo musical modernista, analisa WisniK:

> O popular pode ser admitido na esfera da arte, olhado à distância pela lente da estetização, (...), mas não quando rebelde à classificação imediata pelo seu próprio movimento ascendente e pela sua vizinhança invasiva, ameaça entrar por todas as brechas da vida cultural, pondo em xeque a própria concepção de arte do intelectual erudito. (SQUEFF E. & WISNIK, M., 1983, p. 183)

Todavia, assim como na Argentina e no Chile, após a Segunda Grande Guerra,[1] mais exatamente nos anos 1950, em sintonia com o nacionalismo musical do período, surgia no Brasil a *Revista da Música Popular* e com ela a música folclórica urbana, coroando o samba dos anos 1930 como o genuíno representante da música popular brasileira.

Durante os anos de conflito, o alinhamento da América Latina com os Aliados colaborou para o processo de liberalização e democratização acionado pelas camadas médias e pelos grupos estudantis acompanhados, em alguns países, pelos trabalhadores, com o propósito de colocar um fim às ditaduras e às velhas oligarquias. No plano econômico, a onda democrática veio acompanhada pelo anseio de um desenvolvimento industrial autônomo. O aceleramento da industrialização incentivado pela diminuição das importações e exportações, a intensificação da migração do campo para a cidade decorrente das mudanças no rumo da economia nacional, acompanhada pelas transformações sociais e políticas, trouxeram um novo alento para as populações desses países.

No imediato pós-guerra era possível vislumbrar, a curto prazo, governos democráticos e uma economia próspera, possibilitando o acesso de grande parte da população ao bem-estar social. Neste processo de transição caberia ao Estado intervencionista garantir o ingresso da sua nação nesta "nova etapa desenvolvimentista", criando as necessárias condições de mercado, implantando a infra-estrutura e investindo em setores dispendiosos demais para a iniciativa privada.

Diante da perspectiva de progresso não é difícil imaginar a onda nacionalista que tomou conta da região, acentuada pela propaganda política daqueles que ascendiam ao poder e necessitavam legitimar-se. A emancipação econômica era propalada como uma segunda emancipação política, a despeito dos investimentos externos que estes governos precisavam

---

1 Como bem observam Bethell e Roxborough em *A América Latina entre a Segunda Guerra Mundial e a Guerra Fria*, este período tem recebido pouca atenção dos historiadores, a despeito de configurar um "quadro institucional e ideológico" responsável pelo desenrolar dos acontecimentos político, econômico e social da região nas três décadas seguintes. BETHELL, L. & ROXBOROUGH, I. 1996, p. 305.

garantir. Os novos grupos empossados contavam com o apoio das massas para implementar as mudanças e combater a oposição.

A percepção dessa modernidade – representada pelo novo surto de desenvolvimento tecnológico, pelo progresso urbano, pelo crescimento das camadas médias e dos trabalhadores e pela massificação do consumo – deu-se de forma concreta no cotidiano com a descaracterização ou perda dos costumes locais, substituídos, muitas vezes, por uma cultura de massa *desterritorializada*, propagada pelo mercado e difundida pelos meios de comunicação.

Tais mudanças provocaram manifestações reativas nessas sociedades. Para os mais diversos segmentos sociais, a maneira encontrada de se contrapor à onda asfixiante de aculturação seria realçando a identidade nacional. No Chile, setores ligados às elites rurais preconizavam a defesa da canção nativa, evocando o passado contra as transformações impostas. Na Argentina, a intensificação do fluxo migratório do campo para a cidade, nos anos 1940, levou o peronismo à valorização das tradições folclóricas, incluindo aí o cancioneiro popular de origem rural como forma de contrapor-se aos estrangeirismos presentes nas metrópoles. No Brasil, houve uma mobilização – orquestrada por músicos, críticos e jornalistas – em torno do samba da denominada velha guarda[2] como a autêntica expressão da cultura nacional.

Como já sinalizamos anteriormente, no Chile e na Argentina a música folclórica não era exatamente uma novidade nos 1940 e 1950. O repertório que constituiu a denominada "música típica chilena' teve, desde sempre, suas raízes em ritmos rurais como *cuecas* e *tonadas*. González e Rolle, em seu livro *História Social de la Música Popular em Chile*, chamam a atenção para o fato de que

> o grupo dirigente chileno [em fins do XIX e início do século XX] se sentia fortemente ligado à sua terra, e, embora pudesse assumir comportamentos cosmopolitas como eram as longas viagens

---

[2] A denominação "velha guarda" é produto do precoce processo de *monumentalização* dos compositores e intérpretes do samba carioca dos anos 1920 e 1930 promovida, nos anos 1950, por jornalistas, radialistas e folcloristas, como Lucio Rangel e Almirante e Marisa Lira.

a Paris, não repudiava de nenhum modo sua ligação com o meio rural e suas expressões autóctones. (2005, p. 364)

A elite transformaria tais valores rurais em emblemas da nacionalidade chilena. Com as levas migratórias do campo para a cidade nas primeiras décadas do século XX, formou-se um público urbano para esse repertório. A cidade incorporou e retrabalhou esses gêneros como representação do nacional, difundindo-os largamente por todo o território chileno, graças à poderosa indústria do disco. Os primeiros grupos de *cuecas* e *tonadas* eram formados por representantes da elite chilena, universitários que, sem ambições profissionais, traziam essa música para a cidade, como *Los Cuatro Huasos* e *Los Quincheros*.

Contudo, até meados dos anos 1940, a música típica nacional dividiu espaço desmesurado com os ritmos estrangeiros: o bolero, o tango, *a guaracha*, a rumba e o *fox trot*, para logo em seguida ganhar maior representatividade nos meios de comunicação de massa recebendo, inclusive, apoio institucional. Durante o governo de Pedro Aguirre Cerda, por exemplo, foram atendidas reivindicações de artistas sindicalizados, e imposta uma legislação que obrigava as casas de *shows* e bailes dançantes a terminarem a noite com uma *tonada* e três *cuecas* cantadas por conjunto de *huasos* (GONZALES, J.P. e ROLLE, C., 2005, p. 385).

Imbuídos desse papel de preservação do patrimônio nacional, os governos radicais passaram a ter maior influência sobre os rumos da cultura no país. Em 1940, era criada a *Direção de Informação e Cultura* e, em 1941, o *Instituto de Extensão Musical*. As iniciativas desses órgãos governamentais, atreladas aos interesses do populismo de Estado, nem sempre estavam de acordo com aquelas definidas e empregadas pela Universidade como o *Instituto de Investigação do Folclore Musical*, anexado à Faculdade de Belas Artes da Universidade do Chile em 1944.

Nesse período, a Universidade desempenhou um importante papel no estudo, preservação e difusão da música folclórica nacional. Todavia, se por um lado a apropriação desse campo pelos acadêmicos, constituiu um avanço na investigação e na preservação das tradições musicais chilenas, por outro terminou promovendo a *museificação* dos ritmos, inventando um *folclorismo* que se desvincularia das demandas da sociedade moderna, condenando a música folclórica ao isolamento e à perda social de seu significado, o que não impediu os folcloristas de buscarem "(...) uma associação com a indústria musical a fim de divulgar e preservar um patrimônio ameaçado, paradoxalmente pela própria indústria do disco, que agora viria recuperar o que estava contribuindo para extinguir." (GONZALEZ, J.P. & ROLLE, C., 2005, p. 416).

Posteriormente, nos anos 1960, marcaram presença na cena musical os grupos de *Neofolclore*. No início, o *Neofolclore* foi um amplo guarda-chuva abrigando músicos que mais tarde pertenceriam ao movimento da *Nueva Canción*, como os irmãos Parra. Eram também confundidos com os grupos de *Neofolclore* aqueles que se dedicavam à música de projeção folclórica, como era o caso do grupo *Cuncumen*, do qual faziam parte Victor Jara e Rolando Alarcón. O repertório do *Neofolclore* acrescentou às *cuecas* e *tonadas* da região central do Chile, os ritmos do norte,[3] como a *resfalosa*, ampliando as características da dita música nacional chilena.

Outro diferencial dos grupos de *Neofolclore* esteve no seu caráter comercial. Embora, desde sempre, a música folclórica chilena estivesse ligada à indústria do disco e ao entretenimento, os grupos de *Neofolclore* profissionalizaram essa relação.

Assumindo uma postura oposta aos neofolcloristas ao negar sua subordinação ao mercado, configurou-se um novo movimento, posteriormente denominado *Nueva Cancion Chilena*. Reafirmando seu compromisso com a tradição sem abandonar a ideia de renovação musical, a *Nueva Canción* trilharia outros caminhos, caracterizando-se pelo engajamento político de seus compositores e intérpretes diante do rumo que tomava a história no Chile em fins dos anos 1960. Dentre os músicos precursores desse movimento de revitalização das tradições, merece destaque Violeta

---

3   Claudio Rolle chama atenção para o fato de que a expansão territorial do folclore, ocorrida a partir da Universidade e dos grupos de músicos profissionais, não teve, em alguns casos, apenas caráter etnogeográfico. Integrantes de conjuntos como *Cuncumen* e recopiladoras e intérpretes como Violeta Parra e Margot Loyola trouxeram, com essas novas incursões, uma outra dimensão da realidade social do Chile, como os conflitos do mundo campesino, presentes nos cantos de trabalho e negados por interesses políticos. (ROLLE, C., 2006)

Parra. A artista, desde o início dos anos 1950, dedicou-se à pesquisa do folclore, revelando um universo até então desconhecido pelos folcloristas mais tradicionais. Segundo Rodrigo Torres Alvarado, autor do artigo *Cantar la diferencia, Violeta Parra y la canción chilena*,[4] para além dos temas lúdicos e amorosos, Violeta penetrava no âmago do cancioneiro, aproximando-se do legado dos poetas populares. Após um longo período realizando compilações, inspirada nessas referências, Violeta passa para a produção de trabalhos autorais. Na década de 1960, suas músicas evocam problemas candentes da sociedade chilena. De 1961 a 1964 está concentrado o principal do repertório político de Violeta, que alimentará outros compositores populares durante os anos 1960 e 1970 no Chile, interessados na costura possível da cultura popular com a identidade nacional e o engajamento político.

Os filhos de Violeta, Isabel e Angel Parra, ao criarem a *Peña de Los Parra* também tiveram papel estratégico na formação do movimento. Nesse espaço, onde se reuniam músicos, estudantes, artistas e intelectuais de esquerda, sem fronteiras delimitadas entre artistas e público, foram sendo gestados os elementos que caracterizariam o repertório da Nueva Canción. Uma nova geração de músicos e compositores viu-se envolvida com uma releitura do cancioneiro folclórico que contemplava as demandas políticas do país.

No caso da Argentina, embora o gênero mundialmente conhecido como sinônimo de argentinidade tenha sido o tango, paralelamente desenvolveu-se, no interior do país, a denominada música folclórica.

A partir de meados dos anos 1940, mais especificamente a partir de 1946, esse repertório, caracteristicamente regional, alcançou a capital e de lá expandiu-se para todo o território nacional. Com Juan Domingo Perón no poder, as representações do nacional foram redimensionadas, contemplando costumes e tradições do homem do campo que migrava para a cidade com o enfraquecimento da economia rural. A história de Antonio Tormo ilustra bem este momento de valorização da música

---

4 ALVARADO, R. "Cantar la diferencia. Violeta Parra y la canción chilena" In *Revista Musical Chilena*. vol. 58, n. 201. Santiago, enero, 2004.

folclórica. O cantor, depois de vários anos atuando nas emissoras de rádio e teatros de Buenos Aires, frustrado pelos parcos ganhos e pela instabilidade profissional, abandona a carreira, só retomando em meados dos anos 1940, quando o folclore ganhava projeção no meio urbano. Buenos Aires, cidade do tango, passaria a ouvir *milongas, zambas, chacareras*, entre outros ritmos do interior. Nessa fase tiveram destaque os conjuntos vocais. Alguns trajavam roupas típicas de gaúcho ou adereços que lembravam a indumentária; outros, buscando mesclar-se à atmosfera citadina, vestiam *smokey*. De um modo geral, os grupos apresentavam-se nas rádios de Buenos Aires e de países vizinhos e formalizavam contratos com a indústria do disco, tornando conhecido seu repertório para além das fronteiras regionais. Durante o peronismo, o folclore, como representação da nação, deixaria de ser monopolizado pelas oligarquias rurais como legitimador de seus direitos de soberania sobre o território nacional e sobre o Estado que regiam[5] e passaria a simbolizar inclusão social e política dos setores populares negociada e institucionalizada pelo poder. Mas, se por um lado, os músicos beneficiaram-se das políticas de incentivo implementadas pelo *peronismo*, por outro tiveram que dobrar-se ao controle exercido pelo governo sobre a produção cultural. O músico e compositor Atahualpa Yupanqui, num momento de ascensão da sua carreira, favorecido evidentemente pelas circunstâncias, foi vítima de censura, sendo proibido de executar suas canções em público ou veiculá-las no rádio. O cancioneiro folclórico de Yupanqui apontava para as clivagens sociais em vez de promover uma unidade sem ranhuras, como intencionava a política cultural

---

5 Como bem demonstra KALIMAN, R. em seu livro *Alhajita es tu canto: el capital simbólico de Atahualpa Yupanqui*. Córdoba: Comunic-arte Editorial, 2004, a chamada Geração do Centenário, isto é, as construções de Leopoldo Lugones e Ricardo Rojas sobre a identidade nacional, ao selecionar da cultura rural os elementos fundadores da essência do povo argentino, o fizeram exaltando a figura do gaúcho como o típico mestiço argentino. Todavia, apresentaram os grandes proprietários de terra como seus legítimos descendentes, em detrimento da figura do camponês, reproduzindo, *na tradição inventada*, as relações de poder existentes no campo (p. 34).

do período. O folclore representado pelo repertório de Yupanqui não era o mesmo endossado e propagado pelo peronismo.[6]

É importante notar que essa valorização das tradições populares não foi uma iniciativa isolada do peronismo. Outros governos, desde o início do século XX, haviam se preocupado em incentivar e promover o folclore nacional. Também foi fundamental para a preservação e a propagação desse repertório o trabalho dos folcloristas. Dos anos 1920 datam os primeiros trabalhos de campo com recopilações. Em 1923, ocorre a fundação do primeiro museu folclórico argentino, o Museu Colonial e Histórico da Província de Buenos Aires. Em 1937, o reitor da Universidade Nacional de Tucuman, Julio Prebisch, criou o Departamento de Investigações Regionais com seis institutos dependentes, entre eles o Instituto de História, Linguística e Folclore. Em 1939, é criada a cátedra de folclore, primeira no país, no Conservatório Nacional de Música e Arte Cênica. Em 1941, a Universidade de Córdoba criou também seu Instituto de Folclore. De 1944 é a publicação da importante obra de Carlos Vega, *Panorama da Música Popular Argentina*, a qual traz o "Ensayo sobre la ciencia del Folklore."

Nos anos 1960, com os Festivais de Folklore de Cosquín, o primeiro ocorrido em 1961, a "música folclórica" argentina alcançaria uma projeção ímpar, tanto nacional como internacionalmente. Desde a segunda edição, os meios de comunicação da capital passariam a transmitir o evento, proporcionando-lhe um grande impulso. Em 28 de fevereiro de 1963, foi instituído pelo decreto lei nº 1547, a Semana Nacional do Folclore, estabelecendo como sede a cidade de Cosquín. No festival, além de apresentações musicais, eram exibidas danças folclóricas, artes tradicionais e organizadas mesas redondas com estudiosos do assunto.

Também data de 1963 o *Manifiesto del Nuevo Cancionero*, redigido pelo compositor Armando Tejada Gómez e assinado por outros músicos. De acordo com o manifesto, os objetivos do *Nuevo Cancionero* eram

---

6 Sobre as relações da obra do compositor Atahualpa Yupanqui com o *peronismo* conferir: GARCIA, T. "Entre a tradição e o engajamento: Atahualpa Yupanqui e a canção folclórica nos tempos de Perón". In *Projeto História*, São Paulo, n° 36, p 197-209, jun. 2008.

basicamente três: 1) a exaltação da cultura nacional como forma de reação à cultura alienígena perpetrada pelo mercado via meios de comunicação; 2) a nova canção entendida não como um gênero específico e muito menos como genuinamente popular, mas como uma música renovada de características autóctones; 3) a proposta de um intercâmbio com todos os artistas e movimentos similares da América Latina. Eis o alvo do manifesto: a renovação do cancioneiro popular – experimentação e fusão de gêneros, timbres e ritmos – como resposta às formas estereotipadas impostas pelo mercado – o tango para exportação e os ritmos estrangeiros professados pelos meios de comunicação de massa.[7]

O documento relaciona os fatores responsáveis pelo ressurgimento da canção nativa nos anos 1940 e 1950, ou seja, nos tempo de Perón, ao êxodo rural, ao incremento da urbanização e aos interesses de mercado em atender a esse novo e expandido público – nesse período os ritmos portenhos cederam espaço para outras informações sonoras trazidas do interior. Aborda a importância do reconhecimento dessa música folclórica como a música argentina por excelência, suplantando os ritmos bonarenses sujeitos aos estrangeirismos típicos da capital. Contudo, para o movimento a concepção da canção nativa como folclore e deste como tradição imutável, em que qualquer alteração é entendida como comprometedora das formas tradicionais, teria sido, paradoxalmente, a razão de sua vulnerabilidade. Desconectada da realidade, sem relação com as novas gerações – sobretudo urbanas – esvaziada de sentido, a canção folclórica estaria condenada a tornar-se peça de museu, referendando um passado comum. Mas o que é o *Nuevo Cancioneiro*? Pergunta e responde o manifesto:

> O novo cancioneiro é um movimento literário-musical, dentro do âmbito da música popular argentina. Não nasce como oposição a nenhuma manifestação estilística popular, e sim como conseqüência do desenvolvimento estético e cultural do povo e é sua intenção defender e aprofundar esse desenvolvimento.

---

7 GARCIA, T.C. *Nova Canção: manifesto e manifestações latino-americanas no cenário político mundial dos anos 60.* In www.uc.cl/historia/iaspm/baires/articulos/costagarcia.pdf. Acesso em: 09/03/2011.

Para os representantes do movimento, a música popular nacional não deveria ser tomada como mero divertimento – adorno de festas populares e de efemérides. Novas instituições deveriam ser criadas a fim de garantir a difusão do nacional-popular, sob uma nova perspectiva. Daí a necessidade de se formar a juventude para tal tarefa. Os representantes do *Nuevo Cancionero* não vinham propor estritamente uma revolução estética, pretendiam ainda a democratização da produção, isto é, socializar a arte. Revelando-se, desse modo, o engajamento político do movimento que, muitas vezes, se confundia com a militância de seus artistas. Além de Tejada Gómez, Mercedes Sosa e seu marido, o músico e compositor Manoel Oscar Matus, parceiro de Tejada, filiaram-se ao Partido Comunista Argentino nos anos 1960.

Não por acaso o *Manifesto* elegia o poeta e violonista Atahualpa Yupanqui como referência do movimento. Sem se opor à cultura nativa, para Yupanqui a canção era também um meio de revitalizar essa herança, de trazê-la para a contemporaneidade, incorporando novas formas estilísticas à melodia e renovando seu conteúdo poético. O repertório do compositor inclui tanto canções que evocam a nostalgia da vida rural como a música de protesto.

No Brasil a história da canção popular como símbolo de brasilidade esteve, desde sempre, estreitamente ligada à vida urbana: o samba nos anos 1930, depois a Bossa Nova no final dos anos 1950, a MPB e movimentos como a Tropicália nos anos 1960.[8]

As expressões musicais ligadas ao meio rural como, por exemplo, a denominada música caipira, embora desde os anos 1930 tenha marcado presença nas rádios paulistas, não estiveram, aqui, relacionadas à identidade nacional. Ao contrário, a figura do homem do campo, no Brasil, desde o Jeca Tatu de Monteiro Lobato, passando pelas duplas caipiras do rádio, como Jararaca e Ratinho e, mais tarde, no cinema, com Mazzaropi, sempre foi estigmatizada. Somente nos anos 1980, com a mimetização do

---

8 Não negamos, aqui, as incursões de alguns compositores da música popular pelos ritmos caracteristicamente regionais, estimulados pelo engajamento político promovido pelo CPC, na década de 1960.

country americano, o rural seria positivamente assimilado pelas camadas médias urbanas.

No campo dos estudos folclóricos, com Mário de Andrade, a música rural alcançou a importância devida. Para o intelectual, tal manifestação era a grande expressão da identidade brasileira, permitindo identificar as influências dos diferentes grupos étnicos formadores da "raça". Todavia, como já observamos anteriormente, para o movimento modernista essas sonoridades não tinham importância *per si*, isto é, não se advogava a defesa do passado e a preservação dessas expressões musicais como a alma do povo brasileiro. A ideia era extrair daí a matéria-prima que, fusionada com as referências da música erudita europeia, forjaria a moderna música brasileira, nacional e cosmopolita.

Tempo depois, entre os folcloristas a música cedeu espaço para os folguedos populares que, pela sua organicidade, reunia, numa única manifestação, poesia, música, dança, vestimenta, culinária etc. (VILHENA, L.R., 1997, p. 147)

As atenções só se voltariam novamente para a música popular nos anos 1950 com os desdobramentos do movimento folclórico e suas polêmicas internas.

Em 1945, foi criada a Comissão Nacional do Folclore encabeçada pelo folclorista e musicólogo Renato Almeida, reunindo nomes como Edson Carneiro, Cecília Meireles entre outros.

Na década seguinte, o movimento folclorista estruturava-se com o apoio oficial do Estado. Foram realizados congressos, organizados museus, exposições e entidades devotadas à preservação da cultura popular. O movimento tinha o propósito de congregar intelectuais das diversas regiões do país, a fim de construir uma imagem unívoca da nação brasileira.[9] Caberia aos folcloristas a "missão" de orientar e controlar a modernização, evitando que as transformações decorrentes da modernidade corrompessem a cultura nacional.

---

9 Vale lembrar que Câmara Cascudo, à época um dos folcloristas mais influentes do país, fundador da Sociedade Nacional do Folclore em 1941, teve pouca participação no movimento, caracterizando uma disputa em torno do campo.

No primeiro Congresso Brasileiro de Folclore, em 1951, definiu-se o conceito de *fato folclórico*, documentado na *Carta do Folclore Brasileiro*, reconhecendo como tal as manifestações da *cultura popular* não necessariamente tradicionais, de aceitação coletiva anônima ou não (VILHENA, L R., p. 140). A concepção de *fato folclórico*, contida na carta de 1951, era conflitante com o clássico conceito europeu que "negava a qualidade de folclore a todo fato que não tivesse tradicionalidade". Polemizando com os folcloristas estrangeiros, a Comissão defendeu, no Congresso Internacional do Folclore, transcorrido em São Paulo em 1954, o documento de 1951, não isolando o *conceito popular de folclore*.[10] Entretanto, se o popular era folclore, o deixava de ser quando veiculado pelos meios de comunicação, excluindo, de sua esfera, a música popular por sua característica massiva. Tal deliberação não alcançou consenso entre os folcloristas, provocando divisões internas (WASSERMAN, A. C., 2002).

Em 1954, a *Revista da Música Popular* surgia disposta a participar do debate. Criada por Lúcio Rangel e circulando até setembro de 1956, contou com a colaboração de musicólogos e folcloristas como Cruz Cordeiro, Luis Heitor Azevedo e Marisa Lira que, embasados nos pressupostos de cientificidade do movimento folclorista, defendiam a existência de um folclore urbano.

Ao reivindicar o samba dos anos 1930 como *a* música folclórica nacional, a revista retomava o discurso de origem do samba iniciado naquela década quando, frente às diferentes apropriações sofridas pelo gênero relacionado à identidade nacional, houve a necessidade de definir-lhe um lugar social.[11] Um dos principais intuitos da publicação era destacar o

---

10 As posições conceituais divergentes resultaram, mais tarde, no movimento folclórico latino-americano em oposição aos folcloristas europeus e norte-americanos, registrando sua concepção de folclore na *Carta Del Folclore Americano* em 1970.

11 Vagalume, Alexandre Gonçalves Pinto, Oreste Barbosa, Marisa Lira, Jota Efegê, na sua maioria jornalistas envolvidos com a música popular urbana, foram os primeiros a se preocuparem com uma institucionalização deste repertório. Como bem afirma Vinci de Moraes em *História e historiadores da música popular urbana*, "(...) eles criaram o "acervo", o lugar social, a prática e uma narrativa sobre a música popular em construção. Disponível em www.hist.puc.cl/iaspm/baires/actasautor2.html.

que deveria ser considerada a autêntica música popular brasileira, dentre o imenso repertório musical veiculado pelos meios de comunicação, contaminado pelas sonoridades estrangeiras e pela deturpação dos gêneros nacionais como o samba-canção *abolerado*.[12]

A despeito da curta duração da revista, as *tradições*, se não totalmente inventadas, certamente consolidadas pelo grupo de jornalistas, perduram pelas décadas seguintes influenciando movimentos posteriores. Os livros de Almirante e de Rangel, respectivamente, *No tempo de Noel Rosa* e *Sambistas e Chorões Aspectos e figuras da* MPB, constituídos, em grande parte, pelo material publicado na RMP, encontraram provavelmente um ambiente receptivo quando lançados, em 1962. Carlos Lira, bossanovista comprometido como o nacional-popular organizava, em fins de 1962, junto com membros do CPC,[13] a Noite da Música Popular Brasileira. No Teatro Municipal do Rio de Janeiro, reuniu sambistas da velha guarda e nomes como João do Vale e Zé Kéti, representando a autêntica música brasileira. Nos anos seguintes, logo após o golpe militar, em dezembro de 1964 estreava, no Rio de Janeiro, o espetáculo *Opinião*. As músicas de Zé Kéti, João do Vale, Edu Lobo, Carlos Lyra e Tom Jobim integravam o repertório que, ao fusionar as sonoridades do folclore aos elementos estilísticos oriundos da Bossa Nova, configuravam a chamada Moderna Música Popular Brasileira. A MMPB – incluindo, neste conceito, a música de protesto – extrapolaria os circuitos fechados de difusão e alcançaria a televisão, tornando-se um fenômeno de massa, sobretudo com os festivais

---

12 De acordo com o levantamento de Jairo Severiano – sistematizado por Wasserman em sua dissertação de mestrado intitulada *Abre a cortina do passado. A Revista da Música Popular e o pensamento folclorista (Rio de Janeiro: 1954–1956)* – na década de 50 o samba ocupava 30% do espaço das rádios, seguido pelo samba-canção também com 30%, depois pelos ritmos internacionais com 20% e pelas marchinhas de carnaval normalmente com 10%, contra 50% no período da festa do Rei Momo. (Severiano *Apud* Wasserman, 2002, 37)

13 Os Centros Populares de Cultura da UNE, cuja redação do Manifesto data de 1962, entendiam que o papel do artista deveria ser o de luta contra a alienação. A conscientização, levada ao povo através de uma "arte popular revolucionária", seria uma forma de romper com a dominação e com o subdesenvolvimento. Nesse sentido, a mensagem deveria ser acessível ao público, de preferência próxima do seu universo simbólico. O ponto de partida era, portanto, a cultura popular, apropriada de forma didático-pedagógica pelos intelectuais e artistas de esquerda.

da canção. É importante ressaltar que com a radicalização vivenciada pela esquerda nacionalista, o popular passou a ser apropriado não mais como fator de integração nacional, mas como arma ideológica, simbolizando resistência ao regime.

O formato do *show Opinião* inspirou ainda outros espetáculos calcados no nacional-popular, como o *Rosa de Ouro*, produzido em 1965 por Hermínio Bello de Carvalho. Desse evento participaram Paulinho da Viola, Elton Medeiros, Nescarzinho do Salgueiro, Jair do Cavaquinho (Portela) e Nelson Sargento (Mangueira), além de Clementina de Jesus, representante do samba primitivo, e Araci Cortez. O espetáculo levava para os palcos cariocas os sambistas tradicionais das quadras das escolas de samba. Hermínio Bello de Carvalho, além de compositor, foi um grande agitador cultural, apresentando nomes até então pouco conhecidos fora do reduto do samba. Foi diretor do Zicartola, bar e restaurante gerenciado por Cartola e Dona Zica, ponto de encontro de artistas e intelectuais interessados nessa aproximação entre o samba do morro e a música do asfalto. Bello de Carvalho, ao lado de Lúcio Rangel, Almirante e Ary Vasconcelos, colaborou na difusão e consolidação de um folclore urbano brasileiro.

Considerações finais

Ao analisarmos as apropriações da denominação "música folclórica" pela música popular relacionada ao nacional, não foi nosso objetivo isolar um campo e outro, e sim refletir sobre os conflitos e tensões gerados por esse processo de hibridização.

Compartilhando das concepções de Canclini sobre as especificidades da modernidade na América Latina, entendemos que os movimentos nacionalistas que marcaram o século xx constituíram formas particulares de entrar e sair da modernidade. A modernidade, definida pela tríade nação, desenvolvimento tecnológico e democracia, foi almejada e projetada por todas as nações latino-americanas. Entretanto, integrar-se à modernidade implicava em internacionalizar-se, correndo o risco de aculturar-se. Daí a necessidade de se reafirmar a identidade, institucionalizar a diferença. Daí a conciliação entre tradição e modernidade, significando, de um lado, resistência e, de outro, integração ao projeto de modernização.

Se no início do século XX vivenciamos uma modernidade ausente, isto é, um modernismo cultural sem modernização social, nos anos 1950 essa modernidade concretiza-se de fato, respondendo por transformações profundas nas sociedades, desencadeando rearranjos sociais, políticos, econômicos e culturais. Percebidas como impostas de fora para dentro, muitas dessas mudanças promoveram uma rediscussão da identidade nacional, revitalizando tradições em sintonia com as novas demandas do período.

No caso do Chile, um novo impulso foi dado às pesquisas envolvendo a cultura e a música popular. Conduzida por folcloristas ligados à Universidade, por músicos-folcloristas que alimentavam suas criações no contato direto com as fontes e pelo próprio Estado, as investigações em torno do campo proliferaram-se. Houve uma expansão geográfica das tradições e uma apropriação redimensionada dessas informações. A música típica chilena, mediada pelos meios de comunicação, seria reconfigurada atendendo a um novo público, incluindo aí os próprios compositores e intérpretes. A reelaboração desse repertório suscitou polêmicas estéticas e ideológicas entre os grupos concorrentes, desde os setores hegemônicos até aqueles que pleiteavam sua inserção.

A política cultural peronista encarregou-se de demarcar os limites do popular que deveria ser revivido como o mito identitário da nação. Exercendo um controle sobre os meios de comunicação e apoiado pelas "massas", acrescentou ao tango como representante da música popular argentina um repertório oriundo do interior, até então pouco difundido pela mídia. Reavivando o folclore nacional através da denominada música folclórica, Perón reforçava no plano do simbólico a base de sustentação do seu governo e marcava seu posicionamento frente à política externa ditada pelos EUA para a América Latina.

No Brasil dos anos 1950, com a realização do Congresso Internacional do Folclore em 1954, os estudos folclóricos ocuparam um lugar de destaque, contribuindo para a institucionalização da canção popular como representação do nacional. Anteriormente, as teorizações de Mário de Andrade, desclassificando a música urbana e tomando as manifestações rurais exclusivamente como matéria-prima para a fundação da moderna música brasileira, haviam criado um forte obstáculo para que esse repertório fosse relacionado à identidade da nação. O movimento, iniciado nos anos 1930, por jornalistas, radialistas e compositores, nos meios de comunicação de massa estabeleceu um lugar social para essa música urbana, reverenciada como autêntica expressão da nacionalidade Se nas primeiras décadas do século faltaram elementos para a institucionalização dessa expressão, nos 1950 os intelectuais reunidos na *Revista da Música Popular* fizeram a costura possível entre os critérios elaborados pelos estudos folclóricos e a tradição persistente na cidade.

Os desdobramentos desse processo de reconfiguração da identidade nacional expresso no meio musical nos anos 1940 e 1950 alcançariam, nos três países, nos anos 1960, os movimentos de esquerda. Para os artistas engajados, a cultura popular deixava de ser um símbolo da unidade nacional e era apropriada como discurso contra-hegemônico. O popular era reivindicado como representação exclusiva *dos de baixo*, daqueles que eram, na concepção desses setores de esquerda, usurpados pelas elites nacionais associadas ao imperialismo. As referências sonoras e poéticas do folclore foram, nesse momento, incorporadas como elemento característico das canções de protesto nos três países – *Nueva Canción Chilena*, *Nuevo Cancionero* e MMPB ou, num primeiro momento, a Bossa Nova nacionalista. É importante notar que a despeito dos críticos, em geral, rejeitarem a arte engajada, embora, inegavelmente, exista, nesse cenário, compositores menos comprometidos esteticamente, esse repertório representou, nos três países, uma revitalização do cancioneiro popular, mas esse é um outro tema. Mais do que esgotar o tema, refletindo a partir das diferenças e similitudes entre os três países pretendemos, aqui, apresentar a complexidade da discussão e sugerir formas para o seu encaminhamento.

Bibliografia

ALMIRANTE. *No tempo de Noel Rosa*. Rio de Janeiro: Francisco Alves, 1977.

ALVARADO, R. "Cantar la diferencia. Violeta Parra y la canción chilena" In *Revista Musical Chilena*, vol. 58, n. 201. Santiago, jan. 2004.

ANDRADE, M. *O Banquete*. Belo Horizonte: Itatiaia, 2004.

_____. *Ensaio sobre a música brasileira*. São Paulo: Martins Fontes, 1962.

BETHELL, L. & ROXBOROUGH,I. A *América Latina entre a Segunda Guerra Mundial e a Guerra Fria*. São Paulo: Paz e Terra, 1996.

CABRAL, S. *No tempo de Almirante. Uma História do rádio e da* MPB. São Paulo: Francisco Alves 1990.

CANCLINI, N. *Culturas híbridas: estratégias para entrar e sair da modernidade*. São Paulo: Edusp, 1998.

CANCLINI, N. *As culturas populares no capitalismo*. São Paulo: Brasiliense, 1983.

CAPELATO. M. H. *Multidões em cena: propaganda política no varguismo e no peronismo*. Campinas: Papirus, 1998.

CARRASCO, E. *La nueva canción en América Latina*. Santiago: CENECA, 1982.

CHARTIER, R. *À Beira da falésia: história entre certezas e inquietudes*. Porto Alegre: Editora UFRGS, 2002.

_____. *História Cultural: entre práticas e representações.*Rio de Janeiro: Bertrand Brasil, 1992.

DIGIANO, L. *El Folklore e sus protagonistas*. Buenos Aires: Corregidor, 1996.

ESCOSTEGUY, Ana. *Cartografias dos estudos culturais: uma versão latino-americana*. Belo Horizonte: Autêntica, 2001.

FAUSTO, B. & DEVOTO, F. *Brasil e Argentina – um ensaio de história comparada. (1850-2002)*. São Paulo: Editora 34, 2004.

GALASSO, Norberto. *Atahualpa Yupanqui, el canto de la pátria profunda*. Buenos Aires: Ediciones del pensamiento nacional, 2005.

GARCIA, T. *O "it verde e amarelo" de Carmen Miranda.(1930-1946)*. São Paulo: Annablume/Fapesp, 2004.

GONZÁLEZ, J. P. "Musicología popular en América Latina: síntesis de sus logros, problemas y desafios." In *Revista Musical Chilena*, n.195, p. 38-64, jan.-jun., 2001.

GONZALEZ, J. P. & ROLLE, C. *História Social de la Música Popular en Chile, 1890-1950*. Santiago, Editora da Universidade do Chile, 2005.

GUTIÉRREZ, M. A. *Biografia de Atahualpa Yupanqui*. Disponível em: www.fundaciomyupanqui.com.org.ar. Acesso em 06/06/2006.

HOBSBAWM, E & RANGER, T. *A invenção das tradições*. São Paulo: Paz e Terra, 1997.

KALIMAN, R. *Alhajita es tu canto: el capital simbólico de Atahualpa Yupanqui*. Córdoba, Comunic-arte Editorial, 2004.

MARTIN-BARBERO, J. *Dos meios às mediações*. Rio de Janeiro: EIUFRJ, 1997.

MIDDLETON, R. *Studying popular music*. Philadelphia: Open University Press, 1990.

MUSSO, O. *La Nueva Cancion Chilena: continuidad y reflejo*. Habana, Casa de las Américas, 1986.

NAPOLITANO, M. *História e Música: história cultural da música popular*. Belo Horizonte: Autêntica, 2005.

_____. *Seguindo a canção: engajamento político e indústria cultural (1959-1969)*. São Paulo: Annablume/Fapesp, 2001.

OCAMPO, B. *La nacion interior*. Buenos Aires: Antropofagia, 2005.

ORTIZ, R. *Cultura brasileira e identidade nacional*. São Paulo: Brasiliense, 1986.

nPELLEGRINO, G. *Las cuerdas vivas de América*. Buenos Aires: Editorial Sudamericana, 2002.

PICCONI, M.L. & RODRIGUEZ, A. *El folclore nuestro de cada dia. Tradición Musical argentina*. Córdoba: Comunicarte Editorial, 2005.

PINTOS, V. *Atahualpa Yupanqui. Cartas a Nanette*. Buenos Aires: Editorial Sudamericana, 2003.

PRADO, M. L. C. *América Latina no século XIX: tramas, telas e textos*. São Paulo/Bauru: Edusc/Edusp, 1999.

_____. "Repensando a história comparada da América latina". In *Revista de História*, no.153. segundo semestre de 2005.

RANGEL, L. *Sambistas e Chorões Aspectos e figuras da MPB*. São Paulo: Cruzeiro do Sul, 1962.

RIVERA, M. *A cor e som da nação: a idéia de mestiçagem na crítica musical do Caribe Hispânico Insular e do Brasil*. São Paulo: Annablume/Fapesp, 1998.

ROLLE, C. *La geografia de la música popular tracional en el Chile a mediados del siglo XX*. Disponível em: www.hist.pvc.cl/historia/iaspm/rio/actasautor1.html.

ROMERO, L.A *Breve História Contemporânea da Argentina*. Buenos Aires: Fondo de Cultura de Argentina, S.A., 2001.

SAEZ, Fernando. *La vida intranqüila. Violeta Parra, biografia esencial.* Santiago: Editorial Sudamericana, 1999.

SANDOVAL DIAZ, R. *Música chilena de raiz folklórica (1964-1973): neofolclore y nueva canción chilena.* Tese (licenciatura) PUC-Chile. Instituto de História, 1998.

SANDRONI, C. *Feitiço Decente: transformações do samba no Rio de Janeiro (1917-1933).* Rio de Janeiro: Zahar/Editora da UFRJ, 2001.

SEVERIANO, J. & HOMEM DE MELLO, Z. *A canção no tempo: 85 anos de músicas brasileiras.* São Paulo: Editora 34, 1998.

SQUEFF E. & WISNIK, M. *O nacional e o popular na cultura brasileira. Música.* São Paulo: Brasiliense, 1983.

SMITH, Anthony. *Nationalism and Modernism.* Routledge, 1998.

STOREY, J. *Inventing popular culture: from folklore to globalization.* USA. Blackwell Publishing Ltda, 2003

SUTIL, S.C. et al. *História del siglo XX chileno. Balance Paradojal.* Santiago: Editorial Sudamericana, 2001

TERAN, O. (org.). *Ideas en el siglo. Intelectuales y cultura en el siglo XX latinoamericano.* Buenos Aires: Siglo XXI editores, 2004.

VILHENA, L.R. *Projeto e missão: o movimento folclórico brasileiro 1947-1964.* Rio de Janeiro, Funarte/FGV, 1997.

VILLAÇA, M. *Polifonia tropical: experimentalismo e engajamento na música popular (Brasil e Cuba, 1967-1972).* São Paulo: Humanitas/FFLCH-USP, 2004.

VINCI DE MORAES, J.G. *História e historiadores da música popular urbana no Brasil.* Disponível em: www.hist.puc.cl/iaspm/baires/actasautor2.html.

WASSERMAN, M.C. *Abre a cortina do passado. A Revista da Música Popular e o pensamento folclorista (Rio de Janeiro: 1954-1956).* Dissertação apresentada ao Curso de Pós-Graduação em História da Universidade Federal do Paraná. Curitiba, 2002.

A música e seu uso político no III Reich

Lia Tomás

A música se torna ideologia somente quando se torna objetivamente falsa, ou enquanto contradição entre sua determinação essencial e a sua função. A sua natureza não-conceitual – ela não faz a exposição imediata de doutrinas nem pode ser identificada simplesmente a uma tese – faz supor que ela nada tenha a ver com ideologia. Em contrário, basta lembrar que a música mobilizada pelas instâncias administrativas e pelos poderes políticos, por causa da sua força de sentimento comunitário (a expressão é deles mesmo) é capaz de produzir a ilusão do imediato no interior de uma sociedade reificada e alienada. É assim que foi manipulada durante o fascismo e é manipulada, hoje, nos países totalitários, e também nos não totalitários – na forma de 'movimento musical popular e juvenil', com seu culto das 'lealdades', da coletividade enquanto tal, da atividade empolgante e tenaz.
 Theodor Adorno, *Idéias para a Sociologia da Música*.

Muito já se escreveu sobre o nazismo e seus respectivos desdobramentos nos campos político, religioso, filosófico, sociológico, psicológico, entre outros. A despeito da numerosa bibliografia, escritos mais pontuais sobre os usos e funções das Artes, e em especial da música, ainda comparecem com relativa parcimônia.[1] Olhando parte do material iconográfico do III Reich, evidencia-se que o regime não poupou esforços em seu uso, pois o registro visual de manifestações musicais são frequentes e de variadas formas: em paradas militares, concertos orquestrais em teatro ou ao ar livre, casas de óperas, grupos de câmara, escolas de música, universidades, por exemplo.

No entanto, essa evidência torna-se fato quando nos deparamos com o gélido cartaz de Lothar Heinemann, concebido nos anos 1930 após a chegada do nacional-socialismo ao poder, o qual sintetiza a nova ordem vigente: uma águia, símbolo do Estado alemão, envolvendo com suas asas os tubos de um órgão e abaixo o *slogan* "Alemanha, o país da música". Essa publicidade, cujo texto se inspira na máxima de Joseph Goebbels (o povo alemão é o "primeiro povo musical da Terra"), logo se espalha pela Europa trazendo uma mensagem precisa, mesmo que dissimulada: a política musical do III Reich tem por objetivo enaltecer os compositores germânicos e censurar outros – alemães ou não; visa também fomentar amplamente a difusão maciça de canções folclóricas (muitas vezes incorporadas ao hinário patriótico), bem como de qualquer agremiação ou associação musical de profissionais ou amadores simpatizantes com a proposta ideológica do partido. Cabe dizer ainda que todas as manifestações musicais que não se adequem à proposta em questão, como os diversos gêneros populares internacionais e em especial os ritmos norte-americanos, serão terminantemente vetados.

Os antecedentes históricos que sustentam essa trama ideológica baseada na certeza de uma consciência musical inata e superior do povo alemão proveem não apenas de um ideário cronologicamente datado e inscrito em algumas décadas do século passado; sua origem é complexa e se encontra em um amálgama de escritos e ideias (musicais ou não) de diferentes épocas. Um ponto importante na construção deste mosaico localiza-se em meados do século XVIII, quando se verifica que a história da música alemã se entrelaça, em parte, com a construção do próprio Estado alemão.

---

1 A maior parte dos estudos foi publicada a partir dos anos 1990.

Portanto, crer que o uso da música como instrumento político-ideológico pelo III Reich foi circunstancial é um equívoco na medida em que essa união já se sedimentara muito antes das atrocidades já conhecidas.

Na transição do século XVII para o século XVIII, o clima político-social da Alemanha passava por grandes turbulências devido a fatos intrincados e de naturezas distintas que contribuíam para essa situação instável. A ascensão das elites da classe média em oposição à aristocracia, o conflito de interesses dessas elites – também divididas – e o novo movimento nacionalista, somado às divergências entre o protestantismo (norte) e o catolicismo (sul), contribuíam para um aumento de tensão. Um dado importante nesse contexto é que mediante tal agitação política todos os aspectos que envolvessem a herança histórico-cultural alemã pareciam estar relegados ao segundo plano, se não esquecidos.

Como assinala Norbert Elias (1997, p. 119-124), mesmo nesse processo conturbado, o termo "cultura" começa a ser gradativamente adotado pelas elites da classe média alemã, visto que tinham em mente construir uma representação expressiva de sua autoimagem e de seus ideais. Estes se baseavam em um quadro de referências que englobava uma visão de sociedade em desenvolvimento, ascendente e progressista. Os intelectuais, como porta-vozes desse Estrato social em ascensão, olhavam confiantes para o futuro e procuravam refletir em seus escritos a justificação e a autolegitimação de seu orgulho nos valores que abrangiam todos os campos de atitudes, crenças e conduta da classe à qual pertenciam (sistemas religiosos ou filosóficos, obras de arte, livros, ciência, poesia, moral, entre outros).

Uma consequência deste movimento é a cisão marcadamente ideológica entre "história política" e "história cultural", sendo a primeira representante da classe aristocrática, politicamente privilegiada e socialmente superior na sociedade alemã, e a segunda associada a essa classe média, que mesmo tendo certo poder econômico, encontrava-se politicamente excluída e destituída de liderança e representatividade no Estado. Esse recuo de parcela da classe média para o domínio da cultura, compreendida como um domínio separado da política, trouxe-lhe uma atitude circunspecta e reservada, muito propícia para o desenvolvimento e manutenção de suas crenças, bem como de uma espécie de "liberdade interior criativa" e de seu orgulho.

Refletindo em parte o espírito dessa época, o compositor e teórico Johann Adolph Scheibe, editor do importante periódico *Der critische Musicus*, inicia no ano de 1737 a publicação de uma série de artigos nos quais se propõe discutir o que seja uma característica propriamente alemã na música, ou ainda, o que seja "'a Alemanha' ou 'alemão em música'". O propósito desses escritos é demarcar características que distinga essa música da tradição musical italiana, que até o momento era vista como modelo composicional e técnico universal dessa linguagem, bem como da música de tradição francesa.

Atendo-se a aspectos técnicos da composição musical, Scheibe assinala que "a música alemã está repleta de estrangeirismos, mas ela particularmente se diferencia na grandiosidade das obras, na regularidade das frases e na profundidade sensível de sua harmonia" (SPONHEUER, 2002, p. 45). Essas qualidades, conjuntamente com seu uso coral e instrumental pela Igreja Protestante, lançam as sementes para a construção de um discurso ideológico atrelado ao fazer e pensar musical, do qual o caráter identitário alemão não será desvinculado.

Anos depois, Johann Joachim Quantz, outro compositor, teórico e exímio flautista, retoma parte das ideias de Scheibe no tratado *Versuch einer Anweisung die Flöte traversière zu spielen* (1752) buscando alçar o parâmetro "caracteristicamente alemão" em um nível mais elevado. Sugere que o desenvolvimento de um "estilo misto" é o que genuinamente pode-se chamar de estilo alemão, não apenas pelo fato de que esse estilo se estabeleceu primeiramente na Alemanha, mas porque desde muito tempo ele florescia em diversas partes do país, não tendo desagradado até então nem a Itália, a França e nem outros países.

É interessante notar que os estrangeirismos, qualidade que Scheibe atribui como fruto de uma influência negativa, é qualificada por Quantz como a melhor característica que a música alemã pode ter, pois demonstra claramente que os músicos nativos foram suficientemente perspicazes ao trazer para suas bases teóricas os aspectos mais relevantes da produção musical estrangeira. Dito de outro modo, a vantagem da música alemã sobre as demais se baseia no fato de ela conter os melhores aspectos de todos os tipos de música, sobretudo daqueles provenientes da música italiana e francesa.

O destaque da música alemã se dá em sua mescla e não em atributos demasiadamente característicos, em particularidades que poderiam acarretar um isolamento futuro e uma auto referência extremada. O que Quantz defende é a realização de uma música nacional que possua traços universais ou, ao menos, traços que possam ser reconhecidos não apenas pela população alemã, mas também pelos estrangeiros: para ele, a música alemã é uma espécie de síntese de natureza cosmopolita, na medida em que congrega "o melhor" de todas as nações, o que consequentemente fundamenta também o melhor julgamento e sensibilidade. Nas palavras de Sponheuer,

> A diferença entre Quantz e Scheibe é clara. (...) Quantz criou uma grande síntese, um paradigma um tanto irreal e idealista da universalidade da linguagem musical que estaria distante das diferenças entre as linguagens nacionais. Deste modo, Quantz inaugurou um modelo conceitual que basicamente tornou-se intacto nas discussões subseqüentes sobre o "alemão em música".
> (SPONHEUER, 2002, p. 47)

Antes mesmo das publicações de Scheibe e Quantz, já há escritos que visam chamar a atenção dos alemães para a importância de sua produção musical. Um exemplo disso são os textos do compositor, organista, escritor e teórico musical Johann Mattheson, fundador dos periódicos *Critica Musica* (1722) e *Der musikalische Patriot* (1728), que em diversos artigos procura destacar o desaparecimento da cultura operística alemã, pois à época a popularidade da ópera italiana era crescente.

Apesar de já se observar um vínculo estreito entre música e identidade nacional, a vida musical na Alemanha do século XVIII ainda não tinha alcançado seu desenvolvimento pleno, visto que a maior parte das atividades culturais relacionava-se à literatura. Em alguns círculos, o debate sobre a consciência nacional ocorria em conjunto com discussões sobre unidade de gosto e julgamentos literários, nos quais a música apenas eventualmente aparecia. No decorrer do período, a importância e o significado desta ocorre bem mais através de textos sobre música do que propriamente por composições musicais (APPLEGATE & POTTER, 2002, p. 3-11).

Na passagem do século XVIII para o século XIX, o papel da música na cultura alemã muda de patamar, tornando-se de grande importância. Este crescimento se deve tanto aos escritos de jornalistas, estetas, professores, historiadores e poetas, quanto à nascente área da musicologia, a qual não raro associa estreitamente as ideologias nacionalista, religiosa e progressista. O crítico musical Friedrich Roschlitz, por exemplo, funda em 1797 um dos primeiros periódicos dedicados à música, o *Allgemeine Musikalische Zeitung*. O jornal visa articular o caráter alemão com a estrutura e a estética de certas obras musicais e assim estreitar cada vez mais o vínculo entre a excelência musical soberania nacional. Após cinco anos, em 1802, J. N. Forkel, teórico e um dos fundadores da musicologia histórica, publica uma laudatória biografia de J.S. Bach, criando com ela um símbolo do novo sentido da música para com a história alemã. No último parágrafo desta, Forkel é emblemático ao conclamar definitivamente a união música-ideologia nacionalista assinalando que "esse homem, o maior dos poetas musicais e o maior orador musical que existiu até hoje, e provavelmente existirá, era alemão. Que nosso país se orgulhe dele; orgulhemo-nos, mas ao mesmo tempo, sejamos dignos dele!"(1950, p. 182).

Na mesma época, a música instrumental emerge como novo paradigma do ideal estético, seja pela audição das obras de Haydn, Mozart e Beethoven, ou pelos textos publicados pelos escritores do *Sturm und Drang*, como Wackenroder, Tieck e E.T.A. Hoffmann. Para esses, a música instrumental – posteriormente nomeada "música absoluta" – representa a autonomia estrutural da própria música, livre de suas funções de acompanhamento na dança, nos textos dramáticos ou na liturgia. Essa visão a eleva ao patamar mais alto em uma hierarquia das artes, ultrapassando-as e alçada em uma categoria metafísica. A partir disso, essa "metafísica da música instrumental" abriu terreno para inúmeros escritos de compositores e filósofos (Schumann, Wagner, Schopenhauer, Nietzsche, por exemplo), criando vínculos praticamente indissociáveis que fomentam uma concepção de nação que se realiza através da arte.

Vimos sucintamente que a associação entre música e ideologia na construção do Estado alemão provém de longa data, e que suas justificativas são por vezes arbitrárias. Mesmo assim, essa associação tornou-se, no decorrer do tempo, um saber social incorporado que no conjunto da história alemã ocupava um posto altamente estratégico e passível de ser reativado quando necessário, e no contexto da Segunda Guerra Mundial, os propósitos para tal fomento foram bem mais sombrios.

Uma das primeiras medidas do regime nazista, a partir do decreto das leis raciais de 1933, foi constituir a Câmara de Música do Reich e exigir o registro de todos os músicos alemães. Um dos resultados dessa medida foi a interrupção da carreira profissional de inúmeros compositores e intérpretes, simplesmente pelo fato de sua raça e/ou estilo musical serem vistos como uma ofensa ao regime. Em 1938, esse ponto de vista conservador chega ao grande público, por meio de uma grande exposição organizada em Düsseldorf. A mostra intitulada "Entartete Musik" e organizada por Hans Severus Ziegler exibiu, além de fotografias dos músicos e textos críticos, trechos de obras de compositores, como Mendelssohn e Mahler, para ilustrar a degenerescência artística.

No entanto, já em 1934 Hitler designara Alfred Rosenberg como plenipotenciário do Führer para a Total Capacitação Intelectual, Ideológica e Educacional do Partido Nacional-Socialista Alemão dos Trabalhadores (DBFU-NSDAP).[2] Desde então, Rosenberg executa sua tarefa estabelecendo uma extensa e sofisticada organização política que visa recobrir todos os campos das artes, cultura e ciência. Em 1939, o aparato é composto de vários departamentos (Estado Maior, Educação, Informação Ideológica, Curadoria e Desenvolvimento Literário, Literatura, Ciência, Pré-história, Curadoria e Desenvolvimento Artístico e Projetos Especiais), sendo cada qual subdividida em um ou mais escritórios.

Em 17 de junho de 1940, Rosenberg funda o *Einsatzstab Reichsleitter Rosenberg* (ERR), uma unidade operacional advinda do Departamento de

---

2   DBFU: *Dienststelle des Beauftragten des Führers für die Überwachung der gesamten geistigen und weltanschaulichen Schulung und Erziehung der* NSDAP; NSDAP: *Nationalsozialistische Deutsche Arbeiterpartei.*

Projetos Especiais subdividida em várias forças de comando (ou unidades especiais) denominadas *Sonderstabe*, cada qual atuando em campos específicos de competência. Sua principal missão era confiscar, nos países ocupados por suas tropas, todo o material considerado importante para a Alemanha.

Como aponta H. Brenner (1980, p. 10), as práticas comuns dessas unidades eram:

¤ pilhagem dos museus nacionais;
¤ liquidação ou destruição das obras de arte;
¤ condenação dos artistas ao exílio e interdição profissional para aqueles que ficavam;
¤ saque aos tesouros artísticos dos países ocupados;
¤ destruição sistemática de seus monumentos nacionais e centros históricos de suas cidades;
¤ reconstrução das cidades segundo uma "estrutura racial".

Um caso exemplar desse *modus operandi* pode ser lido no documento a seguir, expedido pelo Governo Geral dos Territórios Ocupados – Departamento de Propaganda, em 1940. Ele se refere às diretivas de política cultural a serem empregadas na Polônia, cujo objetivo era claro: prática coercitiva com o escopo de apagar a identidade local (BRENNER, *idem*, p. 315-316):

> 1. PRINCÍPIOS FUNDAMENTAIS: Nenhum serviço alemão deve apoiar a vida cultural polonesa em nenhuma circunstância. Por outro lado, neste momento não há razão alguma para reprimir inteiramente a vida cultural própria dos poloneses. Os vice-prefeitos podem autorizar os poloneses a realizarem atividades culturais, desde que estas sejam para se divertir ou distrair.
>
> (...)
>
> 3. MÚSICA: Podem-se autorizar as interpretações musicais polonesas, na medida em que se trate de divertimento; é necessário proibir os concertos cujos programas tenham a natureza de suscitar, entre os ouvintes, uma emoção artística. No que se refere à música polonesa é proibido: as marchas, as canções

populares e nacionais, assim como todos os trechos clássicos. Os programas dos cafés-concertos serão igualmente submetidos a autorizações preliminares.

4. TEATRO: as operetas, as revistas e os espetáculos ligeiros poderão ser interpretados por poloneses e para os poloneses [...] É proibido apresentar aos espectadores poloneses peças de teatro sérias ou óperas.[...]

5. ARTES LIGEIRAS: se os artistas poloneses demonstram vulgaridade ou erotismo em suas interpretações, não se pode objetar. Deve-se proibir todos os espetáculos representativos do *Volkstum* polonês.

6. CINEMA: Os filmes apresentados aos poloneses devem ser previamente autorizados pelo Departamento de Propaganda.

7. LITERATURA: os escritores poloneses podem se entregar às ocupações literárias, mas seus manuscritos, sem nenhuma exceção, devem ser submetidos ao Departamento de Propaganda, sob a intermediação do vice-prefeito. Serão apenas autorizados os romances ligeiros, as novelas, etc. Eles poderão ser usados pelos jornais e periódicos ilustrados poloneses.

8. PINTURA: É necessário eliminar a noção de exposição, mas pode-se autorizar a venda de telas na rua, nas livrarias, nos cafés, etc. São proibidos os quadros representando motivos nacionais poloneses, as armadas alemãs e ex-polonesas, as casas destruídas, etc. Isto se aplica igualmente às fotos e às reproduções de todos os tipos.

(...)

10. CONFISCO: Se ainda não foi feito, é necessário retirar de circulação, verificando nas livrarias, nas editoras e nas bibliotecas circulantes:

a) Todas os mapas e atlas representando a antiga Polônia. O material será enviado a este departamento ou deixado à disposição.

b) Toda a literatura em língua inglesa e francesa, dicionários inclusos.

c) A literatura polonesa, segundo as listas atualizadas, de obras proibidas. Entretanto, os vice-prefeitos receberão regularmente comunicados. Disposições especiais serão dadas aos livros pertencentes a particulares. Estes deverão ser confiscados imediatamente visto que poderão ser mal utilizados (difusão em certos círculos).

d) As bandeiras e emblemas poloneses, as fotografias de personalidades do governo, as imagens chauvinistas da história polonesa, tanto quanto visem à Alemanha, serão apreendidas, enquanto propriedade pública ou social.[...]Excetuam-se as imagens de Pilsudski.

Em seus campos de atuação, a organização da ERR foi exemplar. O *Sonderstab Musik*, a força-tarefa especial responsável por sistemáticos confiscos na área musical – composições, manuscritos, bibliotecas, gravações, instrumentos musicais de músicos e compositores, sobretudo judeus –, recebia suporte direto do próprio Führer, das autoridades militares, do serviço de segurança e da polícia secreta.

O especialista em música da ERR e supervisor do departamento responsável foi Herbert Gerick, um reputado musicólogo, curador do famigerado *Lexicon der Juden in der Musik*[3] e também editor-chefe do *Die Musik*, o mais importante periódico em língua alemã na área. Durante o III Reich, o *Die Musik* tornou-se a publicação oficial do regime, propagando diretrizes de pesquisa e estética e regulamentando as práticas musicais em todos os níveis (amadora ou profissional).

Devido a abrangência do trabalho a ser realizado, Gerick convidou outros colegas da área para assisti-lo como supervisores e educadores nessa complexa missão. Dentre eles, encontram-se Rudolf Gerber, Werner Danckert, Karl Blessinger e Wolfgang Boetticher, sendo este último um

---

3 *Dicionário dos Judeus na Música*.

dos principais colaboradores nesse processo. Em 08 de fevereiro de 1942, uma carta pessoal de Gerick a Boetticher indica com precisão as instruções relativas à busca e confisco de documentos e instrumentos musicais nos Estados Bálticos (territórios ocupados à época):

> 1. Fixação nos manuscritos e partituras musicais disponíveis nas bibliotecas públicas e universitárias. Mais importantes são os documentos de origem alemã e que indicam um significado político da região Leste. Estes itens devem ser catalogados em fichas e os mais valiosos devem ser fotografados.
>
> 2. Segundo as ordens do Führer, você deve proteger imediatamente da destruição, dano ou transporte, todos os documentos musicais, incluindo-se os instrumentos musicais que foram retirados da posse dos Judeus. Você deve trabalhar em conjunto com um oficial estrangeiro da SD [*Sicherheitsdienst*].[4] Deseja-se que este material, em caso prioritário, seja designado para a *Hohe Schule*.[5]
>
> 3. Documentos de música medieval em monastérios e outras bibliotecas que não tenham acesso público também devem ser catalogados. O valor de tais coleções, que eram desconhecidas pelos professores alemães, deve ser determinado.
>
> 4. Os depósitos das empresas de gravações particulares devem ser investigados e vasculhados integralmente em busca de material inimigo e/ou judeu. Um padrão estrito deve ser mantido na seleção dessas gravações. Isso quer dizer que as gravações nas quais artistas judeus simplesmente participaram também precisam ser catalogadas. Como, de acordo com a experiência, as gravações são mais suscetíveis ao confisco do inimigo, você precisa trancafiar o material depois de encontrá-lo.

---

[4] Serviço de Segurança, tropa policial do regime nazista cuja atuação principal se deu nos países ocupados. A Gestapo era uma de suas subdivisões.

[5] *Hohe Schule der Partei*, Instituto de Altos Estudos do Partido, um centro de pesquisa e educação idealizado por Hitler e Rosenberg que buscava congregar uma elite universitária.

> 5. As estações de rádio devem ser inspecionadas em seu inventário de música impressa e gravações. O processamento desses documentos está descrito no item 4.
>
> 6. Os arquivos das agências de concertos e dos empresários devem ser completamente examinados. Mais importante aqui é vistoriar todas as correspondências escritas entre alemães e empresários estrangeiros.
>
> 7. Vários judeus que seguiram a carreira musical nestas regiões devem ser catalogados em uma bibliografia, pois tal documentação é indispensável para a publicação do Partido, *Lexikon for Juden in der Musik*. Neste trabalho você deve buscar uma colaboração cordial com o oficial estrangeiro do SD. Além do mais, seria vantajoso estabelecer um contato estreito com os compositores arianos residentes e os músicos. É importante determinar a orientação política presente e passada destes músicos não-judeus. Em casos apropriados, você deve conquistar a confiança destes artistas para as tarefas culturais do Reich Alemão. Desta forma será possível criar excelentes condições para as instituições culturais e organizações universitárias a serem fundadas no futuro. Você precisa providenciar relatórios escritos sobre os resultados de suas pesquisas e, particularmente, de sua colaboração com os departamentos afins ao Reich Alemão sediados no local. (POTTER, 1996, p. 84-85)

Não é difícil observar como Herbert Gerick era um funcionário zeloso e preocupado na execução das recomendações do Partido. Em sua crença ideológica cega e em sua ânsia para cumprir seu papel, não poupou esforços em deslindar passagens biográficas obscuras de importantes compositores, nem de utilizar subterfúgios para apropriar-se de documentos musicais no estrangeiro:

> Poderiam nos ajudar na seguinte questão: Ludwig van Beethoven começou algumas de suas cartas ao editor vienense Franz Anton Hoffmeister (1754-09/02/1812) pela forma de tratamento "Estimado Irmão", ou com outras formas semelhantes. Até o momento, ignorávamos completamente que Beethoven tivesse sido

maçom. A forma de polidez inabitual citada permite, entretanto, imaginá-la. Qual a possibilidade existente de esclarecer esta importante questão? Os senhores poderiam se encarregar, ou ainda, eu poderia obter o endereço passível de fornecer informações sobre os francos-maçons em Viena?[6] (BRENNER, 1980, p. 309)

Perto das 12h45, fui conduzido junto ao Dr. Goebbels para fazer um relato sobre o trabalho já realizado pelo grupo que dirijo, relativo ao inventário de tesouros da música de origem alemã que se encontram nos territórios ocupados a Oeste. […]

O Dr. Goebbels exprimiu o desejo de que, eu mesmo e meus colaboradores, não nos restringíssemos apenas em determinar onde se localizava o material, mas que colocássemos imediatamente em segurança as obras que tivessem um valor particular para o Reich. Isto poderia ser feito em Paris, mas seria melhor fazê-lo em Berlim.

Ele citou nominalmente os manuscritos de Richard Wagner, sua correspondência com o judeu Schlesinger, os autógrafos de Glück, assim como as partituras orquestrais das obras de Glück em posse da Ópera de Paris, e outros numerosos manuscritos.

No que se refere a Glück, nossos direitos jurídicos são evidentes, já que a sucessão de Glück foi destruída há muito tempo pelos franceses em Viena, de modo que no Reich, encontramos apenas um pequeno número de manuscritos de Glück. Eu chamei a atenção do Dr. Goebbels sobre a diretiva expressa do Fürher e aplicada por nós, a saber, que não temos o direito de tocar na propriedade do Estado. Dr. Goebbels me respondeu que os poderes que ele havia recebido do Führer lhe permitiam confiar-me esta missão, o que ele fez. No caso de surgirem dificuldades por parte da administração militar ou de outros órgãos, eu deveria informá-lo. Ele

---

6   Carta de Herbert Gerick endereçada ao Bureau Central do Partido em Berlim, datada de 21 de outubro de 1944.

se encarregaria de resolvê-los e de obter, caso necessário, novos poderes do Führer.

Dr. Goebbels sugeriu realizar, o mais rápido possível, uma visita a um Castelo do *Val de la Loire*, onde se encontrariam os manuscritos evacuados, pretensamente sobre a responsabilidade dos especialistas. Ele me aconselhou que eu me apresentasse como um pesquisador particular e de usar minhas funções oficiais somente no caso de surgirem dificuldades. Os autógrafos particularmente preciosos para nós – eu deveria trazê-los pessoalmente. [...]

Dr. Goebbels solicitou igualmente que a pesquisa dos manuscritos mais antigos não entrasse no quadro de sua missão. Eu lhe falei particularmente dos *Manuscritos dos Cantos de Worms* (século IX) [...] que se encontram na *Bibliothèque de l'Arsenal* em Paris.[...][7]

(BRENNER, 1980, p. 335)

Sob os auspícios da ERR, o musicólogo Wolfgang Boetticher também desenvolveu uma intensa carreira. Escreveu diversos artigos associando supremacia racial com excelência musical e constituição do Estado, bem como colaborou em várias entradas no *Lexicon*. Entre 1940 e 1944, teve participação destacada no *Sonderstab Musik*, sendo o responsável direto por inúmeras apreensões de instrumentos musicais, livros e partituras nos territórios ocupados, sobretudo na França e Holanda.

Um dos marcos de sua carreira foi o confisco dos bens de Wanda Landowska, reputada pianista e cravista polonesa radicada na França desde 1900. Poucos dias antes da invasão alemã, Landowska fora avisada do avanço das tropas e de ter sido incluída no *Lexicon* por ser judia. De imediato, abandonou sua residência junto à sede da *École de Musique Ancienne*, sua suntuosa biblioteca com cerca de 10.000 volumes e a coleção de instrumentos de teclado antigos. Com a ajuda de amigos, a cravista

---

7 Excerto do Relatório de Gerick relativo à sua audiência em 2 de outubro de 1940 com o Dr. Goebbels.

conseguiu fugir em direção ao sul da França e em uma região fronteiriça com a Espanha, embarcou em direção aos Estados Unidos.

Este episódio foi de tal importância aos olhos da ERR que o próprio Herbert Gerick veio da Alemanha fiscalizar pessoalmente o espólio. O material, depois de encaixotado, foi enviado aos depósitos do Museu do Louvre e posteriormente levado a Berlim. Em uma carta de 13 de janeiro de 1941 e enviada ao Comando Militar Alemão em Paris, Boetticher justificou em detalhes o porquê de tal diretiva, visto que a notícia do confisco veio a público, o que provocou uma série de manifestações contrárias a essa prática. Na missiva, Boetticher afirma que por Wanda Landowska ser judia e cidadã polonesa, o material confiscado não podia ser considerado material artístico francês. E visto que este foi encontrado em uma casa judia abandonada, ele apenas executou ordens superiores. Portanto, qualquer intervenção francesa neste caso tornava-se inaceitável. (MEUCCI, 2002, p. 90-91).

Já na Alemanha, o acervo de Wanda Landowska teve destinos diversos: uma parte foi destruída pelos bombardeios, outra foi distribuída em bibliotecas públicas e universitárias ou doada em caráter privado para cidadãos alemães; quando a União Soviética invadiu a Alemanha, o material que ainda existia foi pilhado e levado do território. Mesmo após o término da II Guerra, W. Landowska, já residente nos Estados Unidos, nunca mais recuperou qualquer bem proveniente da Europa.

Foram inúmeros exemplos como o acima citado no rol das barbaridades praticadas pelo nacional-socialismo. Caso semelhante também ocorreu com o compositor suíço Arthur Honegger, que à época residia em Paris, e pelas mesmas razões. Bem mais do que apagar toda e qualquer referência musical dos países ocupados, o escopo do *Sonderstab Musik* parecia dirigir-se a uma construção irreal da origem e dependência histórico-musical desses países com relação à Alemanha. A falsificação de documentos, correspondências, datas, biografias e obras também faziam parte dos procedimentos adotados, pois parece que a definição que Johann J. Quantz já anunciara no século XVIII, na qual proclamava a excelência da música alemã por conter o melhor dos estrangeirismos, tinha sido reatualizada com outros fins.

Sob essa perspectiva, torna-se praticamente impossível dissociar a ideia de universalidade da música alemã da universalidade do Estado alemão, o que justificaria plenamente uma identidade absoluta entre essas instâncias, o sentimento comunitário nacional conclamado e o ressentimento pelos demais. É sob a égide dessa irracionalidade identitária e autorreferente que as usurpações nos Estados ocupados obtiveram o caráter de legalidade e, sobretudo, de direito.

O caráter empolgante de certas práticas musicais coletivas – coros, orquestras, paradas militares –, assim como o confisco dos bens musicais estrangeiros, mais do que dirigirem-se para o fenômeno musical, eram facetas da mesma moeda, pois fomentavam uma sobreposição da voz de comando dos dirigentes do Estado em um resgate permanente de uma memória musical histórica (falsa ou não) que produzia a ilusão imediata de coletividade, lealdade e dever.

Esse ressentimento obsessivo forjou práticas ritualísticas travestidas de diretivas culturais que ignoravam completamente as idiossincrasias nacionais em prol de um resgate subjetivo da 'alma musical' alemã. E mais do que em qualquer outro período, essas 'vozes' tomaram corpo, ensurdecendo os próprios cantores com seu eco.

Bibliografia

ADORNO, T. "A Teoria Freudiana e o Padrão da Propaganda Fascista". *Margem esquerda: ensaios marxistas*, n. 7, p. 159-189, 2006.

APPLEGATE, C., POTTER, P. "Germans as the "People of Music": Genealogy of an Identity". In: APPLEGATE, C., POTTER, P. (Ed.). *Music & German National Identity*. Chicago & London: The University of Chicago Press, 2002.

BRENNER, H. *La Politique Artistique du National-Socialisme*. Trad. L. Steinberg. Paris: François Maspero, 1980.

ELIAS, N. *Os Alemães: a luta pelo poder e a evolução do habitus nos séculos XIX e XX*. Trad. A. Cabral. Rio de Janeiro: Jorge Zahar Editor, 1997.

FORKEL, J. N. Sobre vida, arte y obras de J. S. Bach. In: EPSTEIN, E. (Ed.). *Bach: pequeña antologia biográfica*. Trad. E. Aguirre. Buenos Aires: Ricordi Americana, 1950.

HUYNH, P. (Ed.). *Le III Reich et la Musique.* Paris: Cité de la Musique/ Fayard, 2004.

_____. *La musique sous la République de Weimar.* Paris : Fayard, 1998.

KATER, M. H. *Composers of the Nazi Era: Eight Portraits.* New York: Oxford University Press. 2000.

_____. *The Twisted Muse: Musicians and their music in the Third Reich.* New York-Oxford: Oxford University Press, 1997.

KERMAN, J. *Musicologia.* Trad. A. Cabral. São Paulo: Marins Fontes, 1987.

LEVI, E. *Music in the Third Reich.* New York: St. Martin's Press, 1996.

MEUCCI, R. Wolfgang Boetticher: aguzzino e musicologo (I). *Hortus Musicus* n.11, jul.-set. 2002, p. 14-15.

_____. Wolfgang Boetticher: aguzzino e musicologo (II). *Hortus Musicus* n.12, out.-dez. 2002, p. 90-91.

MEYER, M. *The Politics of Music in the Third Reich.* New York: Peter Lang, 1993.

PETROPOULOS, J. *Art as Politics in the Third Reich.* Chapel Hill & London: The University of North Carolina Press, 1996.

POTTER, P. *Most German of the Arts: Musicology and Society from the Weimar Republic to the End of Hitler Reich.* New Haven & London: Yale University Press, 1998.

_____. Musicology under Hitler: New Sources in Context. *Journal of the American Musicological Society,* vol. 49, n.1, 1996, p. 70-113.

_____. The Nazi "Seizure" of the Berlin Philarmonic, or the Decline of a Bourgeois Musical Institution. In: CUOMO, G. R. (Ed.). *National Socialist Cultural Policy.* New York: St. Martin Press, 1995.

RIETHMÜLLER, A. "Is that not something for *Simplicissimus?!*" The belief in Musical Superiority. In: APPLEGATE, C., POTTER, P. (Ed.). *Music & German National Identity.* Chicago & London: The University of Chicago Press, 2002.

SPONHEUER, B. "Reconstruction Ideal Types of the 'German' in Music". In: APPLEGATE, C., POTTER, P. (Ed.). *Music & German National Identity.* Chicago & London: The University of Chicago Press, 2002.

STEINWEIS, A. E. *Art, Ideology, & Economics in Nazi Germany: The Reich Chambers of Music, Theater, and the Visual Arts*. Chapel Hill & London: The University of North Carolina Press, 1993.

De VRIES, W. *Sonderstab Musik: Music Confiscations by the Einsatzstab Reichsleiter Rosenberg under the Nazi Occupation of Western Europe*. Amsterdam: Amsterdam University Press, 1996.

_____. The "Sonderstab Musik" of the "Einsatzstab Reichsleiter Rosenberg" 1940-1945. *Spoils of War n.1*, 1995. Disponível em: http://www.dhh-3.de/biblio/bremen/sow1/sonderstab.html. Acessado em: 08 set. 2006.

Dois momentos do modernismo musical no Brasil

Paulo de Tarso Salles

O objetivo deste estudo é investigar dois momentos distintos do que já foi considerado como expressão de "modernidade" na música brasileira. O primeiro desses momentos ocorre entre o final do século XIX e se estende até a década de 1930, com a afirmação do nacionalismo como ideologia dominante entre os intelectuais brasileiros e a consequente construção de uma estética musical com ênfase na representação da nacionalidade.

É preciso acentuar que, de início, a valorização estética de elementos da cultura nativa representava uma reação contra valores culturais importados já consagrados por uma tradição europeia e burguesa. Portanto, ao buscar na cultura brasileira elementos novos, renovadores da expressão artística, os artistas do período também manifestavam interesse em romper com um academicismo que se tornara estéril. Naturalmente, houve uma reação de parte o público, de artistas e de críticos conservadores, processo que culminou na Semana de Arte Moderna de 1922.[1]

Nesse contexto emerge a música de Villa-Lobos, interpretada pela maioria dos críticos brasileiros como uma representação do espírito nacional.

---

1 Roland Corbisier (1914-2005), diretor e fundador do ISEB, considerava o período que antecedeu a Semana de 22 como "pré-história". (ORTIZ, 1994, p. 63)

Villa-Lobos conseguiu aliar a um só tempo o interesse por sonoridades características das selvas e cidades brasileiras com a busca de novos meios de expressão através do timbre, da textura, do ritmo. Sua atitude autoconfiante e sua formação autodidata lhe valeram a (má) fama de compositor "intuitivo", termo empregado com o intuito de classificá-lo como um músico desprovido de refinamento técnico.[2] Apesar disso, a boa recepção que sua música teve na Europa possibilitou-lhe uma carreira internacional e assim ele se tornou um representante oficial da cultura brasileira, atuando intensamente no governo de Getúlio Vargas durante a década de 1930, após duas temporadas em Paris.

Na esteira da música villalobiana surgem músicos de tendência neoclássica[3] como Camargo Guarnieri e Francisco Mignone, que constituem a primeira "escola" nacional no Brasil. Essa primeira escola se torna forte e hegemônica a ponto de expurgar eventuais desvios de suas regras estéticas, como fica claro no repúdio ao dodecafonismo praticado pelo grupo ligado ao professor alemão H. J. Koellreuter, nos anos 1940-50.[4] Tal influência se estendeu até mesmo aos intercâmbios internacionais promovidos

---

2 Em *Villa-Lobos, processos composicionais*, procuro demonstrar que a intuição de Villa-Lobos é tão determinante em seus processos composicionais como qualquer outra poética especulativa de seu tempo, comparando suas obras e as soluções encontradas nelas com trabalhos de Stravinsky, Schoenberg, Webern, Bartók, Varèse etc. (SALLES, 2009)

3 O neoclassicismo musical foi um movimento artístico de cunho passadista, com interesse na restauração ou recriação de processos musicais ocorridos principalmente nos séculos XVII e XVIII. Apesar disso, há grande diferença de abordagens ditas "neoclássicas". Stravinsky, por exemplo, elaborou cuidadosos pastiches a partir de obras de compositores antigos. O próprio Villa-Lobos escreveu obras como as *Bachianas*, inspirado pela música de Bach. Apesar disso, tanto Stravinsky como Villa-Lobos não se detiveram nos aspectos formais que interessaram a músicos como Schoenberg, Copland, Hindemith e Guarnieri, que se propuseram a atualizar as formas clássicas de composição.

4 O grupo *Música Viva*, fundado por Koellreuter e integrado por Edino Krieger, Guerra Peixe, Cláudio Santoro, Eunice Katunda entre outros, atuou entre 1938 e 1952. Embora sua ação se desse em vários campos, ficou marcada sua busca por novos meios de expressão, especialmente a partir de elementos da Escola de Viena com orientação de Schoenberg. Guarnieri fez divulgar uma *Carta aberta, aos músicos e críticos do Brasil*, onde se posiciona diretamente contra a técnica dodecafônica a quem atribui o "objetivo oculto" de "destruição do nosso caráter nacional". (KATER, 2001, p. 119-124)

de acordo com a política da Guerra Fria. Nesse momento, até mesmo Villa-Lobos não era considerado suficientemente "bom" para os parâmetros da escola nacionalista brasileira, que adotava uma linha neoclássica.[5]

O segundo momento da modernidade musical brasileira enfocada neste texto ocorre entre os anos 1950-70, de acordo com um modelo desenvolvimentista, cujo maior ícone foi o próprio governo JK. As definições vigentes do "modernismo" musical, remanescentes ainda do início do século, foram revistas de acordo com novos pressupostos estéticos e teóricos que expuseram as divergências entre as gerações de músicos já constituídos nos aparelhos estatais e os que buscavam um espaço nessa nova ordem.

A investigação entre ambos os períodos pretende colocar em relevo a própria ideia da construção de uma identidade musical de caráter nacional no Brasil a partir dos aspectos que determinaram as escolhas feitas e também segundo atores sociais que propuseram e orientaram os acontecimentos (ORTIZ, 1994). Daí se poderá deduzir que a definição de uma "música nacional" não decorre exclusivamente do reconhecimento objetivo da presença de elementos provenientes de tradições populares, mas também pela construção de um conjunto de símbolos projetado segundo interesses de natureza diversa. (SILVA, 2011)

A eclosão do nacionalismo musical no Brasil

A questão da identidade nacional através da música, ou da música como articuladora de uma identidade nacional, chegou ao Brasil no final do século XIX. Tal discussão vinha sendo travada na Europa há cerca de dois séculos,[6] sendo vivenciada com mais intensidade na música de Chopin, Wagner, Verdi, Berlioz, Tchaikovsky, Glinka, Smetana, Grieg, Dvórak,

---

5 Aaron Copland, um dos responsáveis pela seleção de música brasileira a ser executada nos Estados Unidos, escreveu em um de seus relatórios que preferia a música de Guarnieri à de Villa-Lobos, devido à "técnica composicional mais apurada" de Guarnieri, mais de acordo com o recorte neoclássico de sua própria música. (TACUCHIAN, 1998).

6 Paulo Renato Guérios situa a questão do nacionalismo na Europa a partir da reação da Alemanha ao predomínio dos valores franceses, apontando o pensador Johann Gottfried Herder (1744-1803) como operador de uma síntese teórica da cultura alemã a partir da valorização do povo como depositário do espírito nacional. No mesmo texto, Guérios sugere

Janácek, Granados, Albéniz e outros expoentes de tradições nacionais bem caracterizadas. A chegada dessas ideias ao Brasil ocorreu na esteira de desdobramentos políticos expressos durante as campanhas pela proclamação da República e pela abolição da escravatura.

A formação de uma identidade nacional é de fato necessária para insuflar nos cidadãos a compreensão dos processos econômicos e políticos capazes de garantir seu bem-estar e preservar seus valores e patrimônio. Porém, tal definição de valores não deve ser aceita como um dado irrefutável, senão a manifestação de interesses ideológicos que inevitavelmente são promovidos pelos que detem os meios de divulgá-los, torná-los "oficiais".

> [...] toda identidade é uma construção simbólica (a meu ver necessária), o que elimina, portanto, as dúvidas sobre a veracidade ou a falsidade do que é produzido. Dito de outra forma, não existe uma identidade autêntica, mas uma pluralidade de identidades, construídas por diferentes grupos sociais em diferentes momentos históricos. (ORTIZ, *op. cit.*, p. 8)

Ao realizar o levantamento desses "diferentes grupos sociais", Renato Ortiz analisa os fundadores das Ciências Sociais brasileiras – Sílvio Romero, Nina Rodrigues e Euclides da Cunha – que desenvolvem um modelo de inspiração positivista (Comte), darwinista (aplicada aos processos sociais) e evolucionista (Spencer). Tal pensamento se funda sobre as noções de "meio" e "raça":

> A história brasileira é, desta forma, apreendida em termos deterministas, clima e raça explicando a natureza indolente do brasileiro, as manifestações tíbias e inseguras da elite intelectual, o lirismo quente dos poetas da terra, o nervosismo e a sexualidade desenfreada do mulato. (*Idem*, p. 63)

Dessa ideia surgem soluções, projetos de viabilização de uma civilização tropical baseada na ideia da miscigenação, ou seja, o europeu precisaria se

---

que tais preocupações já tinham sido propostas por Leibniz, "oitenta anos antes de Herder". (GUÉRIOS, 2009) aclimatar às condições adversas da região e, ao fazê-lo, contribuiria para o aperfeiçoamento racial, num processo de "branqueamento da sociedade brasileira" (Idem, p. 2)"

Tal noção evolucionista migrou para a avaliação estética da música. Compositores que não manifestassem um interesse aprofundado pela pesquisa de temas folclóricos foram considerados como pertencentes a um estágio embrionário de nacionalidade.

> Na obra de José Maurício e mais fortemente na de Carlos Gomes, Levy, Glauco Velasquez, Miguez, a gente percebe um não-sei-quê indefinível, um ruim que não é ruim propriamente, é um ruim esquisito para me utilizar duma frase de Manuel Bandeira. Esse não-sei-quê vago mas geral é uma primeira fatalidade de raça badalando longe. (ANDRADE, 2006, p. 14)

Carlos Gomes (1836-1896), considerado o maior compositor brasileiro até então, compôs a ópera IL *Guarany* (1870) a partir do romance homônimo de José de Alencar (1829-1877). Tanto no romance como na ópera, os personagens indígenas se comportam como europeus, sendo o cenário apenas um pretexto para dar cor local, exótica, sem qualquer pretensão nacionalista, mas em algumas de suas peças de piano escritas na juventude, ainda na cidade de Campinas, nota-se certa influência de temas locais, como em A *cayumba* (1857), elaborada a partir de danças de negros, sem mencionar suas modinhas, algumas muito conhecidas e apreciadas como *Quem sabe?* (1859). Todavia, esse elemento não se desenvolveu na obra posterior de Carlos Gomes, cuja inspiração provém principalmente da ópera italiana. Assim, a obra de Carlos Gomes tornou-se um modelo negativo para a geração posterior, símbolo de uma era que os nacionalistas queriam superar a qualquer custo. (COLI, 1986, p. 111)

Dentre a geração de compositores republicanos se destaca a figura de Alberto Nepomuceno (1864-1920), um dos primeiros a tentar definir o caráter nacional da música brasileira, realizando projetos como a tradução de óperas italianas para o português e a composição de canções nesse idioma, que era considerado inadequado para o canto. Em sua juventude em Recife (PE), Alberto Nepomuceno frequentou a Faculdade de Direito, onde teve contato com as teorias de Silvio Romero e os estudos sociológicos de Manuel Bonfim[7] e Tobias Barreto. Além disso, passou uma temporada na Europa (1890-1894) onde travou contato com Edvard Grieg (1843-1907), um dos líderes do movimento nacionalista norueguês.

A música popular de Ernesto Nazareth, Chiquinha Gonzaga, Catulo da Paixão Cearense e outros músicos atuantes no Rio de Janeiro, conhecidos como "chorões", era considerada pelo círculo de Nepomuceno como uma expressão musical legítima do caráter brasileiro. No entanto, havia muita resistência de parte significativa do público, de críticos e mesmo de intérpretes, defensores da tradição europeia, que temiam uma espécie de "queda de nível" com a adoção de elementos musicais nativos.[8] (JAMESON, 1997)

> [...] a realização do concerto de violão do compositor popular Catulo da Paixão Cearense, no Instituto Nacional de Música [em 1908], promovido por Nepomuceno, causou grande revolta nos críticos mais ortodoxos, que consideraram o acontecimento "um acinte àquele templo da arte".[9]

Na Europa as culturas nacionais já eram mais aceitas como fonte de inspiração da arte "culta". Esta dava entrada, junto com o século XX, na expressão de uma sensibilidade moderna, de acordo com o perfil da vida nas grandes cidades, com seus polos industriais e as fronteiras nacionais recentemente estabelecidas. Essa sensibilidade moderna afetou a nova geração de artistas brasileiros, especialmente os poetas e artistas plásticos.

---

7 Ortiz (*op. cit.*, p. 22-27) interpreta as teorias de Manuel Bonfim como uma visão "internacionalista" por buscar a compreensão do atraso nacional em conjunto com a realidade da América Latina. Estabelecendo um paralelo com modelos biológicos, Bonfim realiza uma analogia entre países ricos e pobres respectivamente com a noção de *parasita* e *parasitado*.

8 A suposta "queda de nível", promovida pela assimilação de elementos de culturas periféricas, é proposta por Jameson como um dos fatores da diluição do modernismo, levando a manifestações artísticas menos densas e "pós-modernas". Salles comenta esse aspecto da teoria pós-moderna e discorda do etnocentrismo dessa teoria. (SALLES, 2005)

9 Citação de texto disponível no sítio da Biblioteca Nacional: http://www.bn.br/fbn/musica/nepo/nepo4.htm. Acesso: 27 ago. 2006. Não consta o nome do autor.

A música ainda se deparava com os problemas típicos da fruição coletiva, demandando mais tempo para a absorção de novidades. No entanto, esse grupo de artistas conseguiu chamar a atenção com a Semana de Arte Moderna, realizada em São Paulo, em 1922.

As narrativas nacionalistas e seus heróis

A construção da identidade musical brasileira foi feita não só pela mobilização de artistas e intelectuais atuando em seu tempo, mas também pela reinterpretação do passado, onde se procuram as origens capazes de legitimar as ideias presentes. Mozart de Araújo (1904-1988), em um estudo sobre a modinha e o lundu – segundo ele "os pilares mestres sobre os quais se ergueu todo o arcabouço da música popular brasileira" (ARAÚJO, 1963, p. 11) – encontra em Domingos Caldas Barbosa (1740-1800) o seu definidor:

> Domingos Caldas Barbosa [...] deixou o Brasil, rumo à metrópole portuguesa por volta de 1770. Só em 1775 [...] temos notícia do poeta, publicando suas primeiras obras e freqüentando os palácios dos fidalgos, com a sua viola debaixo do braço. E para merecer a graça de se fazer ouvir pela nobreza e penetrar com a sua viola no palácio de Belém ou de Queluz, Caldas Barbosa – tal como faria depois o nosso Padre Mestre José Maurício – teve que usar da batina [...]. A batina era um pretexto e um artifício que lhe garantia o ingresso na corte. Tendo como rivais impiedosos Filinto Elísio e o próprio Bocage, que não lhe perdoavam o talento, Caldas Barbosa, para vencer os fatores adversos da cor e da pobreza, se cobria com a batina. E a viola granjeava-lhe a simpatia das damas da corte. (*Idem*, p. 29)

O recorte feito por Mozart de Araújo reforça a inevitabilidade da expressão racial, colocando também em relevo a música nacional associada à música popular. Assim, não vale questionar se é legítimo afirmar que Caldas Barbosa fundou a música popular ao criar a modinha. Tal suposição implica em atribuir a um só indivíduo, longe de seu país, a síntese de todo uma cultura nacional. Para o musicólogo, foi importante ressaltar que Caldas Barbosa era mulato, pobre e humilde, qualidades consideradas louváveis como um modelo para o povo brasileiro. Seus rivais é que eram "invejosos"; Barbosa era despretensioso a ponto de batizar suas peças de "modinhas", que somadas ao seu talento nato, definiam sua superioridade.[10]

Muitas outras narrativas foram escritas com objetivos semelhantes: estabelecer uma espécie de fluxo histórico no qual o caráter nacional vai aos poucos sendo cinzelado até o ponto em que será prontamente discernível.[11] As trajetórias de José Maurício (1767-1830), Nepomuceno e Alexandre Levy (1864-1892) parecem estabelecer um nexo inequívoco que conduz até Villa-Lobos. José Maurício enfrenta o desafio de, sendo um "brasileiro talentoso", competir com músicos europeus (Marcos Portugal e Sigismund Neukomm) pela primazia na corte de D. João VI. Se, eventualmente, José Maurício foi "derrotado", isso ocorre por meio de intrigas promovidas por aqueles que não lhe suportam nem o talento, nem a raça.

Alexandre Levy e Glauco Velásquez (1884-1914), de acordo com a lógica dessa narrativa, quase "chegaram lá" – projeto interrompido por suas mortes precoces. O talento desses jovens desapareceu muito perto de sua realização plena, não sem ter deixado os caminhos entreabertos.

> [...] ambos prometiam muito e faleceram na flor de sua mocidade: Levy aos 27 anos, em 1892, e Glauco aos trinta, em 1914. Alexandre tinha formação profissional para dele se esperar muito, embora dentro das correntes tradicionais. Já Velásquez oferecia o fascínio da inovação técnica que poderia tê-lo feito um segundo Villa-Lobos. (MARIZ, 1994, p. 120)

As lutas somadas de José Maurício, Nepomuceno, Velásquez e Levy reforçam os atributos indispensáveis para a consecução do projeto

---

10 É claro que Mozart de Araújo oferece extensa documentação para formular esse juízo, baseando-se em relatos de época e em partituras publicadas.

11 Arnaldo Contier (1997) observa, a respeito de Mignone, que nada se sabe do "significado estético-cultural" de sua produção entre 1912-1980 porque "uma parte de sua produção foi analisada pelos memorialistas simpatizantes do programa em prol da nacionalização da música erudita brasileira a partir dos anos 20". No mesmo texto, mais adiante (p. 12), Contier nomeia alguns desses "memorialistas": "Mario de Andrade, Bruno Kiefer, Luiz Heitor Correia de Azevedo, Andrade Muricy, Eurico Nogueira França e Caldeira Filho".

nacionalista: talento suficiente para desafiar os músicos europeus; determinação e iniciativa para empreender campanhas; audácia e inovação artística; capacidade de mobilização da opinião pública.

Tais qualidades parecem convergir para a figura do Libertador, de um músico de talento, determinação e sensibilidade sobrenatural, portanto um "gênio", que conseguiria inscrever o caráter da nação por meio da música. E as narrativas comumente aceitas apontam Heitor Villa-Lobos (1887-1959) como o realizador dessa proeza.

Villa-Lobos: o deus e o diabo da música nacional

A música de Villa-Lobos traduziu duas aspirações que se tornaram divergentes com o passar do tempo: 1) foi uma manifestação de um espírito "moderno", mesmo em relação à vanguarda europeia dos anos 1910-20, dialogando com obras de Stravinsky, Varèse, Bartók etc.; 2) representou, para o público brasileiro, uma identificação com ideais patrióticos, considerados representativos do espírito nacional.

A crítica nacional reagiu de forma curiosa ao aspecto "modernista" da obra villalobiana, ora considerando-o como "extravagante", ora como decorrente de sua "falta de técnica". Por isso, na maioria das vezes, os comentaristas privilegiaram obras onde Villa-Lobos empregou elementos folclóricos de superfície, como no caso das *16 Cirandas* para piano ou das *Bachianas Brasileiras*. A aceitação desses gestos (caracterizados pelo emprego de melodias populares e figurações características de acompanhamento) sem uma problematização adequada esvaziou o debate sobre a técnica composicional no Brasil e também limitou o campo de avaliação do significado da produção musical brasileira. A produção "crítica" sobre Villa-Lobos ficou restrita, na maioria dos casos, aos aspectos pitorescos de sua biografia e aos comentários pouco esclarecedores sobre sua música, sendo descartada qualquer referência ao caráter especulativo e experimental de obras como os *Choros, Rudepoema, Sinfonia nº 7, Suíte Prole do Bebê nº 2, Suíte Sugestiva, Noneto, Amazonas* etc. (ANDRADE, 1963)

Mário de Andrade ocasionalmente admite a inadequação da música de Villa-Lobos ao projeto "modernista" que pretendeu instaurar:

> Ninguém não imagine que estou diminuindo o valor de Villa-Lobos, não. Pelo contrário: quero aumentá-lo. Mesmo antes da pseudo-música indígena de agora, Villa-Lobos era um grande compositor. A grandeza dele, a não ser para uns poucos, sobretudo Artur Rubinstein e Vera Janacopoulos, passava despercebida. Mas bastou que fizesse uma obra extravagando bem do continuado para conseguir o aplauso.
>
> Ora por causa do sucesso dos Oito Batutas ou do choro de Romeu Silva, por causa do sucesso artístico mais individual que nacional de Villa-Lobos, só é brasileira a obra que seguir o passo deles? O valor normativo de sucessos assim é quase nulo. (*Idem*, p. 12)

A busca de uma normatização, como se vê nesse trecho do *Ensaio sobre a música brasileira* de Mário de Andrade, caracteriza a formação da chamada escola nacionalista brasileira, cujo auge se deu nos anos 1940-50. À frente desse projeto, além do poeta, estavam os compositores Camargo Guarnieri e Francisco Mignone. Disso decorreu que o caráter dessa música fosse mais *nacional* que *moderno*, posto que aparentemente eles buscassem romper com a tradição europeia apenas em determinada instância, sem afetar as bases de sua sintaxe.

Em paralelo, desenvolveu-se a estruturação do Estado brasileiro, processo que levou à Revolução de 1930. Renato Ortiz observa que as antigas teorias raciais do final do século XIX não se adequavam a essa nova realidade, em que as estruturas do capitalismo eram implantadas no país.

> Ao se retirar do mestiço as qualidades da racionalidade, os intelectuais do século XIX estão negando, naquele momento histórico, as possibilidades de desenvolvimento real do capitalismo no Brasil. Ou melhor, eles têm dúvidas em relação a esse desenvolvimento, pois a identidade forjada é ambígua, reunindo pontos positivos e negativos das raças que se cruzam. (ORTIZ, op. cit., p. 39)

Pode-se observar, analogamente, as mesmas hesitações entre o aproveitamento de temas folclóricos e a técnica europeia de harmonização e desenvolvimento temático, presentes, por exemplo, na música de Nepomuceno, talvez o "ruim esquisito" sugerido por Mário de Andrade.

A possibilidade de celebrar no Brasil um movimento modernista nas artes dependia, de certa forma, de uma modernização correspondente da estrutura estatal. A ruptura das relações quase feudais da política do "café com leite", que levou Vargas ao poder, correspondeu a uma sustentação teórica com vistas a interpretar o Brasil expressa, por um lado, pela revisão e atualização das teorias raciais com os escritos de Gilberto Freyre e, por outro lado, pela institucionalização de um universo acadêmico representado pelos primeiros esforços de Caio Prado Jr. e Sérgio Buarque de Hollanda.[12]

Daí que os triunfos de Villa-Lobos em Paris na década de 1920, onde ele mesmo observou o fato de ter ido não para aperfeiçoar-se, como fizeram as gerações de compositores brasileiros que o antecederam, mas para mostrar o que já havia feito, puderam ser considerados como a realização das potencialidades raciais recém-estabelecidas da nacionalidade brasileira. Incomodava o fato de, na poética villalobiana, esses aspectos se ocultarem sob as idiossincrasias de seu estilo pessoal, voltado para a ruptura com normas supranacionais dos cânones musicais. Nesse aspecto, a música de Villa-Lobos não atendia aos objetivos do movimento nacionalista, pois levava a discussão para o campo da própria composição musical, como uma sintaxe individual em desenvolvimento, cujos contornos temáticos tendiam a escapar dos limites que os nacionalistas estabeleceram como adequados para a expressão de valores coletivos.

Ao retornar ao Brasil em 1930, Villa-Lobos deu início a um ciclo de composições significativamente mais conservador, as *Bachianas Brasileiras*. Assumiu também o papel de educador musical, traçando estratégias e atuando como animador oficial da cultura musical do Estado varguista.[13]

---

12 O livro *Casa grande & senzala*, de Freyre, é de 1933; *Evolução política do Brasil*, de Caio Prado e *Raízes do Brasil*, de Sérgio Buarque são, respectivamente, de 1933 e 1936. Na mesma década é fundada a Universidade de São Paulo.

13 Além de Villa-Lobos, outros intelectuais e artistas foram colaboradores de Vargas e do ministro Gustavo Capanema, como Carlos Drummond de Andrade, Candido Portinari, Lorenzo Fernandez, Oscar Niemeyer, Lúcio Costa, Burle Marx e Bruno Giorgi, além do

Desse modo, o primeiro momento do modernismo musical brasileiro esvaziou a questão do *moderno* em prol do *nacional*.

O segundo momento do modernismo musical brasileiro

Uma segunda etapa do modernismo musical brasileiro foi construída tendo como base uma ideologia nacionalista reformada, apoiada no conceito de desenvolvimentismo. Por trás do nacionalismo desenvolvimentista havia uma instituição, o ISEB (Instituto Superior de Estudos Brasileiros), fundado em 1955, e extinto em abril de 1964, como consequência do golpe militar, cujos quadros abrigavam intelectuais de várias áreas.[14] (BARIANI, 2005)

Dentre os lemas desse novo nacionalismo estava a ideia da autenticidade das manifestações artísticas, de acordo com uma realidade nacional, operando contra a importação de soluções advindas, sobretudo, das chamadas nações colonizadoras do Primeiro Mundo. Ao mesmo tempo, tal ideologia combatia a volta ao passado e o consumo de produtos acabados como a Coca-Cola, o chiclete etc (ORTIZ, 1994, p. 55-58). Assim, a opção pelo desenvolvimentismo envolvia:

> [...] planificação, eficácia, racionalização, formação tecnológica, maximização do ritmo de crescimento. A função dos intelectuais seria diagnosticar os problemas da nação e apresentar um programa a ser desenvolvido. (*idem*, p. 65)

Não é difícil estabelecer um nexo entre esse ideário e certas proposições dos movimentos de Poesia Concreta (TELES, 1999, p. 403-405) e do Grupo Música Nova,[15] como se vê nesta declaração de Gilberto Mendes:

---

próprio Mário de Andrade, que organizou e conduziu o SPHAN (Serviço do Patrimônio Histórico e Artístico Nacional), criado em 1937.

14 No início das atividades do ISEB, até mesmo Villa-Lobos foi membro do conselho curador e consultivo, ao lado de nomes como Anísio Teixeira, Roberto Campos, Gilberto Freyre, Sérgio Buarque de Holanda, Miguel Reale, Horáio Lafer, Pedro Calmon, Augusto Frederico Schmidt, Sérgio Milliet, Paulo Duarte, Fernando de Azevedo, San Tiago Dantas etc.

15 Fizeram parte do movimento Música Nova: Rogério Duprat, Damiano Cozzella e Willy Correia de Oliveira, entre outros.

De volta ao Brasil, sintetizou-se clara em minha cabeça, como fruto de meditação sobre as contradições observadas, a idéia de que precisava construir a minha linguagem musical particular, e não seguir as linguagens dos outros, sobretudo do Velho Mundo. A lição de vanguarda fora aprendida, mas a aplicação deveria levar em conta o homem novo que éramos, naturalmente, como habitantes de um Novo Mundo. Mais do que os europeus, tínhamos o dever de ser "inventores", segundo a definição de Ezra Pound, descobrir um novo processo ou criar obras que dessem o primeiro exemplo conhecido de um processo. Criar signos novos. (MENDES, 1994, p. 70)

Desse modo, se opera uma transformação do pensamento crítico sobre a produção musical brasileira, que passa a ler o nacionalismo de Mário de Andrade/Camargo Guarnieri como uma manifestação passadista e colonizada, distante da discussão avançada das questões estéticas e composicionais no mundo e da postura a ser adotada pelos compositores brasileiros frente aos novos processos de criação. Curiosamente, Gilberto Mendes vê na geração de novos compositores aspectos comparáveis àqueles suscitados por Villa-Lobos:

[...] mudamos tudo. Foi uma revolução total, radicalíssima, comparável só à incrível revolução solitária de Villa-Lobos no começo do século, com a diferença que a dele era a de um instintivo genial, e a nossa, conseqüência de uma tomada de posição muito intelectualizada [...]. (*Idem*, p. 80-81)

Tal proposta musical voltava-se para uma retomada das conquistas estabelecidas por Villa-Lobos, considerando ainda o nacionalismo da escola de Guarnieri como um atraso em relação ao progresso técnico da composição musical nos principais centros, dando também ao nacionalismo um novo enfoque, onde a assimilação dos novos processos técnicos deveria ser aplicada à realidade brasileira. Obras como *Moteto em ré menor (Beba Coca-Cola)*, com música de Gilberto Mendes sobre texto de Décio Pignatari (1967), ou ainda *Santos Football Music* (1969), também de Mendes, são boas ilustrações, onde o elemento "nacionalista" emerge de um contexto derivado de uma situação criada pela obra, não sendo predeterminada pela apropriação de um tema folclórico.

No *Moteto em ré menor* é feita uma crítica bem humorada ao domínio americano do pós-guerra, representado pela expansão da marca Coca-Cola, convertida em símbolo da sociedade capitalista. Tal crítica, embora formalizada com rigor tanto poética quanto musicalmente, se estabelece por certo sentido de descontração que é associado ao "jeito" de ver e representar, bastante identificado com o humor cotidiano dos brasileiros. Já em *Santos Football Music* essa identificação é ainda mais imediata pela proposta de participação do público, instado a agir como as torcidas em um estádio de futebol, e também pela profusão de elementos tomados de empréstimo das fontes sonoras desse tipo de evento: locução de rádio, atuação cênica do regente (à maneira do juiz de futebol) e dos músicos etc.

O embate entre nacionalistas da escola de Guarnieri e integrantes ou simpatizantes do Música Nova foi inevitável, culminando na confusão ideológica entre as orientações estético-musicais de direita e esquerda sobre o que seria considerado *revolucionário* ou *conservador*. Inspirados na orientação soviética de Jdanov, os compositores brasileiros filiados ao Partido Comunista passaram a valorizar temas populares como forma de propagar a revolução;[16] (KATER, 2001, p. 260-273) compositores de esquerda não-jdanovistas, de tendência isebiana, acreditavam numa inexorável reforma social por meio do desenvolvimento e do progresso técnico. Os músicos tradicionalmente associados às forças conservadoras viram-se repentinamente alinhados com o mesmo discurso nacional/popular dos comunistas.[17] O Golpe de 1964 foi o detonador de súbitas mudanças de posição, onde muitas convicções estéticas foram preteridas por motivações políticas.

---

16 Após a publicação das resoluções do 2º Congresso Internacional de Compositores e Críticos Musicais, organizado pelo Sindicato dos Compositores Tchecos em Praga (Maio de 1948), compositores como Santoro e Guerra Peixe decidiram retratar-se, renunciando à técnica serial e passando a compor a partir de temas populares, conforme a orientação do Partido.

17 Abordo essa questão com mais profundidade em *Aberturas e impasses*, p. 141-228. Alguns compositores chegaram mesmo a abandonar a música erudita, convencidos de que seus valores estéticos não eram mais representativos, como foi o caso de Damiano Cozzella e Rogério Duprat (GAÚNA, 2002, p. 58-59).

O Festival de Música da Guanabara, em 1969, expôs o conflito entre a escola de Guarnieri-Mignone e os músicos da nova geração como Almeida Prado, Marlos Nobre, Jamary Oliveira, Lindembergue Cardoso e outros. Mesmo o emprego tardio de técnicas seriais – uma espécie de *mea culpa* apresentado por Guarnieri e Mignone durante o Festival – foi rechaçado pelos mais jovens. Além disso, essa tentativa de atualização desses expoentes da escola nacionalista foi ignorada e desprezada por seus próprios parceiros.

Diante de tamanho choque entre forças ideológicas que repentinamente tiveram seus mecanismos revelados, a música brasileira rumou para outro momento de sua modernidade. Pode-se até mesmo propor uma leitura dessa condição como "pós-moderna", mas somente o tempo poderá estabelecer se a aparente acomodação entre as tendências divergentes aponta ou não para a superação desses entraves ideológicos dos modernismos brasileiros.[18] No entanto, ficou evidente que a construção simbólica de uma "identidade nacional" por meio da música opera com elementos manipulados mais por conveniências políticas do que necessidades técnicas ou estéticas da sintaxe musical. Embora a tensão em torno do assunto tenha se diluído, é notável como certas proposições retornam como senso comum nos discursos divulgados nos meios de comunicação e em determinadas políticas culturais do Estado, ou ainda dentro de espaços acadêmicos, privilegiando aspectos populares como o apanágio necessário para a inserção da cultura brasileira no espaço reservado pelo mercado às manifestações artísticas fora do eixo Europa-Estados Unidos.

---

18 Há razões para acreditar que essa superação de fato ocorreu como revela a programação eclética de eventos oficiais como as Bienais de Música Contemporânea Brasileira, promovidas pela Funarte, onde diversas estéticas composicionais são apresentadas sem qualquer tipo de censura ideológica aparente. Ou mesmo os corpos docentes dos departamentos de música das diversas universidades públicas, que hoje acomodam compositores associados às vertentes outrora consideradas incompatíveis. (SALLES, 2009)

Bibliografia

ANDRADE, Mário de. *Ensaio sobre a música brasileira*. Belo Horizonte: Itatiaia, 2006.

_____. *Música, doce música*. São Paulo: Livraria Martins Editora, 1963

BARIANI, E. "ISEB: fábrica de controvérsias". In: *Revista Espaço Acadêmico*, n. 45, fev. 2005. Disponível em: http://www.espacoacademico.com.br/045/45cbariani.htm. Acesso: 2 set. 2006).

COLI, J. "Carlos Gomes: a grande travessia". In: *Revista do Instituto de Estudos Brasileiros (IEB)*. São Paulo, n. 26, 1986.

GAÚNA, R. *Rogério Duprat: sonoridades múltiplas*. São Paulo: Editora Unesp, 2002.

GUÉRIOS, P. R. *Heitor Villa-lobos: o caminho sinuoso da predestinação*. Curitiba: Edição do autor, 2009. JAMESON, F. *Pós-modernismo: a lógica cultural do capitalismo tardio*. São Paulo: Ática, 1997.

KATER, C. *Música viva e H. J. Koellreuter: movimentos em direção à modernidade*. São Paulo: Musa Editora e Através, 2001.

MARIZ, Vasco. *História da música no Brasil*. Rio de Janeiro: Civilização Brasileira, 1994.

MENDES, Gilberto. *Uma odisséia musical: dos mares do sul à elegância pop/art déco*. São Paulo: Edusp, 1994, p. 70.

ORTIZ, R. *Cultura brasileira & identidade nacional*. São Paulo: Brasiliense, 1994, p. 63.

SALLES, Paulo de Tarso. *Aberturas e impasses: o pós-modernismo na música e seus reflexos no Brasil*. São Paulo: Editora Unesp, 2005.

_____. *Villa-Lobos: procedimentos composicionais*. Campinas: Editora da Unicamp, 2009.

SILVA, Lucas E. da. *Nacionalismo, neofolclorismo e neoclassicismo em Villa-Lobos: uma estética dos conceitos*. São Paulo, ECA/USP, dissertação de mestrado em Música, 2011.

TACUCHIAN, M. F. G. *Panamericanismo, propaganda e música erudita: Estados Unidos e Brasil (1939-1948)*. São Paulo, FFLCH/USP, tese de Doutorado em História, 1998.

TELES, Gilberto Mendonça. *Vanguarda europeia e modernismo brasileiro: apresentação e crítica dos principais manifestos vanguardistas*. Petrópolis: Editora Vozes, 1999, p. 403-405.

♪♪
Entre a história e a musicologia
Tensões em torno de um objeto

Fazendo história da música com a musicologia em crise

Juan Pablo González

> Porque há algo evidente – afirma Alejo Carpentier: a música latino-americana deve ser aceita em bloco, tal como é, admitindo que suas mais originais expressões podem ter saído tanto da rua como da academia[1]. (ARETZ, 1977, p. 17)

Trinta e cinco anos depois da célebre sentença de Carpentier, teríamos apenas que agregar o estúdio de gravação como possível lugar de procedência para as expressões mais originais da música latino-americana. No entanto, à diferença das histórias da música no Ocidente, nas quais dialogaram as expressões eruditas e populares – tanto Ocidentais como Orientais – como veremos a seguir, na América Latina as águas foram separadas. Em nossos países abundam os livros de história da música enfocandos as expressões que vem da academia e muito pouco ou nada do quem vêm das ruas.[2]

---

1 Tradução nossa. "Porque hay algo evidente a la música latinoamericana hay que aceptarla en bloque, tal y como es, admitiéndose que sus más originales expresiones lo mismo pueden salirle de la calle como vernirle de las academias".

2 Ultimamente, apareceram livros que se concentram nas músicas que saem dos estúdios de gravação, os quais, por sua vez, deixam de fora aquelas que vêm da academia.

Este artigo aborda o problema da pesquisa e do ensino da história da música na universidade, considerando o estado atual da musicologia 30 anos depois do início de uma completa revisão epistemológica de sua tarefa. Essa revisão, que deu origem ao que se conhece por nova musicologia, musicologia crítica e musicologia radical, tenta aproximar o estudo da música no âmbito das humanidades e das ciências sociais, estabelecendo uma ponte entre música e discurso como nunca antes se havia construido.

É nesse espírito que o artigo aborda o problema da pesquisa e ensino da história da música, mantendo-se fiel ao exposto por Carpentier, como signo e destino da música, da cultura e da história na América Latina. Deste modo, buscaremos possíveis vínculos entre as músicas da rua, do estúdio de gravação e da academia, tanto na pesquisa como no ensino da história da música. Para tanto, contamos com nossa experiência docente e de pesquisa no Programa de Estudos Histórico-Musicológicos da Pontifícia Universidade Católica do Chile.

Investigando na história da música

Em sua pesquisa sobre as histórias da música na América hispânica, a historiadora colombiana Juliana Pérez (2010) realiza duas observações após revisar 41 histórias nacionais da música publicadas na região entre 1876 e 2000. A primeira é a abundância de histórias escritas por pessoas que não são profissionais da História, como músicos, sacerdotes, literatos ou advogados. A segunda deriva-se da primeira: a baixa produção em história da música dos historiadores profissionais, tema que é catalogado como "uma curiosidade" nos respectivos círculos (2010, p. 16).

Apesar de no balanço de Juliana Pérez poucos musicólogos se qualificam como profissionais da História, "já que não tiveram formação em carreiras de musicologia, não possuem clientela e nem se empenham em tempo completo como tais",[3] a musicologia se desenvolveu principalmente como uma disciplina histórica, preocupada em indagar, resgatar, valorizar e interpretar eventos musicais do passado. Entre as histórias hispano-americanas revisadas por Juliana Pérez, existem várias escritas por profis-

---

3 Ver PÉREZ, 2010, p. 21, nota 7.

sionais da musicologia histórica, como Gabriel Saldívar e sua *Historia de la música en México* (1934); José Ignacio Perdomo Escobar e sua *Historia de la música en Colombia* (1945); Lauro Ayestarán e *La música en Uruguay* (1953); Vicente Gesualdo e sua *Historia de la música en Argentina* (1961); Andrés Sas e *La música en la Catedral de Lima* (1972); Samuel Claro e sua *Historia de la música en Chile* (1973); Mario Milanca e *La música venezolana de la colonia a la república* (1994); e Egberto Bermúdez e sua *Historia de la música en Santa Fé de Bogotá* (2000), entre outros.

Como fazer um balanço historiográfico de um *corpus* de conhecimento que oscila entre duas e inclui, mais disciplinas? Se as histórias da música são altamente dependentes dos marcos epistemológicos de onde surgem, também dependem das validações que realizam explícita ou implicitamente os pesquisadores daquilo que estudam. Essas valorações têm variado através do tempo, afetando tanto negativa com positivamente a visão integradora da música proposta tanto por Carpentier como pela musicologia contemporânea.

O conceito de cultura popular teria surgido nos finais do século XVIII pelas mãos de intelectuais alemães de classe média, assinala Peter Burke (2006, p. 32), ao descobrirem o mundo das canções e os bailes populares, a literatura oral e o artesanato. Logo os ingleses sistematizaram uma primeira forma de estudos desses fenômenos sob o conceito de *folclore,* nascido na década de 1840. No entanto, apenas na década de 1960 a chamada cultura popular entraria no campo de interesse dos historiadores. Na Inglaterra, esse interesse coincidiu com o nascimento dos estudos culturais sob o amparo da Universidade de Birmingham. Isto se produzia dentro do marco de uma crítica à ênfase acadêmica na alta cultura, como afirma Burke (2006, p. 33), assim como a necessidade de compreender o mutante mundo do mercado, a publicidade e a televisão.

Consequentemente, até a década de 1970 a música popular não era considerada como um legítimo campo de estudo da musicologia. Devido à sua natureza histórica, nascida com o resgate dos valores musicais do passado e com o decurso da história da música Ocidental como sua matéria principal, a musicologia ficou limitada a afastar-se de fenômenos do presente ou considerados fora da esfera artística. Desse modo, não foi fácil para ela tomar a sério uma música concebida para o entretenimento e o romance e dar importância estética a um fenômeno ligado à cultura de massa.

Entretanto, e apesar do aparente isolamento da música popular urbana em respeito à academia, o passar do tempo demonstrou que o estudo dessa música massiva, midiatizada e modernizante constituiu uma das fontes de renovação teórica da musicologia do começo do século XXI. Essa renovação surge da necessidade de abordar um objeto de estudo politextual como é a canção popular – que é apresentada, gravada, consumida, comentada –, que foi deixada de lado pela visão excludente da musicologia tradicional, dependente de uma ordem artística amplamente canonizada e da divisão dicotômica da cultura em *alta* e *baixa*.[4]

Como afirma Burke, a existência de múltiplas relações históricas entre *alta* e *baixa* cultura, ou cultura erudita e cultura popular, levou alguns estudiosos a querer renunciar ao uso de ambos os adjetivos. No entanto, para descrever tais interações é necessário o uso deles, para o qual Burke propõe que a estratégia seria usar ambos os termos sem tornar muito rígida a oposição binária, inscrevendo tanto o erudito como o popular em um marco cultural mais amplo (2006, p. 44). Tanto na modernidade como na pós-modernidade, essas relações ocorreram de distintas maneiras, operaram baseadas em aproximação de um e de outro lado e também deixaram de operar por resistências de um lado e de outro.

História social do presente

Uma visão renovada da cultura musical na América Latina deveria incorporar o popular e o massivo como um dos elementos do rico mosaico que forma nosso conceito de patrimônio sonoro. Os interesses compartilhados que provoca a música popular permitem à musicologia buscar aliados em distintos meios disciplinares para abordar a "música de todos", como a chamava Carlos Veja, encontrando-os, no caso dos estudos que temos realizado no Chile, no âmbito da história social e do tempo presente.

> A história social – propõe Claudia Pancino – é, por excelência, a disciplina que se ocupa do contexto social no qual se deu um

---

4 Ver González, Ohlsen y Rolle, 2009.

acontecimento, uma série de feitos, um personagem, uma crença, uma relação, uma série de relações, uma instituição, um processo ou uma mutação social do passado. Ela deve ler transformações, às vezes velozes mas com frequência lentas, ou muito lentas. (2003, p. 17)

Em uma história da música popular, é justamente a história social que nos proporciona chaves de leitura das dinâmicas de comportamento e consumo cultural da sociedade de massa. Ao potencializar sua capacidade *poliglota*, a história social incorpora em seu acervo categorias de análise e propostas teóricas provenientes de várias disciplinas do estudo das ciências sociais, adquirindo uma maior riqueza no olhar e incorporando matizes novos à representação do passado, como assinala Claudio Rolle (2009).

No campo de estudos da música popular, resulta muitas vezes inevitável tomar parte na história narrada. Isso é devido à síndrome do *scholar-fan*, que impera nesses estudos: acadêmicos que tomam a decisão de estudar feitos, fenômenos ou processos que foram relevantes em suas vidas e dos quais foram protagonistas ou testemunhas. Desse modo, mediante seus juízos explícitos e implícitos, ponderações e até a organização do material, o *acadêmico-fanático* incorpora suas próprias vivências e apreciações dos feitos narrados ou de suas sequelas, como uma fonte quase impossível de esquivar.

Como assinala Rolle (2009), a coetaneidade é um dos fatores presentes no modo de fazer história que remonta às próprias origens dessa forma de conhecimento, e que, nas últimas décadas, recebeu um reconhecimento explícito com nomes como *história do presente, história do tempo presente* ou *história imediata*. Não é casual que uma das primeiras formulações explícitas da chamada história imediata, continua Rolle, fosse proposta por aqueles que cultivavam, simultaneamente, o periodismo e a história, buscando, justamente, entender o presente como história.

Trata-se de uma reviravolta que vem ganhando terreno e que, mais do que definir um momento de predileção segundo uma lógica cronológica ou um setor historiográfico determinado, sublinha um modo de fazer história onde o passado e o presente, sempre ligados no trabalho do historiador, enfatizam mais ainda seus vínculos. Como assinala Julio Arostegui, esta é "uma proposta de fazer História que não é passado, mas presente".

Entretanto, como adverte Juri Lotman em sua poética da conduta cotidiana, quanto mais distante de nós se encontra uma cultura, mais facilmente podemos tratar sua vida cotidiana como um objeto de estudo (em BURKE, 2006, p. 53). É como à distância pudéssemos ver mais coisas, ou aquilo que nos parece supérfluo, por tê-lo tão à mão, se tornasse significativo. Esse é o grande desafio do acadêmico-fanático ao referir-se à sua própria cotidianidade como um modo de fazer história. É uma disjuntiva similar à do investigador *insider* e *outsider*, proposta pela antropologia cultural, na qual a única desvantagem do *insider* parece ser sua dificuldade para captar o valor ou o sentido daquilo que, por ser cotidiano, pode parecer trivial.

Música popular no Chile 1950-1970

Na segunda parte do projeto "História social da Música Popular no Chile", realizado no Programa de Estudos Histórico-Musicológicos da Pontifícia Universidade Católica do Chile em conjunto com o historiador Claudio Rolle, nos ocupamos justamente de um período próximo do momento presente: 1950-1970. Se bem que não se trata, em sentido estrito, de escrever uma história do presente, estamos, neste volume, à frente de uma história imediata, com atores vigentes e com nossa própria memória em jogo. Examinemos os desafios metodológicos que nos apresentam as fontes de uma história imediata da música popular urbana.[5]

A memória como fonte

Na maior parte das publicações históricas e biográficas sobre música popular na América Latina, o primeiro impulso foi recorrer aos próprios protagonistas da história como fonte: músicos, pessoas da indústria, público. No entanto, o fenômeno pode operar de forma inversa: justamente por tratar-se de fontes vivas e acessíveis, deve-se abordar seu estudo mediante a entrevista retrospectiva, às vezes com urgência quando tais fontes têm

---

5 Nesta etapa do projeto também participou o músico e pesquisador Oscar Ohlsen, testemunho dos anos 1950 e 1960.

uma idade avançada. Tudo isso constitui uma tentação metodológica que tem seus perigos, como veremos a seguir.

A entrevista constitui um caso particular de fonte histórica, pois permite recuperar experiências e recordações daqueles que protagonizaram ou foram testemunhos diretos de acontecimentos do passado. No entanto, por ser retrospectiva, está ameaçada pela falsa recordação, uma recordação construída de modo involuntário no tempo e que busca convencer-nos, de um modo particular, sobre o andar dos acontecimentos. A sedução da falsa recordação é tal, assinala Dieges (1997) que muitas vezes temos que enfrentar decididas defesas de dados inexatos ou diretamente incorretos, anacrônicos ou corrigidos inconscientemente.

> A memória trai, confunde mas também restitui situações esquecidas – afirma Ángel Parra em sua biografia de Violeta Parra. Talvez o passar do tempo me faça ver com outras luzes e me faça perder no que creio ser a realidade. (2006, p. 30)

As fontes elaboradas à distância no tempo e que não se baseiam em apontamentos realizados durante a época – como as autobiografias e as memórias –, assinala Rolle (2009), possuem influências diretas ou indiretas que dão sentido e direção ao relato da memória e que, muitas vezes, modificam a recordação dos acontecimentos. Sobretudo, a recordação tende a justificar comportamentos e se constrói a base não apenas das próprias experiências, mas também daquelas lidas, ouvidas e recebidas de outras pessoas, cuja procedência se borra ao produzir-se a apropriação por parte da própria memória. Desse modo, a recuperação da memória dos protagonistas da história deve ser conduzida pela indagação de um terceiro, que estabelece um programa de roteiro de perguntas a seguir.

Como um modo de tomar precauções frente a distorções que *a falsa recordação* pode produzir, no segundo volume da história social da música popular no Chile colocamos à disposição de nossos cinquenta entrevistados os textos que havíamos escrito previamente acerca dele ou dela sobre a base das fontes escritas e sonoras da época. Desse modo, a informação histórica foi confrontada com a memória de seus protagonistas e vice-versa, preenchendo vazios, desvelando entretelas, estimulando a recordação, precisando dados e construindo, enfim, um olhar crítico entre as fontes materiais e imateriais da história.

As fontes de massa

No período de 1950 a 1970, a música popular no Chile é rica em fontes massivas. À proliferação de publicações periódicas especializadas em música popular e cultura juvenil se soma um incessante trabalho de edição discográfica a cargo de selos internacionais e nacionais e uma considerável produção cinematográfica e de televisão vinculada à música popular. Há ainda um grande número de *websites* dedicados a gêneros, correntes e artistas dos anos 1950 e 1960, tanto chilenos como estrangeiros de impacto no país, com informação biográfica e discográfica e com cancioneiros, vídeos e comentários do público aficionado. Ademais, o *YouTube* aumenta dia a dia o acesso público a materiais históricos guardados por colecionadores e arquivos privados. As agora chamadas humanidades digitais também podem se beneficiar disso tudo.

No entanto, são as fontes periódicas especializadas as que melhor nos entregam um discurso de época, com suas prioridades e valores, mas também com suas omissões e silêncios, Ademais, a estreita relação dessas fontes com a indústria musical, em seu conjunto, nos brindou com um certo acesso a uma atividade de caráter comercial e privado, cujas fontes nem sempre se conservam ou não têm a acessibilidade pública que possuem as geradas pelo jornalismo.

Esse período é especialmente rico em discografia, seja em suas edições originais em *singles* de 78 e 45 rpm; *extended-plays* (EP), de 45 rpm; e *long-play* (LP), de 33 1/3 rpm, como suas reedições em cassetes e discos compactos. Também foram utilizadas como fontes as capas dos LPs, que ofereciam um bom espaço para que os próprios músicos, produtores, intelectuais e pesquisadores difundissem seus comentários sobre o conteúdo do disco. A isso se soma o desenho das capas, que alcançaram especial relevância na década de 1960 como portadoras de sentido e de um discurso visual que se articulava com os valores, sonhos e frustrações da época.

Essa ampla discografia nos outorga um acesso direto aos aspectos sonoros e textuais da canção, ainda que fiquem fora aspectos visuais, gestuais, receptivos e de consumo tão importantes em sua definição estética e social. Entretanto, ao considerar os discos como forma de fixar no tempo uma situação performativa determinada – que é quando surge a canção –, estamos abordando, também, a canção desde o corpo performativo dos músicos e cantores que, na música popular, é fundamental para seu resultado estético final. Além disso, a imprensa, a publicidade e as entrevistas nos entregam indícios sobre aspectos de uso e consumo da música popular na época através da aquisição de discos e instrumentos musicais; a escuta e presença de programas radicais e de televisão: a presença em concertos e festivais; a aquisição e uso de cancioneiros e de revistas juvenis e a presença do cinema.

As fontes visuais e audiovisuais são insubstituíveis na hora de definir aspectos performativos de um artista e de uma canção, entregando-nos, também, informação de ambientes, atitudes e cenários de época que muitas vezes as palavras não podem transmitir com a mesma eloquência. Assim mesmo, nossa participação na montagem do concerto teatral *Uma noche en el Goyescas* (GONZÁLEZ, 2007) que recria a última noite de 1959 em uma elegante *boate* do centro de Santiago, nos permitiu contar com um laboratório sonoro, performativo e visual de grannde utilidade para o presente estudo.

A canção como fonte

A análise do discurso da canção e a busca de seus conteúdos artísticos, dimensões históricas, atitudes sociais e posturas ideológicas imperaram nos estudos do cancioneiro popular latino-americano desde o final dos anos 1960. A bibliografia sobre o tango, o bolero e o canto/compositor é rica em estudos literários, sociais, de gênero fenomenológico ou semiótico, baseados nas letras da canção ou do poema em pode estar baseada. Desse modo, mediante a análise das letras, podemos desvelar atitudes, posturas, discursos, mas também nós dramáticos, conceitos significativos e certos níveis de sua musicalidade, como é o metro, os acentos, o fraseado e a rítmica.[6]

---

6 Mais em GONZÁLEZ, 2009a.

No entanto, a letra da canção e dos poemas transformados em canção receberam pouca atenção dos estudos musicológicos da canção popular. Isso ocorre tanto pela ênfase nos aspectos musicais próprios da musicologia como por considerar que as letras têm, uma vez que são cantadas, muito mais sentido do que como texto escrito. O êxito das canções em inglês em países que não são anglo-falantes ou de canções que estão no mesmo idioma do público, mas cujas letras são incompreensíveis ou não têm um sentido claro, apoiam a ideia da existência de uma dimensão puramente sonora ou musical na letra cantada que atrai a atenção dos ouvintes.

Os parâmetros musicais suscetíveis de ser escritos em partitura ou tablatura ou de ser transcritos desde os discos, devem ser abordados de forma sintética em um texto de história social, que está orientado a uma ampla gama de leitores, tanto dentro como fora do campo musical. No entanto, muitas vezes é necessário fazer referências à harmonia, à tonalidade e ao modo, ao desenho melódico, ao metro e ao ritmo; à forma, à textura vocal e instrumental, ao arranjo e à versão da canção. Esses conceitos de linguagem musical permitem definir traços estilísticos e construir significados, buscando, na medida do possível, relações com a letra, a performance gravada, a recepção ou consumo e os discursos da época. Em outros termos, enfatizando sempre a politextualidade da canção popular.

Uma história social da música popular do presente deve oferecer uma visão global do fenômeno, com as virtudes e defeitos que este possa ter. A tendência, derivada dos *scholar-fans*, tem sido estudar a música popular separadamente como demonstra a abundante bibliografia sobre a nova canção, o bolero, o tango, o samba, o folclore e o rock, que aporta um olhar especializado sobre os fenômenos que analisa. Entretanto, carecemos de uma visão integral das distintas correntes que formam a música popular e que consideram a sociedade em seu conjunto, com suas diferenças de gênero, geração, classe social e ideologia, mas conformando um todo coeso por uma história comum e pela própria interação de suas partes.

A historiografia da música latino-americana andou por caminhos separados. Não apenas a separação entre o acadêmico e o popular, mas o tratamento segmentado por países, épocas, gêneros de nossas músicas. O que, se por um lado, contribuiu para melhor compreensão de cada caso em particular, por outro, negou a visão completa do campo, a relação entre as partes. A proposta é construir um tecido que ponha em evidência a riqueza e o diversidade da sociedade e da cultura local, onde cada fio tenha uma importância particular e desempenhe um determinado papel na construção sonora de uma subjetividade social que é, sobretudo, complexa.

Ensinando história da música

O desempenho profissional do musicólogo na universidade e na escola secundária, ou vinculado a uma orquestra, ou a um teatro, ou a um meio de comunicação, passa necessariamente por seu conhecimento da história da música ocidental e, no melhor dos casos, de seu país ou continente. No entanto, diferento do que ocorre com o historiador, que se especializa em um certo período histórico referido a um determinado lugar geográfico, na musicologia parece que devemos dominar dois mil anos de história da música sem problemas. Isso porque esses 2.000 anos de música se encontram presentes hoje, como produto estético que é apresentado, e socialmente preservado.

Deste modo, apesar de meus interesses e linhas de pesquisa terem me levado à música do século XX, com uma forte ênfase no estudo da música popular no Chile e América Latina, tive que responder a esta necessidade e expectativa social do musicólogo, escrevendo notas de concerto para música dos séculos XVII ao XX e ministrando os três semestres da cadeira de História da Música na Universidade Católica do Chile; abordado desde o século IV até meados do século XX. Nas páginas seguintes enfocarei asestratégias desenhadas para ensinar o primeiro terço dessa história, desde o cristianismo primitivo à *Seconda pratica* do começo do século XVII, considerando a concepção integradora e transversal da musicologia que estamos discutindo neste texto.

O livro clássico para o estudo da música da Idade Média e do mundo antigo foi publicado em 1940 em Nova York pelo musicólogo americano Gustave Reese: *Music in the Middle Ages: with an introduction on the music of ancient times*. Ao retomar sua leitura 70 anos após sua publicação, pude comprovar duas coisas: que era tão entretido quanto uma novela de Umberto Eco e que abria uma interessante porta para desenvolver uma perspectiva integradora da música. O vínculo integrador desse livro de Reese é constituído pela sua introdução à *música dos tempos* antigos, presente também em outros livros de história da música e, em alguns casos, expandida até suas sobrevivências etnográficas atuais. Essa música, chamada também *primitiva*, étnica ou de povos originários, é difundida desde os meados da década de 1980 pela indústria discográfica globalizada como World Music.

A World Music produziu uma resignificação e valoração no interior da cultura de massa de músicas longínquas no espaço e no tempo, valoração sustentada pelo multiculturalismo pós-moderno. As chamadas músicas étnicas constituem um remanso sonoro dentro da grande complexidade e volume do entorno musical atual. Elas apontam para uma "reinvenção" da autenticidade em tempos de crise das verdades absolutas e do reinado da artificialidade do *pop*.

O interessante para o ensino da história da música é que a World Music constitui um caminho paralelo e interconectado com o da música clássica ocidental, pelo menos até o século XVIII. Por um lado, o cristianismo surgia do crisol de raças, idiomas, crenças e tradições presentes na região da Eurásia durante o século IV, absorvendo influências gregas, hebraicas e sírias. Por outro, a cultura árabe foi uma constante para a Europa até o início do segundo milênio. Ademais, a época cavalheiresca trará os celtas à cena. Se a isso somamos a permanente interação da música vocal e instrumental cortesã com os bailes populares da época, a irreverente tendência presente entre os goliardos do século XII e a *Ars antiqua* de misturar o sacro com o profano; e o paralelo que se costuma fazer dos trovadores com os cantor/compositores do século XX, teremos algo mais do que uma breve *introdução* da World Music para os primeiros 15 séculos da história da música ocidental.

Expandir essa introdução da história da música e colocá-la a par das distintas unidades do curso me permitia fazer uma história cultural da música, buscando não apenas relações intraculturais – como a de polifonia inicial com as catedrais góticas – mas interculturais, com as raízes greco-latinas do *Kyrie Eleyson*, por exemplo. Sobretudo, a expansão da introdução do curso da história da música buscava que os estudantes experimentassem a música dos primeiros 15 séculos da era cristã como um fenômeno que apelara a seu presente, que pudesse também formar parte de seu aqui e agora.

Na continuação, exporei os marcos teóricos e metodológicos que guiaram a primeira das três unidades do curso de formação geral de História da Música ministrado na Pontifícia Universidade Católica do Chile durante o primeiro semestre de 2010. O curso teve uma seção semanal de três horas de duração a cargo de um professor e um ajudante e o assistiram 50 estudantes de distintas carreiras científicas e humanísticas, incluída a música.

Imaginando o outro

As duas relações interculturais mais próximas dos alunos chilenos para trazer ao presente um tempo remoto e aparentemente alheio a eles foram as travadas com os árabes e os celtas. As relações com os árabes ocorreram devido à grande presença palestina no Chile e as com os celtas por sua permanência no imaginário juvenil e pelo *revival* da música celta a partir da década de 1990.

Com uma população de origem palestina perto de 700.000 pessoas em um com de 17 milhões de habitantes em 2010, o Chile constituiu o pólo mais importante da imigração palestina durante a Primeira Guerra Mundial. Apesar de grande parte dos palestinos-chilenos serem cristãos ortodoxos, eles conservam costumes culinários e musicais de origem árabe, mantendo clubes sociais e desportivos palestinos e vivem e trabalham em bairros que os identificam. Isso permitiu fazer com que os estudantes de história da música conhecessem aspectos da cultura árabe em primeira mão, visitado mesquitas, centros culturais árabes, restaurantes de comida árabe e incluindo aulas de dança árabe, e também que entrevistassem membros da comunidade palestina no Chile.

Os estudantes conheceram em classe as características básicas da música e a teoria musical árabe anterior ao Islam e sua sobrevivência como música profana depois da chegada de Maomé no século VII. Assim mesmo eles estavam conscientes tanto do papel do mundo árabe como mediador do conhecimento grego clássico para o Ocidente como sua influência no refinamento do modo de viver do europeu medieval com o nascimento da vida cortesã e seu conseguinte cultivo das artes.

Por outro lado, os jovens universitários recordam o imaginário da época cavalheiresca e as histórias do Rei Arthur aprendidas em sua infância através de livros de contos e cinema infantil. Tudo isso respaldado em sua adolescência pelo cinema de ação – incluindo a saga *O Senhor dos Anéis* –, os videogames e os jogos ambientados na Idade Média.

Em seu livro *Travels in Hyper Reality* (1990), Umberto Eco analisa abundantes exemplos de novelas e *comics* disponíveis na década de 1980 com visões fantásticas da época medieval, incluídos relatos e filmes de ficção científica, como a saga *Guerra nas Estrelas*, também baseada no mundo cavalheiresco. Apesar de Eco se esforçar por fazer-nos ver como nossa vida moderna está baseada em descobrimentos, invenções, doutrinas políticas e econômicas e também formas de amar de origem medieval, o objetivo principal de seu ensaio "Dreaming of Middle Ages", incluído no livro, é demonstrar-nos que o olhar para a Idade Média tem sido constante na história do Ocidente, começando no mesmo momento em que a Idade Média chegava ao fim (1990, p. 65).

O interesse atual pela Idade Média corresponderia, então, a uma forma a mais de nosso interesse pela infância do Ocidente. Conhecer nossa infância, como afirma Eco, permite conhecer melhor o que somos, do mesmo modo que um doutor ou um terapeuta se interessa pela nossa infância para compreender nossos males ou dificuldades atuais. É essa fantasia de Idade Média que Eco encontra nos poetas italianos do Renascimento: a paixão de Don Quixote – e de Cervantes – pela literatura medievalista; no uso da narrativa medieval que faz Shakespeare e no que chama de *parsifalização* do universo que realiza Wagner com seu último drama musical (1990, p. 66-67).

Desse modo, para Eco haverá tantas Idades Médias quanto interpretações e *sonhos* que tenhamos dela e com ela. Em seu ensaio caracteriza dez tipos. Entre eles, cabe destacar o primeiro, onde a Idade Média aparece como um pretexto para situar personagens contemporâneos, como no *Il Trovatore* (1853) de Giuseppe Verdi ou nas novelas de "capa e espada". No segundo, se revisita ironicamente o passado para especular sobre nossa infância cultural, como acontece com o Quixote de Cervantes, publicado no começo do século XVI em Madrid. No terceiro, se observa a Idade Média como uma idade bárbara, onde triunfam os fortes e os eleitos, aparecendo como germe do arianismo germânico, como no *Anel dos Nibelungos*, de Richard Wagner. O quarto tipo de fantasia da Idade Média corresponde a uma visão romântica, com castelos, tormentas e fantasmas ameaçadores, algo que Eco também observa no cinema atual de ficção.

Podemos destacar ainda o sétimo tipo, que Eco chama decadentismo, com a criação em meados do XIX da Irmandade Pré-Rafaelita e seu interesse pela pintura do século XIII. A este se soma a aparição do neogótico na arquitetura. Também se destaca o nono tipo, que proclama a existência de uma tradição medieval que alimentaria distintos tipo de ocultismo, desde os rosa-cruzes, passando pelas novelas de cavaleiros templários – incluindo a novela e o filme *O Código da Vinci* – até as restaurações do mundo celta. Finalmente, destaca-se o último tipo de fantasia da Idade Média proposto por Eco, o produzido pela mudança do milênio, com as expectativas do fim do mundo e a chegada do Anticristo (1990, p. 68-72).

Para atrair e entusiasmar os estudantes por um universo cultural e musical longínquo, não importa muito se os sonhos da Idade Medida tipificados por Eco têm ou não uma base real. O que importa é buscar mecanismos para aproximar um estudante de engenharia, enfermagem ou biologia e também de violino do canto gregoriano. Esses mecanismos descansam nas diversos sonhos que eles podem ter do mundo medieval.

Em termos musicais, se pode fazer algumas associações com a música popular atual – como o *rock* gótico, por exemplo –, mas é melhor tentar apaziguar os ouvidos dos estudantes. É necessário baixar os decibéis e fazê-los perceber elementos estruturais e expressivos da monodia ou conseguir que se emocionem com um delicado solo de flauta árabe. Desse modo se controi um *revival* da música e da cultura celta, com seu som acústico e modal e suas princesas, cavaleiros, bardos e druidas associados, o que pode servir na cruzada para instalar a música e a cultura medievais entre os estudantes universitários do século XXI.

O *revival* da música e do mundo celta chegaram ao Chile no final dos anos 1990 amparado por oficinas de dança, fanáticos do mundo dos druidas e a multiplicação de *pubs* irlandeses. O grupo chileno *Viento Celta* (1998-2003), por exemplo, chegou aos primeiros lugares de venda de discos de música New Age no país, enquanto a imprensa contabilizava 17 grupos de música e baile celtas ativos no Chile em 2003. Tudo isso instalava, uma vez mais na sociedade contemporânea, uma forma de fantasia da Idade Média, agora vinculada ao mundo juvenil e ao entretenimento. O curso de História da Música não deveria deixar de capitalizar essa nova fantasia do passado.

Estudando o outro

A presença de músicos e de música ao vivo é fundamental para um curso de história da música medieval, pois permite aos estudantes conhecer a prática musical antiga de forma direta e despertar sua curiosidade pelos instrumentos e suas formas de execução. Desse modo, os estudantes podem desenvolver um olhar organológico, interessando-se por aspectos técnicos, construtivos, de desenho e estéticos de instrumentos do Ocidente e do Oriente, que confluíam naturalmente durante o primeiro milênio.

A prática da música antiga demanda uma atividade de investigação centrada na busca, transcrição e adaptação de repertório e de reconstrução de suas práticas e contextos performativos. Desse modo, o músico especializado no repertório antigo possui um perfil acadêmico junto ao seu perfil artístico e profissional, o que se manifesta, também, em seu discurso. A presença de músicos nas classes permite um feliz encontro entre estudantes de história da música convertidos em público especializado de concerto e músicos antigos convertidos também em conferencistas.[7]

O interesse primordial de um curso de história da música para estudantes universitários em geral deveria ser expô-los à música como linguagem, fazendo perceber e conceituar fenômenos musicais a quem, em sua grande maioria, não tem formação musical. Até certo ponto isso constitui uma vantagem devido à ausência de preconceitos e certa *virgindade* de seus ouvidos para aproximar-se de um mundo sonoro remoto que pode resultar inteiramente novo.

---

7 Junto com ter um público atento e informado para fazer um ensaio geral de seu próximo concerto, por exemplo, os músicos convidados também têm um público atento e informado para dissertar sobre seus instrumentos, repertório e práticas performativas, algo que podem fazer de forma mais restrita durante seus concertos.

Apesar de ser possível basear-se na bagagem auditiva de música popular que possuem os estudantes para que, a partir deste ponto, se aproximem da música clássica ocidental, como veremos mais adiante é preferível tentar suspender essa bagagem por um tempo e fazê-los escutar música como se fora a primeira vez que o fazem. No caso da música antiga, é necessário ser radical confrontando-os a crueza dos começos do cristianismo, utilizando-se com boas reconstruções cinematográficas da época, como *Agora* (2009) de Alejandro Aménabar, por exemplo. O filme mostra o choque entre o mundo greco-latino e o nascente cristianismo, mas ao mesmo tempo vemos como a nova religião devia basear-se em práticas culturais já assentadas entre os povos que pretendia-se evangelizar, entre elas suas formas de canto e oração.

A incorporação de elementos greco-latinos ao cristianismo ficou documentada musicalmente no *Kyrie Eleison* do Ordinário da missa, surgido da súplica grega: "Senhor, tendes piedade de nós". O cristianismo, tal como intervinha na arquitetura *pagã* da Eurásia e da América com sua própria arquitetura, interveio no *Kyrie* grego intercalando no centro da oração ao Cristo: *Christe Eleison*. Primeiro canta-se o *Kyrie* grego, depois canta-se o *Christe Eleison* e logo se retorna ao *Kyrie Eleison*. Com o *Kyrie*, então, os estudantes podem conhecer a forma ternária em música, ABA, surgida dos procedimentos musicais básicos: o contraste e a recapitulação, procedimento formal que se mantém vigente até a hoje. Além do mais, os estudantes enfrentam um exemplo vivo de um fenômeno cultural que está na base do nascimento da música ocidental e que será constante até o século XVIII: a inter-influência entre o pagão, o profano e o cristão, como vimos.

Centrando-nos no *Kyrie Eleison*, pode-se exemplificar as mudanças de estilos, época e procedimento no decorrer do tempo mantendo-se a unidade do mesmo *som* de um coro masculino cantando em latim. Desse modo, para os ouvidos dos estudantes um som familiar e bidimensional se torna tridimensional com a polifonia, separando-se de si mesmo e adquirindo especialidade. Ademais, se pode abordar criticamente o modo contemporâneo do uso do Kyrie nas missas folclóricas como a *Misa Criolla* de Ariel Ramirez (1964). Nesse caso, Ramirez usa música tonal ou cristã para o *Kyrie* e pentafônica ameríndia para o *Christe*, invertendo, intencionalmente ou não, a relação pagã-cristã do *Kyrie Eleison*.

A cultura musical laica ou profana da Idade Média, menos documentada do que a cristã, não apenas pode ser exemplificada com o regate da música celta, mas a partir da empatia dos estudantes com seus antepassados do século XIII, em especial, os goliardos. Embora as universidades europeias medievais possam se diferir bastante das atuais, há algo no espírito do estudante que se mantém, especialmente quando se juntam em grupos para se divertir. Desse modo, não é difícil que os estudantes do curso de história da música se identifiquem com a irreverência, sátira e erotismo das canções goliardas de Carmina Burana, por exemplo, as que para terem maior impacto e demonstrar sua vigência, podem ser mostradas na versão de Carl Orff, de 1936. Ao mesmo tempo, nos países hispano-americanos, se mantém vigentes as vertentes espanholas dos goliardos medievais, primeiramente chamados de *sopistas* e, mais tarde, de *tunos* e *estudiantinas*, formados por estudantes que fazem serenata, namoram mulheres e pedem comida, tal como seus antepassados.[8]

A sobrevivência folclórica da monodia laica medieval nos países latino-americanos – chegada com a Conquista ou revivida pelos medievalismos de distintos tipos do século XIX –, é outro modo de fazer vigente e culturalmente relevante para os estudantes uma música e uma cultura longínquas. Desse modo, é possível demonstrar como a prática dos poetas-músicos do século XII que já foram trovadores ou bardos, e suas formas poético-musicais associadas sobrevivem no folclore latino-americano. O conceito de trovador e de trova é usado em Cuba para designar poetas músicos tanto do século XIX como do século XX, enquanto que no Brasil, Uruguai, Argentina e Chile se mantêm vigentes poetas-músicos que cantam ao humano e ao divino utilizando formas poéticas documentadas, pelo menos, desde o século XVI e desenvolvendo práticas de improvisação.Além disso, entre as formas poético-musicais desenvolvidas durante o Renascimento, o vilancico espanhol – canção com estribilho de influência moçárabe – teve forte impacto na América. Seja como parte do repertório polifônico

---

8   Chamam-se *sopistas* por cantar por um prato de sopa.

catedralístico dos séculos XVII e XVIII ou como canto acompanhado, constitui a canção de Natal característica da América Hispânica, permanecendo vigente no folclore.

Podemos seguir encontrando manifestações da música medieval e renascentista na atualidade, considerando repertórios, procedimentos, misturas e influências. No CD *Songs from the Labyrinth* (2006) de Sting – que chegou aos primeiros lugares dos *rankings* tanto clássicos como populares –, um músico roqueiro grava canções de John Dowland com alaúde, conseguindo um som provavelmente mais próximo do original devido à sua voz de tenor natural. Assim mesmo, o grupo de música antiga *Arpeggiata* (2000), de Christina Pluhar, convida guitarristas flamencos, clarinetistas de *jazz* e contrabaixistas para seu conjunto, recorrendo à vitalidade das músicas populares atuais e ás suas práticas de improvisação em uma "atualização" do som da música dos séculos XVI e XVII. Na América Latina, vários grupos de música antiga incorporam instrumentos populares *criollos*, negros e mestiços em seus conjuntos, utilizam línguas nativas, vozes naturais e até repertório de tradição oral em suas montagens. Este é o caso do grupo chileno *Capilla de Indias*, por exemplo.

Finalmente, encontramos uma relação inesperada entre um procedimento musical da *Ars Antiqua* e um da atualidade. Trata-se do moteto politextual do século XIII que recorria a diferentes textos e línguas para conseguir maior independência rítmica e polifônica entre as vozes. Algo similar ocorre em algumas vertentes da música eletrônica de baile, como o *Drum'n Bass*, onde mediante o recurso do *sampling*, o DJ muda a pista de baixo de uma canção pela pista de baixo de outra canção, por exemplo, ou mistura duas canções de uma vez. Desse modo, um recurso que poderia ser tão estranho para um estudante universitário atual como o da politextualidade, ele agora experimenta-o em seu próprio corpo em uma noite de festa *rave*.

Palavras finais

Mediante a necessária concepção integradora da música, proposta tanto pela musicologia contemporânea como por uma sociedade que vê aumentar dia a dia seus vasos comunicantes, a valoração transversal das músicas latino-americanas proposta por Alejo Carpentier nos anos 1970 adquire cada vez mais sentido.

Com a importância outorgada ao estudo da cultura urbana e seus componentes de massificação, mercado e midiatização, a partir dos estudos culturais da década de 1960, é que a musicologia da década de 1980 começou a incluir a música popular como objeto de indagação histórica. Paralelamente a isso, era necessário que a própria valoração dos investigadores frente ao objeto estético estudado se abrisse a fenômenos da cultura urbana moderna.

Como consequência da renovação da história com seu olhas sobre as ciências sociais e o jornalismo, a musicologia começou a incorporar a história cultural, a história social e a história do tempo presente em suas formas de fazer história. Nesse novo marco epistemológico e valorativo, o erudito e o popular compartilharam um marco cultural amplo, onde poderiam ser tratados igualmente. Desse modo, a crescente preocupação da academia com a cultura popular – agora entendida como urbana e massificada –, permitiu que temas como a indústria cultural, a juventude, as migrações, a marginalidade e a vida cotidiana sejam abordados de forma crescente pela sociologia, a antropologia, a história, a literatura e os estudos culturais. Isto produziu uma rica convergência de olhares e de concepções cobre uma *simples* canção popular, na qual as novas correntes da musicologia têm sido muito beneficiadas.

Ao escrever a história imediata da música popular enfrentamos três tipos de fontes: a memória dos protagonistas, a indústria cultural e os meios de comunicação e a própria canção gravada. A articulação das duas primeiras permite um mecanismo de controle sobre a falsa recordação e uma forma de desvelar o uso e sentido que as pessoas deram ás fontes industrializadas. Assim mesmo, a canção popular como fonte enfrenta problemas de intertextualidade interna e externa, estabelecendo relações entre os *ques* e *comos* de sua letra performatizada, as dimensões musicais, sonoras e visuais da canção, seu uso e discursos associados.

A abertura da musicologia ao estudo de todas as músicas também teve um efeito no campo do ensino da história da música ocidental, onde as relações entre o popular e o erudito se estendem até as relações entre o religioso, o pagão e o profano. É assim que o conceito de *música primitiva* cede lugar à *World Music*, manifestando a vigência na atualidade de expressões musicais que se considerava do passado remoto e distantes do ouvinte contemporâneo.

A universalidade com que a música clássica do século XVIII em diante se instalou no mundo parece alcançar hoje outros estilos musicais, que agora chegam com facilidade a ouvintes alheios às culturas de onde procedem. Paradoxalmente, isso acontece no momento em que a música clássica começou a perder sua a-histórica condição que a fazia universal, como assinala Lawrence Kramer (2008). Do mesmo modo que a música popular nos evoca a sensação de um tempo em particular, assinala Kramer, para o grande público a música clássica perdeu essa aura atemporal que tinha há um par de décadas, começando a ter um selo temporal, como acontece com a música das vanguardas auto-proclamadas dos anos 1960, que agora soa antiquada (2008, p. 8).

Desse modo, cabe perguntar como se deve ensinar história da música ocidental em um tempo em que a música erudita deixou de ser um bem imutável no tempo e começou a manifestar, como a música popular, sua associação com tempos e lugares passados. Por sua vez, uma musicologia que não cessa de reinventar-se e que aparece de forma recorrente no amplo campo das humanidades e das ciências sociais não pode deixar de inovar seu olhar sobre a história da música e sua forma de ensiná-la. Já não se trata de verter conteúdos nas cabeças dos estudantes, mas de fazer com que floresçam nelas perguntas e conclusões.

Bibliografia

ARETZ, Isabel. *América Latina en su Música*. México: Siglo veintiuno editores, 1977.

AROSTEGUI, Julio. *La investigación histórica. Teoría y método*. Barcelona: Crítica, 2001.

AROSTEGUI, Julio. *Historia Vivida. Sobre la historia del presente*. Madrid: Alianza, 2004.

BURKE, Peter. *¿Qué es la historia cultural?* Barcelona: Paidós, 2006.

DIGES, Margarita. *Los falsos recuerdos. Sugestión y memoria*. Barcelona: Paidós, 1997.

ECO, Humberto. *Travels in Hyper Reality*. San Diego: Harvest/HBJ, 1990.

GONZÁLEZ, Juan Pablo y Claudio Rolle. "Escuchando el pasado: hacia una historia social de la música popular". *Revista de História*, Universidade de Sao Paulo, n° 157, p. 31–54, 2007.

GONZÁLEZ, Juan Pablo (produción). *Una noche en el Goyescas*. Santiago: Fondo Nacional de la Cultura y las Artes, IMUC, ARTV. DVD, 2007.

GONZÁLEZ, Juan Pablo; OHLSEN, Oscar e ROLLE, Claudio. *Historia social de la música popular en Chile. 1950–1970*. Santiago: Ediciones Universidad Católica de Chile, 2009.

GONZÁLEZ, Juan Pablo. "De la canción–objeto a la canción–proceso: repensando el análisis en música popular". *Revista del Instituto de Investigación Musicológica Carlos Vega*, 23/23, p. 195–210, 2009ª.

KRAMER, Lawrence. "Dvorak en Pyongyang y otros problemas: la musicología en la sociedad contemporánea". *Revista Transcultural de Música*, n° 12, 2008. Disponível em: www.sibetrans.com/trans/index.htm.

LEGOFF, Jacques e NORA, Pierre. *Faire la histoire*. Paris: Gallimard, 1974.

PANCINO, Claudia. *Storia sociale*. Venecia: Marsilio, 2003.

PARRA, Angel. *Violeta se fue a los cielos*. Santiago: Catalonia, 2006.

PÉREZ GONZÁLEZ, Juliana. *Las historias de la música en Hispanoamérica (1876-2000)*. Bogotá: Universidad Nacional de Colombia, 2010.

REESE, Gustave. *Music in the Middle Ages: with an introduction on the music of ancient times*. Nueva York: W.W. Norton & Co, 1940.

Música popular e historiografia: considerações sobre métodos

Silvano Fernandes Baia

Nos últimos anos, a literatura sobre música popular urbana no Brasil tem apresentado um crescimento exponencial. Esse crescimento dá-se tanto no plano da produção acadêmica com a elaboração de artigos, dissertações e teses com objetos em torno da música popular, como também no mercado editorial que tem continuamente lançado títulos dedicados ao assunto. Reflexo do interesse da sociedade pelo tema, o crescimento quantitativo – e também qualitativo – da literatura sobre música popular atinge uma proporção que tem tornado inclusive muito difícil acompanhar a evolução da produção.

O impulso para os primeiros estudos acadêmicos sobre música popular urbana, realizados nos anos 1970 e 1980, não se deu, como se poderia considerar natural, a partir da área de Música, ainda que nos últimos anos a área venha apresentando um aumento expressivo na produção de pesquisas sobre o tema. Atualmente, a música popular pode ser considerada incorporada à musicologia brasileira apesar de persistirem algumas resistências, especialmente em relação àqueles gêneros mal posicionados nas hierarquias de valores culturais. Desde o momento inicial, os estudos acadêmicos sobre a música popular no Brasil se desenvolveram como um "projeto" da área de Humanidades e Ciências Sociais de uma maneira ampla. Embora as primeiras pesquisas estivessem mais concentradas nas áreas de Letras, Sociologia e Comunicação, foram também realizados, até o começo da década de 1980, trabalhos nas áreas de Antropologia, Filosofia, Linguística, História e Psicologia. De fato, o estudo desse complexo fenômeno cultural contemporâneo requer a utilização de um diversificado instrumental teórico-metodológico na busca de uma visão integrada dos vários aspectos sobre os quais a moderna música popular urbana pode ser observada. Por exemplo, podem ser objetos de estudo desde as questões intrinsecamente musicais, de estruturação da linguagem musical, passando pelo texto literário, quando existente, e sua compatibilização com o texto musical, até os diversos aspectos da produção, reprodução e recepção do material musical e suas conexões com a vida dos indivíduos e das sociedades.

A porta de entrada da música popular na universidade brasileira foi a letra das canções. Ainda que alguns trabalhos pioneiros na área de Sociologia tenham também observado o fenômeno das transformações dos processos de produção e reprodução musical em curso, foi na área dos estudos literários que começou a esboçar-se um campo de estudos da canção popular no Brasil. Desenvolveu-se nas áreas de Letras e Comunicação uma metodologia de estudo baseada na análise do discurso do texto literário das canções, a partir da qual muitas vezes derivavam reflexões histórico-sociológicas. Essa metodologia teve grande repercussão nos primeiros estudos da música popular, como se pode constatar pela existência em diversas áreas do conhecimento de trabalhos com ênfase na análise das letras das canções. A utilização dessa metodologia como ferramenta preferencial pode ser vista como um estágio, parte de um momento formativo de um campo de estudos. De uma maneira geral, a metodologia centrada na análise das letras das canções ainda estava presente nos primeiros trabalhos da área de História, mesmo que, nesse caso, se utilizando do instrumental teórico próprio da área. Se muitos dos primeiros trabalhos historiográficos ainda estavam presos à letra das canções, outros tantos buscaram outros caminhos, apontando para uma superação dessa opção metodológica como eixo central de pesquisa. Entretanto, essa metodologia marcou tão fortemente o campo dos estudos da música popular de um modo geral, que parte da resistência de setores da musicologia em relação aos estudos musicais realizados em outras áreas ainda se baseia na percepção defasada de que a análise das letras continua a nortear esses estudos. Uma outra parcela dessa resistência pode ser localizada na ausência, em grande parte dos trabalhos, de análise do texto musical em sentido estrito, que setores da musicologia consideram imprescindível para se poder falar de música.

Em minha tese de doutorado, (BAIA, 2010) apresentei um estudo da historiografia da música popular realizada nos programas de pós-graduação em História nos estados de São Paulo e Rio de Janeiro até o final da década de 1990.[1] Esse trabalho constituiu-se num mapa analítico dessa historiografia, a partir de uma perspectiva crítica, no qual procurei construir uma reflexão teórico-metodológica e ao mesmo tempo historiográfica, revisando a história da constituição e afirmação de um campo de estudos. Neste artigo, após um olhar panorâmico para a formação do campo dos estudos da música popular e para as relações entre os estudos na área de História e suas conexões com as musicologias, serão apresentadas algumas reflexões sobre aquela que parece ser a questão metodológica central para os estudos históricos da música seja: a relação entre as análises formais ou estéticas e as abordagens histórico-sociológicas.

---

1 Para exemplificar com alguns trabalhos modelares dessa produção, dando preferência aos livros quando publicados: CONTIER, Arnaldo Daraya. *Brasil Novo: música, nação e modernidade. Os anos 20 e 30*. Tese de livre docência. São Paulo: FFLCH-USP, 1988; LENHARO, Alcir. *Cantores do rádio: a trajetória de Nora Ney e Jorge Goulart e o meio artístico do seu tempo*. Campinas: Editora da Unicamp, 1995; GOMES, Tiago de Melo. *Lenço no pescoço: o malandro no teatro de revista e na música popular-"nacional", "popular" e cultura de massas nos anos 1920*. Dissertação de mestrado em História. Campinas: IFCH-Unicamp, 1998; MORAES. José Geraldo Vinci de. *Metrópole em sinfonia: história, cultura e música popular em São Paulo nos anos 30*. São Paulo: Estação Liberdade, 2000; NAPOLITANO, Marcos. *Seguindo a canção: engajamento político e indústria cultural na trajetória da música popular brasileira (1959-1969)*. São Paulo: Annablume/Fapesp, 2001. (disponível em versão digital revisada em: pt.scribd.com/doc/39107265/SEGUINDO-A-CANCAO-digital); GARCIA, Tânia da Costa. *O "it" verde amarelo de Carmem Miranda (1930-1946)*. São Paulo: Annablume/Fapesp, 2004.

O processo formativo de um campo de estudos

Embora o objeto deste estudo seja a produção realizada no âmbito da universidade, muita coisa já tinha sido pensada, dita e escrita sobre música popular antes que se iniciasse o processo de legitimação desse tema dentro do científico. Podemos afirmar que quatro grandes referências inspiraram e informaram as primeiras pesquisas acadêmicas realizadas na década de 1970 e 1980: a) o discurso sobre música popular presente nos textos de musicólogos como Mário de Andrade, Renato Almeida e Oneyda Alvarenga; b) a historiografia não acadêmica da música popular no Brasil, realizada por memorialistas, jornalistas, colecionadores, músicos e amadores a partir da década de 1930; c) o debate entre intelectuais nos anos 1960 acerca dos rumos da música popular e a publicação de importantes ensaios nos anos 1970 e 1980; d) as elaborações teóricas da Sociologia da Comunicação, da Teoria da Informação, da Teoria Literária e das semióticas ainda em processo de desenvolvimento.

A partir dos anos 1970, temos a publicação de ensaios e das primeiras dissertações de mestrado, impulsionadas, entre outros fatores, pela reforma da pós-graduação no Brasil. As elaborações dos intelectuais sobre música popular não estavam mais direcionadas à participação no debate estético-ideológico visando incidir nos rumos da canção popular no país como na década anterior, pois o debate tinha se esvaziado com o recrudescimento da ditadura militar e o aumento da repressão política e cultural após a edição do AI-5 que alterou a agenda política da esquerda, em dezembro de 1968. A canção popular emergia dos anos 1960 com *status* privilegiado na cultura nacional, a MPB estava institucionalizada e existia um "acordo" numa parcela do campo de produção para torná-la peça de resistência política e cultural à ditadura, o que contribuía para diluir diferenças estéticas. A canção popular apresentou, no curso desse processo, um expressivo enriquecimento semântico. Desenvolveu-se na área de Letras e Comunicação uma linha de pesquisa baseada na análise do discurso do texto literário das canções, a partir do qual muitas vezes se derivavam discursos histórico-sociológicos. Existiram também, no período, estudos de Sociologia da Comunicação. As dissertações pioneiras apresentavam um estilo ensaístico, uma metodologia em construção, escassez de pesquisa de fontes primárias, estavam muito referenciadas na historiografia então disponível e fortemente marcadas pelas circunstâncias da conjuntura política e pela presença do marxismo no ambiente universitário. Durante os anos 1980, temos um aumento quantitativo das pesquisas, de sua distribuição pelas áreas e inicia-se uma busca por uma metodologia mais definida para o estudo da canção, a exemplo das pesquisas de Luiz Tatit, cujas elaborações metodológicas iriam se tornar mais popularizadas apenas a partir dos anos 1990 com a publicação de textos mais acessíveis do que os seus escritos de formação. Em que pese suas elaborações constituírem uma original contribuição metodológica para a compreensão do objeto *canção*, seus estudos não tiveram grande repercussão na historiografia em função do caráter sincrônico de sua teoria. A partir dos anos 1980, foram influentes os textos de José Miguel Wisnik na elaboração do lugar do popular e do erudito na cultura nacional e de Arnaldo Daraya Contier na proposição de uma nova abordagem para o estudo das relações entre música e política numa perspectiva diretamente historiográfica, sendo esses pesquisadores referências importantes até hoje. Nos anos 1990, ocorre o *boom* nas pesquisas e temos a consolidação dos estudos sobre a música popular no campo científico. As áreas de Musicologia e de História entram de maneira mais sistemática nas pesquisas, aumentando a densidade das elaborações e derrubando alguns mitos que vinham se construindo a exemplo da onipresença da síncope e a idealização da malandragem, temas caros à historiografia do samba.

Uma questão que se apresentou para os estudos historiográficos foi a crítica das narrativas acerca da história da nossa música popular, que vinham sendo construídas desde os primeiros textos escritos a partir dos anos 1930 por jornalistas, memorialista, aficionados e historiadores não acadêmicos. Foi se formando ao longo do tempo uma concepção da música popular do Brasil como uma linhagem de gêneros musicais desenvolvidos a partir da música popular surgida no Rio de Janeiro e, especialmente, do samba carioca. Essa visão da nossa música popular associada a um certo repertório, que valoriza aspectos de "nacionalidade" e "autenticidade", bem como um conjunto de compositores, obras e intérpretes, ficou de certa forma vinculada à expressão "música popular brasileira". A partir da década de

1960, essa linhagem iria se expressar e seria incorporada à sigla MPB, que embora composta das iniciais de "música popular brasileira", evidentemente não identifica toda a música popular feita no Brasil, mas um subconjunto dessa produção.

Mesmo considerando-se os intensos debates estético-políticos ocorridos na década de 1960 e a modernização da linguagem musical ocorrida a partir da Bossa Nova, ainda eram marginais aqueles que como Raul Seixas diziam que não tinham "nada a ver com a linha evolutiva da música popular brasileira". Mas os ensaios acadêmicos dos anos 1970 e 1980, tanto os artigos e livros voltados para uma circulação ampla como os estudos pioneiros na pós-graduação, ofereceram problemas, questões e novos olhares para o fenômeno da música popular urbana que se tornaram referência para a historiografia acadêmica que surgia.[2]

No início, os pesquisadores se depararam com a escassez e a dificuldade de acesso às fontes primárias, com poucos e desorganizados acervos públicos e parte importante da documentação disponível apenas em arquivos particulares. Assim, as pesquisas sobre música popular que estudavam os eventos das primeiras décadas do século XX recorreram, num primeiro momento, a fontes secundárias, narrativas de memorialistas e à historiografia de pesquisadores não acadêmicos, especialmente os trabalhos de José Ramos Tinhorão. Como as narrativas e a própria seleção das fontes dessses autores foram, em grande parte, orientadas por suas concepções estéticas e ideológicas, sua utilização como fonte e referencial privilegiado

---

2   Esse processo formativo de um pensamento historiográfico sobre música popular no Brasil já foi estudado anteriormente por outros pesquisadores do campo. Destaco especialmente os artigos de José Geraldo Vinci de Moraes e de Marcos Napolitano: MORAES, José Geraldo Vinci de. "Os primeiros historiadores da música popular urbana no Brasil". In: *ArtCultura*. Uberlândia: Edufu, vol. 8 n. 13, 2006, p. 117-133; "História e música: canção popular e conhecimento histórico". *Revista Brasileira de História*, n. 39. São Paulo: Humanitas, 2000, p. 203-221; NAPOLITANO, Marcos. História e música popular: um mapa de leituras e questões. In: *Revista de História*. São Paulo: FFLCH-USP, n. 157, 2007, p. 153-171; "A historiografia da música popular brasileira (1970-1990): síntese bibliográfica e desafios atuais da pesquisa histórica". In: *ArtCultura*. Uberlândia: Edufu, vol. 8 n. 13, 2006, p. 135-150. Ver também: CONTIER, Arnaldo. "Música no Brasil: História e interdisciplinaridade. Algumas interpretações (1926-1980)". In: Anais do XVI Simpósio da ANPUH, 1991, p. 151-189.

para outros estudos tendia a reproduzir e consolidar uma determinada leitura dos fatos, uma certa visão da história, por vezes sem a devida contextualização crítica. Por outro lado, o estudo dos eventos mais recentes, da segunda metade do século xx, para os quais as fontes estavam mais disponíveis, também ecoavam influências estético-ideológicas, privilegiando um certo repertório, uma vez que os pesquisadores geralmente tinham vínculos políticos ou afetivos com uma determinada corrente musical. O samba carioca da década de 1930, gênero central na construção de um discurso sobre música popular no Brasil, com confluências no pensamento social brasileiro, e a MPB dos anos 1960, que canalizou as lutas político-culturais daquele momento histórico, foram tomados como objetos privilegiados nos estudos pioneiros. Também o contexto no qual esses trabalhos foram realizados, momento de redemocratização do país após anos de regime militar, bem como o ambiente intelectual da universidade brasileira, precisam ser observados.

Esses trabalhos pioneiros fundaram um campo de estudos que vem crescendo e se consolidando na universidade brasileira. Desde então, muitos passos foram dados na construção de teorias e elaboração de metodologias para o estudo da música popular. Porém, esse passo inicial foi fundamental, não apenas no sentido de legitimação do objeto, mas também na apresentação de elaborações que, através da reflexão crítica, fizeram aumentar o conhecimento da sociedade sobre o tema. Nos anos 1990, a música popular se consolida como objeto de estudo para a área de História e, nos primeiros anos do século XXI, o número de estudos historiográficos mantém-se em tendência crescente. A crescente produção historiográfica sobre música realizada por historiadores de ofício tem propiciado um aumento do conhecimento da história social da música no Brasil e da própria história do país. Numa leitura crítica desses trabalhos, pode-se constatar sua contribuição e sua importância decisiva na construção do atual estado do conhecimento sobre a história da música brasileira.

Relações e tensões entre a produção historiográfica, os estudos sobre a música popular e as musicologias

O conceito de historiografia comporta uma concepção mais ampla do que aquela circunscrita à ideia de uma produção historiográfica *stricto sensu*, realizada por historiadores de ofício. Ao mapear a produção historiográfica recente no Brasil na linha da história das ideias, Francisco Falcon refere-se a Iglésias ao priorizar "obras de história" e "estudos sobre obras históricas", deixando em plano secundário a questão do "sujeito historiador". Segundo o autor, essa opção significaria que no lugar da "formação historiadora" seria enfatizada "a *intenção* de se escrever um trabalho de história e o seu *reconhecimento* como tal pela comunidade intelectual em geral, e pela historiadora em particular". (FALCON, 1997) No caso do nosso objeto, também existe uma produção que pode ser considerada historiográfica fora da área de História propriamente dita, especialmente em programas de pós-graduação em Sociologia e Antropologia, além de Música, evidentemente. Alguns desses trabalhos, a exemplo dos ensaios de José Miguel Wisnik a partir da área de Teoria Literária, tornaram-se inclusive muito influentes na historiografia.[3]

De um modo geral, a área de História tem se mostrado bastante receptiva a pesquisadores oriundos de outros campos do conhecimento, o que tem propiciado uma articulação do estudo de diversos fenômenos culturais em torno do campo historiográfico. A História foi a opção preferencial dos músicos para cursos de doutoramento num momento em que eram

---

3 Exemplificando, mais uma vez dando preferência aos livros quando publicados: WISNIK, José Miguel. "Getúlio da paixão cearense (Villa-Lobos e o Estado Novo)". In: SQUEFF Enio; WISNIK, José Miguel. *Música: o nacional e o popular na cultura brasileira*. São Paulo: Brasiliense, 1982; PARANHOS, Adalberto. "Novas bossas e velhos argumentos: tradição e contemporaneidade na MPB". *História & Perspectivas*, n. 3, Ufu, 1990; PAIANO, Enor. *Berimbau e o som universal: lutas culturais e indústria fonográfica nos anos 60*. Dissertação de mestrado em Comunicação. São Paulo: ECA-USP, 1994; ZAN, José Roberto. *Do fundo de quintal à vanguarda: contribuição para uma história social da música popular brasileira*. Tese de doutorado em Sociologia. Campinas: IFCH/Unicamp, 1996. SANDRONI, Carlos. *Feitiço decente: transformações no samba no Rio de Janeiro (1917-1933)*. Rio de Janeiro: Zahar/UFRJ, 2001; VIANNA, Hermano. *O mistério do samba*. Rio de Janeiro: Zahar, 1995. TATIT, Luiz. *O século da canção*. Cotia: Ateliê Editorial, 2004.

escassas as ofertas de programas de pós-graduação em Música. Em sentido contrário, a área de Música parece demonstrar uma certa tendência ao isolamento ao apresentar muitas resistências aos estudos musicais realizados em outras disciplinas, especialmente quando tais estudos não se debruçam sobre o texto musical propriamente dito. Na verdade, existem tensões internas, do próprio campo musicológico, que refletem distintas concepções e diferentes programas estéticos, diferenças acentuadas de objetos de estudo e metodologias, além das naturais, mas nem sempre bem balanceadas, subdivisões entre teoria, prática e educação musical. Essa relativa fragmentação do campo musicológico também pode ser observada, por outro lado, como herança dos embates no processo de institucionalização da disciplina. Objetivando oferecer mais elementos para a compreensão da dinâmica atual das discussões metodológicas no campo musicológico apresento, a seguir, um breve histórico da constituição das musicologias, destacando como seus objetos, teorias e métodos pautaram o processo de institucionalização do campo.

A constituição do campo musicológico:
os significados de "musicologia" e o prefixo "etno"

O termo "musicologia", que denomina a disciplina de estudos científicos da música, contém uma ambiguidade. Ele é, por vezes, empregado no sentido de um amplo campo interdisciplinar de estudos da música, enquanto texto e contexto, no qual os músicos seriam os especialistas nas questões relativas ao material sonoro propriamente dito. Por outro lado, a Musicologia como disciplina acadêmica acabou historicamente associada, ao menos até por volta dos anos 1980, a apenas um dos seus ramos originais, a Musicologia Histórica.

Nas suas origens, a Musicologia enquanto disciplina se apresentou como um amplo campo dos estudos da música. O termo alemão *Musikwissenschaft*, que significa ciência da música, denominava a pesquisa científica da música sob todos os aspectos, como se depreende da clássica estruturação da disciplina proposta por Guido Adler. Na introdução de seu polêmico e influente livro *Contemplating Music: challenges to Musicology*, lançado no Brasil sob o título *Musicologia*, Joseph (KERMAN,

1987) discute a significação do termo. Segundo ele, na prática acadêmica e no uso geral, musicologia passou a ter um significado muito mais restrito, referindo-se "ao estudo da história da música ocidental na tradição de uma arte superior". Ainda segundo Kerman, para muitos acadêmicos "a musicologia é restrita não só quanto ao objeto de estudo que abrange, mas também quanto à abordagem desse objeto". E a seguir ele recoloca a questão: "Qual o tema deste livro – a musicologia na definição ideal, abrangente, original, ou a musicologia em sua definição atual, restrita e mais comum? A ampla ou a estreita? A resposta situa-se em algum ponto entre esses dois pólos." Vemos assim que existem posições intermediárias entre essas duas concepções extremadas de musicologia. (*idem*, p. 2)

A identificação do termo musicologia com apenas um dos ramos do amplo campo de estudos da música tem sido observada por diversos autores. Nicholas Cook, em Agora somos todos (Etno)musicólogos, esclarece que nesse artigo está utilizando o termo musicologia num sentido restrito, isto é, "o estudo histórico da tradição 'artística' ocidental" (COOK, 2006, p. 8) e cita Gilbert Chase, para quem "musicologia, sem nenhum qualificador, foi tacitamente apropriada pela filial histórica dessa disciplina" (*idem*, p. 28). Ou seja, o termo musicologia teria ficado associado a apenas um dos ramos dos estudos musicológicos, a Musicologia Histórica. Essa apropriação do termo musicologia e a ocupação do campo institucionalizado da disciplina por um dos ramos da "ciência da música" – bem como as concepções estéticas e ideológicas que fundamentavam essas posições, somadas às diferenças de objetos e metodologias – foram decisivas na institucionalização da Etnomusicologia como um campo de estudos autônomo e a consequente subdivisão do campo musicológico.

Embora o termo Etnomusicologia tenha sido empregado para designar um campo de estudos musicológicos apenas a partir da década de 1950, as origens desse campo remontam à década de 1880.[4] Durante a

---

4 Para Bruno Nettl (1995), se em relação à Musicologia é discutível o momento do seu surgimento, é difícil situar o nascimento da Etnomusicologia em outra década que não a de 1880. Mas parece que a questão não é tão pacífica assim. Charles Seeger (1961) e Tiago de Oliveira Pinto (2004) preferem situar esse nascimento no início do século XX.

primeira metade do século XX, o nome Musicologia Comparada foi utilizado, ainda que com reservas, pelos pesquisadores do campo. Alan (MERRIAM, 1977) lista e discute diversas definições de Musicologia Comparada e de Etnomusicologia entre as que ele considerou mais importantes e representativas, desde a primeira de Guido Adler em 1885 até o momento da redação do artigo. De uma maneira geral, as distintas definições de Musicologia Comparada ressaltavam os mesmos pontos e definiam o campo em termos do seu objeto de estudo: músicas não ocidentais, por vezes designadas "exóticas", ou músicas de tradições orais.

É unanimemente aceito que a primeira vez que o termo Etnomusicologia apareceu impresso foi em 1950 no subtítulo do livro de Jaap Kunst *Musicologica*, rebatizado nas edições posteriores como *Ethnomusicology*,[5] mas Merriam faz a ressalva de que a palavra já estava em uso corrente entre os pesquisadores no momento. Em 1955, foi fundada nos Estados Unidos, como sucessora da *American Society for Comparative Musicology*, que teve curta existência nos anos 1930, a *Society for Ethnomusicology* – SEM,[6] que viria a ser uma poderosa e influente instituição. O termo Etnomusicologia foi aceito quase imediatamente. Durante alguns anos, ambas as denominações foram utilizadas simultaneamente e, pelo final da década de 1950, Musicologia Comparada estava reduzida a uma expressão histórica, associada ao passado da Etnomusicologia.

A mudança de nome de todo um campo de estudos, combinada com sua ansiosa e imediata aceitação, não é um evento para ser desconsiderado facilmente, como ressalta Merriam (1964).[7] Ele vê esse evento como um indicativo de um forte desejo de mudança que certamente não se restrin-

---

5   KUNST, Jaap. *Ethnomusicology*. 3ª ed. Netherlands: The Hague Martinus Nijhoff, 1959. Título da 1ª edição, de 1950: *Musicologica: a study of the nature of ethno-musicology, its problems, methods and representative personalities*. A partir da 2ª edição expandida, de 1950, o livro foi rebatizado para *Etnomusicology*.

6   Um breve relato sobre a fundação da SEM pode ser encontrado em artigo de seu primeiro presidente, Willard Rhodes, A *short history of the founding of* SEM, 1980. Disponível em: www.ethnomusicology.org.

7   Esse texto clássico encontra-se entre aquelas obras fundamentais que infelizmente ainda não encontraram tradução para o português.

gia à questão terminológica. Para Philip Bohlman, a Etnomusicologia, nos anos 1950, voltava-se não apenas contra as concepções estético--ideológicas que dominavam a corrente principal da Musicologia, mas também contra concepções de comparativistas que atuavam tendo como referência a música da tradição europeia. (BOHLMAN, 1992, p. 119-122)

O celebrado livro de Alan Merriam, *The anthropology of music*, no qual ele propõe um modelo para as pesquisas etnomusicológicas a partir do encontro da antropologia com a musicologia e apresenta sua clássica definição para Etnomusicologia como "o estudo da música na cultura" ilustra essas transformações. Essa sintética formulação enfatizava que o tipo de música a ser estudado não era (ou não deveria ser) mais central, e sim o processo, o modo como essa música seria estudada. Mas essa fusão metodológica da musicologia com a antropologia nunca chegou a um equilíbrio perfeito, pendendo mais para um lado ou para outro, conforme a formação profissional, as concepções e atitudes do pesquisador. Segundo Merriam, o etnomusicólogo antropológico percebe o fenômeno musical como uma parte de um complexo de atividades, conceituações e comportamentos relacionados com a música, enquanto o etnomusicólogo musicológico tem no som da música o foco preciso da sua atenção. (MERRIAM, 1964, p. 222) Podemos fazer um paralelo entre essa formulação de Merriam acerca da fusão metodológica das disciplinas constitutivas da etnomusicologia naquele momento formativo do campo e o estado *da arte da história da música* ou das relações entre História e Música a partir da atualização dessas disciplinas propostas pela História renovada e pela Musicologia, informada essa última pelas discussões propostas pela Etnomusicologia. Retornarei a este ponto ao final desta reflexão sobre a constituição do campo musicológico.

É preciso considerar também as diferenciações de objeto. A opção pela música artística europeia como objeto de estudo não pode ser reduzida a uma questão ideológica ou de fruição estética. Trata-se de um patrimônio da humanidade, objeto legítimo de estudo, como também o são outras músicas. Por outro lado, a escolha de músicas não ocidentais ou de tradição oral como objeto de estudo, caso dos objetos privilegiados dos primeiros etnomusicólogos, mesmo considerando-se todas as teorizações ancoradas na Antropologia que sustentam essa decisão, são também uma opção do pesquisador.

As diferenças entre os objetos de estudo levou os campos em formação a utilizarem um instrumental teórico igualmente diferenciado. Enquanto o estudo histórico da música ocidental tinha ligações com a historiografia, ainda que sem a concorrência de historiadores de ofício, a Etnomusicologia ligou-se às teorias e métodos da Antropologia. Um agravante nessa separação metodológica é que, por volta da década de 1950, o ramo histórico da Musicologia estava completamente defasado em relação às novas concepções teóricas e metodológicas da História, que se desenvolviam tanto entre os *Annales* como nos escritos em língua inglesa. A historiografia da música que, em geral, era feita por musicólogos historiadores e não por historiadores de ofício, era factual, cronológica, biográfica e evolucionista. Era a história das grandes obras e dos grandes gênios da música. Kerman afirma que "ler sobre a musicologia da década de 1950 é experimentar uma distorção no tempo". Ele considerou notável como as palavras escritas por Collingwood acerca da historiografia positivista alemã no século XIX se enquadravam perfeitamente na situação musical 75 anos depois. (KERMAN, 1987, p. 48-49) É evidente que o estudo das músicas não-ocidentais não poderia florescer em tal quadro teórico metodológico. Os pesquisadores interessados nesse objeto encontraram novos ares na Antropologia. A mudança abrupta do nome do campo – evento raro e significativo – simbolizou essa aliança. Bohlman considera difícil de aceitar como coincidência o fato de que o nome remeta a um movimento na Antropologia dos anos 1950, chamado Nova Etnografia, e à proliferação de subdisciplinas com o prefixo "etno": etnolinguística, etnohistória e etnomusicologia. O autor também ressalta que esse momento de reciclagem e rebatismo do campo dependeu de condições históricas obtidas em um lugar determinado, os Estados Unidos da América. Além da migração de pesquisadores experientes como decorrência da II Guerra Mundial, o campo foi também oxigenado pelo papel central da Antropologia nos Estudos Unidos. Assim, a Etnomusicologia logo encontrou suporte institucional na universidade estadunidense. (BOHLMAN, *op. cit.*, p. 122-129)

Nas bases do "cisma musicológico dos anos 1950" estão questões estético-ideológicas, diferenças expressivas de objeto de estudo, distintas concepções metodológicas e aspectos históricos da institucionalização do campo. Nos Estados Unidos existe ainda, como um subcampo dos estudos musicais, o da teoria, que está institucionalizado na *Society for Music Theory*. Costuma-se dizer que os estudos musicais estão divididos em Musicologia Histórica, Etnomusicologia e Teoria Musical (também chamado de Sistemática), que corresponde à forma como a musicologia está dividida nos Estados Unidos. Em outros países não se reproduzem necessariamente essas subdivisões e, no caso do Brasil, as fronteiras entre os ramos musicológicos felizmente não são muito rígidas. Mas, poderíamos nos perguntar, nessa subdivisão, que é sempre mencionada, ou outras classificações similares, como se situam os estudos sobre música popular?

Enquanto essas polêmicas intermusicológicas ocorriam ao longo do século XX, um fenômeno cultural de amplo alcance estava se desenvolvendo. Os modernos meios de produção e reprodução do material musical e suas formas de comercialização mudaram a maneira como se praticou a música no século XX, ao menos para grande parte da população do planeta. O surgimento dos grandes centros urbanos e o desenvolvimento tecnológico transformou a música como um todo. No campo da produção erudita, não só tivemos a utilização de sintetizadores, da fita magnética, dos computadores e dispositivos sonoros como instrumentos de composição e performance, foi através da gravação que o repertório da música artística ocidental chegou a amplas camadas da população em todos os cantos do planeta. Somente em localidades não alcançadas pelos meios de comunicação (elas ainda existem?) podemos imaginar que a música tradicional não sofreu o impacto de outras informações musicais. Mas a influência da revolução tecnológica foi certamente mais sensível na formação da moderna música popular urbana. Muito embora essa música popular já estivesse se desenvolvendo nos centros urbanos, transmitida por via oral ou em partitura e em consonância com a formação de uma indústria do entretenimento desde o final do século XIX, a gravação mecânica teve impacto decisivo na produção e recepção dessa música. Permitiu não só o desenvolvimento de novas técnicas composicionais, como possibilitou seu caráter massivo. Podemos afirmar que a constituição da música popular, tal como a conhecemos hoje, deve-se ao surgimento dos grandes centros urbanos, ao desenvolvimento da tecnologia e à consolidação de uma indústria do entretenimento.

Porém, tanto para aqueles que estavam voltados para a complexidade formal das construções da música artística europeia, como para os que estavam interessados na diversidade cultural produzida a longo prazo, a moderna música urbana não era um objeto que despertasse interesse, quando não considerada desprezível ou irrelevante. Em 1983, Philip Tagg, de maneira provocativa e bem humorada, propunha considerar, para efeito do debate sobre o papel da IASPM (*International Association for the Study of Popular Music*), música popular como toda a música tradicionalmente excluída dos conservatórios, escolas de música e departamentos de musicologia das universidades e, geralmente, excluída da educação e financiamentos públicos. (TAGG, 1985, p. 501-507) Se felizmente tal "definição" está superada, ela refletia a percepção dos pesquisadores do campo acerca do espaço existente naquele momento dentro da Musicologia institucionalizada.

Desde os trabalhos pioneiros, os estudos sobre a música popular vêm se constituindo num campo multidisciplinar. Talvez mais do que outras músicas, a música popular urbana ofereça elementos para pesquisas em áreas como Teoria Literária, Linguística, Semiótica, Comunicação e Psicologia Social além, naturalmente, das musicologias e das áreas de História, Sociologia e Antropologia. Embora não houvesse unidade metodológica, os estudos sobre a música popular, em diversas partes do mundo, compartilhavam o fato de ser um "projeto" das áreas de humanidades e ciências sociais de uma maneira ampla, e a fundação da IASPM refletiu essa característica. Entretanto, essa afirmação do campo de estudos musical-popular como multidisciplinar não o diferencia necessariamente da Musicologia e da Etnomusicologia em suas concepções mais amplas. Para Nicholas Cook, assim como Bruno Nettl afirma que a Etnomusicologia não é uma disciplina, mas um campo que exige membros de outras áreas, o mesmo pode ser dito da Musicologia: "um empreendimento essencialmente multidisciplinar que agrupa historiadores, teóricos (que são para a música o que os linguistas são para os estudos literários), especialistas em culturas populares, e musicistas, dentre outros". (COOK, *op. cit.*, p. 26)

Uma vez que a interdisciplinaridade se coloca como opção metodológica para pesquisas em diversas áreas do conhecimento, é difícil negar esse aspecto dos estudos da música, tão entrelaçada com a vida das sociedades e das culturas ao longo do tempo. Talvez as tensões existentes em torno do objeto se devam a disputas pela hegemonia desse "empreendimento multidisciplinar". O que parece ser uma tendência natural é que os estudos da música sejam articulados em torno das musicologias em colaboração com outras disciplinas. Mas, como foi dito anteriormente, setores da Musicologia ainda apresentam muitas reservas a estudos realizados em outras áreas, especialmente em relação àqueles que não partem fundamentalmente do texto musical.

No caso específico dos estudos sobre música popular no Brasil, a música urbana que surge nas primeiras décadas do século XX, em estreita ligação com o mercado de bens culturais, foi considerada pela parcela majoritária das musicologias, até por volta do início da década de 1990, como fora de sua área de interesse, indigna de estudos sérios. O projeto do nacionalismo musical, que teve em Mário de Andrade sua figura de maior expressão e hegemonizou a música erudita brasileira em grande parte do século XX, previa a construção de uma música artística brasileira a partir da utilização do material advindo da música popular. Ou seja, uma música que, partindo dos princípios estruturais e estéticos da música europeia, teria seu caráter nacional dado por tratamento do material sonoro que, inspirado nas tradições populares, expressasse a alma do povo brasileiro. Por música popular, entretanto, os nacionalistas entendiam a música rural, folclórica e a parcela da produção urbana ainda não deturpada pelas influências consideradas deletérias do urbanismo e do mercado cultural em formação. É certo que existiram músicos que fizeram uma ponte entre a produção erudita e a produção popular urbana, a exemplo de Radamés Gnattali. Mas foi apenas com a quebra da hegemonia do nacionalismo no campo da música artística no Brasil nos anos 1960, com a ação das vanguardas e a vinculação de setores da intelectualidade com a música popular que a musicologia começaria timidamente a tomar a sério a moderna produção musical popular urbana. Na medida em que a musicologia e a intelectualidade acadêmica não se interessaram, num primeiro momento, pelos assuntos da música popular urbana, ao mesmo tempo em que esta se constituía como um fenômeno social de grande alcance, a construção da memória e as primeiras reflexões sobre essa música foram obra de jornalistas, cronistas e músicos ligados direta ou indiretamente ao próprio campo de produção, conforme observado anteriormente.

Entretanto, se as características específicas da música popular, particularmente da canção popular, foram determinantes para torná-la objeto de interesse para áreas distintas, concorreram para a resistência inicial das musicologias em tomar a música popular como objeto de estudo questões estético-ideológicas, a inadequação do instrumental teórico-metodológico disponível, construído para o estudo de outros objetos, e o aspecto histórico-institucional. Do ponto de vista ideológico, as ligações intrínsecas e explícitas da música popular com o mercado afrontavam as concepções marxistas mais ortodoxas. O fato de essa produção ser em grande parte voltada para o entretenimento, para a dança e para o consumo no convívio social desagradava também os arautos da "alta cultura". As rápidas transformações e hibridismos característicos do meio urbano provocavam, por sua vez, a resistência dos defensores da "autenticidade". Foi muito difundida a visão da música popular como mercadoria "estandardizada" da "indústria cultural". O fato de que seus primeiros pesquisadores acadêmicos – e talvez também os que vieram depois – eram *scholar-fans* é um indicativo do peso das concepções estéticas nesse processo de validação do objeto dentro do campo científico.

Embora a Musicologia e, antes dela, a Etnomusicologia estejam se reciclando e tornando-se disciplinas mais abertas ao diálogo recíproco e permeáveis às elaborações teóricas das chamadas "disciplinas auxiliares", por volta da década de 1970 elas ainda estavam presas aos cânones de objetos e teorias tradicionais de cada uma delas. Se, no discurso, a Etnomusicologia se propunha a estudar todas as músicas do mundo, na prática muito pouca atenção era dada à moderna música urbana e mesmo à música artística europeia. Isso ocorria, segundo Richard Middleton, em parte porque outras disciplinas já se debruçavam sobre esses objetos, em parte porque os métodos e atitudes desenvolvidos ao longo da vida de uma disciplina não são facilmente superados, mas principalmente devido ao que ele ironicamente considerou produto da investigação colonial da burguesia ocidental, que estaria empenhada em preservar a música de outros povos antes que eles desapareçam e em documentar sobrevivências de práticas tradicionais, gozando nesse processo o prazer do exotismo. (MIDDLETON, 1990, p. 146)

Assim, desde o período formativo os estudos da música popular apresentam um caráter interdisciplinar e uma dinâmica própria, que pode ser entendida, por um lado, como uma decorrência das circunstâncias da história da institucionalização dos estudos musicais, que privilegiaram outros objetos; por outro, como decorrência das próprias características e especificidades da música popular urbana: seu caráter massivo, mediatizado, sua instrumentação própria, a ênfase em parâmetros musicais não contemplados na notação tradicional, o papel da gravação como suporte, a relação semiótica texto e melodia nas canções, sua conexão com processos sociais e suas relações com o mercado. Essas questões impuseram ao campo o desenvolvimento de um instrumental teórico-metodológico – processo este ainda em curso – que vem se constituindo numa contribuição importante para os estudos musicais como um todo. Don Michael Randel observa claramente essa questão:

> Os embates em torno do cânone musical se mostram mais claramente no domínio da música popular ocidental (a música que por qualquer medida quantitativa se sobrepõe a todos os outros tipos em nossa sociedade), do que no que diz respeito à música não--ocidental (que pode ser pensada como atrativa pelo exotismo) e ao *jazz* (que pode ser feito de maneira a funcionar como música ocidental). No caso da música popular, o instrumental tradicional da Musicologia parece destinado principalmente a continuar a manter a escória musical do lado de fora ao invés de ampliar o horizonte das nossas investigações. O estudo deste tipo de música requer um conjunto maior e mais variado de ferramentas. Mas algumas destas ferramentas irão também enriquecer o estudo dos nossos

objetos mais tradicionais – incluindo alguns que temos admitido no nosso cânone sob falsos pretextos.[8] (RANDEL, 1992, p. 116-136)

Existe um processo de reciclagem e convergência entre as musicologias no que diz respeito aos cânones de objetos e teorias. A Musicologia tem ampliado seu espectro de objetos sob pressões da produção erudita contemporânea, da música popular e das pesquisas etnomusicológicas. Vem também buscando atualizar seu instrumental teórico, procurando incorporar análises da música em seu contexto, o público, as questões da produção e recepção como, por exemplo, nos trabalhos do grupo que ficou conhecido como *Nova Musicologia*. E, antes disso, muitos etnomusicólogos, que já se debruçavam sobre um repertório fora do âmbito mais tradicional da disciplina, vinham ampliando seu instrumental teórico em direção às humanidades e ciências sociais. Nos últimos 30 anos, essas questões epistemológicas e de organização do campo dos estudos da música vêm sendo muito discutidas, tendo para muitos um significativo impulso no livro seminal de Kerman. É certo que existe uma movimentação no campo e que muitas convicções têm sido demolidas.[9]

---

8 Tradução do autor: "The struggle over the canon shows itself most clearly not with respect to non-Western music (which may be thought of as attractively exotic) or jazz (which can be made to behave like Western art music), but in the domain of Western popular music – the music that by any quantitative measure overwhelms all other kinds in our society. Here the traditional Musicological Toolbox seems destined primarily to continue to keep the musical riff-raff out rather than to broaden the horizon of our investigations. The study of this kind of music will require a bigger and more varied set of tools. But some of these tools will enrich the study of our more traditional subjects, too – including some of the subjects that we have admitted to our canon under false pretenses".

9 Um panorama dessas reflexões pode ser encontrado em: COOK; EVERIST. *Rethinking music*. Oxford University Press, 1999 e BERGERON; BOHLMAN (eds.) *Disciplining music: musicology and its canons*. University of Chicago Press, 1992.

Abordagens histórico-sociológicas e análise formal-estética: algumas reflexões

A questão metodológica central para a história da música é a da articulação entre abordagens histórico-sociológicas e análises formais ou estéticas. Se, por um lado, uma história da música tem que partir naturalmente do fenômeno sonoro, da música em si, por outro, a música não deve ser tomada como objeto histórico apenas no seu aspecto formal, na análise fria do texto musical, pois isso não alcança toda sua complexidade como objeto de cultura. Ou seja, para se compreender a música como um fenômeno humano inserido num contexto social, ela terá que ser abordada sob diversos aspectos, além do formal e técnico. Isso não exclui, naturalmente, que uma abordagem histórica apenas dos aspectos formais também seja possível e válida. Nesse caso, teríamos uma história da forma musical que é, aliás, uma abordagem fascinante, e, geralmente, a que mais interessa aos músicos. Assim, podemos observar, por um lado, as limitações de uma concepção de história da música centrada nos aspectos técnico-estruturais ou estéticos, uma visão histórica válida e importante, mas necessariamente parcial; por outro, a tendência da história escrita pelos historiadores de focar as relações entre música e história nas suas conexões com aspectos políticos, socioeconômicos e culturais, ou mesmo, a utilização da música apenas como fonte documental privilegiada para o estudo de outros objetos. Analisando a canção popular como objeto de pesquisa, Marcos Napolitano observa que:

> Normalmente existem duas formas básicas de abordagem: uma que prioriza um olhar externo à obra e outra que procura suas articulações internas, estruturais. Os campos da história, da sociologia e da comunicação, tendem mais para o primeiro caso. Os campos da semiótica, da musicologia e das letras, tendem mais para a segunda abordagem. Mesmo assim, esta tensão é presente e assumida, mesmo nestes casos bem sucedidos. (NAPOLITANO, 2007, p. 154)

As dificuldades metodológicas acerca das relações entre texto e contexto, sincronia e diacronia e articulação entre abordagens histórico-sociológicas e análise formal-estética estão colocadas para o estudo e a história das diversas linguagens artísticas. Podemos observar em muitas pesquisas na área de Música e também na historiografia da música, realizada na área de História, a abordagem que Antonio Candido, tratando da crítica literária, denominou de "paralelística", que consiste "em mostrar, de um lado, os aspectos sociais, e, de outro, sua ocorrência nas obras, sem chegar ao conhecimento de uma efetiva interpenetração" (CANDIDO, 1965, p. 1). Se para as diversas linguagens artísticas essa integração é um desafio metodológico, no caso dos estudos da música existem elementos complicadores, que são as especificidades da linguagem musical e sua irredutibilidade a um discurso verbal. A música possui princípios de estruturação da linguagem que obedecem a lógicas específicas de diversos sistemas de organização do material musical constituídos na cultura. No caso da tradição ocidental, o discurso musical atingiu um grau muito elevado de racionalização no amplo arco que vai do modalismo do cantochão, passando pela tonalidade, até as variadas técnicas composicionais desenvolvidas no século XX. Inicialmente apoiada no texto literário, a música ocidental foi, ao longo do tempo, ganhando independência das formas vocais. O surgimento das formas musicais puramente instrumentais implicou na construção de um discurso musical que fizesse sentido em si mesmo, libertando-se do texto literário. Essas formas instrumentais adquirem, então, uma certa narratividade e o sistema tonal e as formas musicais, especialmente as formas de sonata, foram os veículos através dos quais essa narratividade se expressou. Mas, obviamente, não é possível através do discurso musical a apresentação de ideias estruturadas que não digam respeito à música em si mesma, ainda que seja possível a expressão de sentimentos genéricos associados culturalmente a certas formas de organização do material musical.[10] Claro que, quando se trata de música vocal, existe o componente verbal na formação do sentido, o que coloca a análise em outro plano.

---

10   Sobre as relações entre melodia e prosódia ver: CARMO Jr., José Roberto do. *Melodia & prosódia: Um modelo para a interface música-fala com base no estudo comparado do aparelho fonador e dos instrumentos musicais reais e virtuais.* Tese de doutorado em Linguística. São Paulo: FFLCH-USP, 2007.

Isso posto, se apresenta a questão de como localizar na estrutura interna da obra, ou seja, no texto musical propriamente dito, especialmente no caso da música puramente instrumental, a presença ou a influência dos elementos e fatores externos; como articular na análise os elementos internos e externos, sincronia e diacronia. Embora esta não seja uma barreira necessariamente intransponível, é um elemento complicador bastante considerável para esse tipo de abordagem, pois implica na capacidade de análise estrutural da obra por parte do historiador da música e na tradução para a linguagem verbal de elementos não verbais ou, por outro lado, implicaria no domínio por parte do músico historiador, do instrumental teórico da História e das Ciências Sociais.

Observe-se que sistemas mais complexos e estruturados oferecem mais elementos para se notar perturbações, variações e transformações em sua lógica interna. Em *Mozart: sociologia de um gênio* (ELIAS, 1995), sem recorrer a especificidades do texto musical, Norbert Elias discute como as transformações socioeconômicas em curso, a ruptura de Mozart com a corte de Salzburgo, sua ida para Viena para se tornar artista autônomo e as consequências dessa aventura iriam influir decisivamente na sua produção musical. Charles Rosen, em textos que mergulham na análise do material formal, indica como o surgimento da *forma sonata*, momento importante e decisivo na história da música ocidental, está relacionado com o surgimento de novas camadas sociais que, detentoras do poder econômico, queriam ter acesso à cultura até então desfrutada apenas por aqueles que compartilhavam da vida na corte. Impunha-se assim, a formatação de uma linguagem musical mais inteligível para esse novo público que surgia do que as complexas texturas musicais do Barroco tardio.

É necessário acrescentar que, no caso da música artística europeia, além de tratar-se de um sistema complexo e estruturado do ponto de vista da organização do material sonoro, o que facilita a percepção de mudanças que podem ser associadas ao contexto, a música erudita foi institucionalizada como sistema sociocultural fechado: compõe-se de uma linguagem básica, de formas aceitas, repertório, teorias e técnicas de composição e análise, sistema de ensino, panteão de gênios, formas de sociabilidade, critérios de avaliação crítica e juízos de valor bem definidos. Embora parte das vanguardas do século XX tenha tentado implodir esse sistema, ele permanece e a produção das vanguardas foi, ainda que com tensões, incorporada a esse sistema. No caso da música popular, surgida em estreita relação com o mercado de bens culturais, esse processo de institucionalização foi mais irregular e descontínuo, embora também tenha acontecido, de maneira desigual e particularmente com gêneros como o *jazz*, o samba, o tango e a rumba, que se confundiram com a afirmação de identidades nacionais dos seus respectivos países.[11] Especialmente no caso do *jazz*, essa institucionalização chegou mais próxima da constituição de um sistema sociocultural fechado, à semelhança daquele existente na música da tradição europeia, tendo sido construída toda uma bem estruturada elaboração teórica e um sistema de ensino que informou os estudos técnicos da música popular no plano internacional incluindo, é claro, o nosso país. Mas, para a música brasileira popular tomada no conjunto e pensando especialmente na canção, inexiste algo semelhante, que ofereça referências para a abordagem dos fatores internos das obras em relação aos seus aspectos externos. Ou, ao menos, inexistia até as elaborações teórico-metodológicas que vêm sendo realizadas no campo interdisciplinar dos estudos da música popular. Dessa forma, é possível compreender que a análise do plano discursivo do texto literário das canções tenha sido a primeira abordagem metodológica dos estudos da música popular, tanto que a área de Música demorou para incorporar o objeto. Mas, uma vez superada essa metodologia como opção preferencial para estudos não relacionados à crítica literária, colocava-se o problema de como abordar as questões textuais, formais, internas ao material musical em questão. E aí podemos localizar duas tendências: uma historiografia que se desenvolveu afastada dos aspectos da linguagem artística propriamente dita e uma vertente que procurou incorporar, em distintas aproximações, esses aspectos.

O problema metodológico da articulação numa análise integrada do texto musical com os fatores sócio-histórico-culturais continua uma questão em aberto, ainda que se possa especular que se tenha avançado muito

---

11 Devo estas considerações acerca do processo de institucionalização da música artística europeia e da música popular urbana às sugestões de Marcos Napolitano.

nos últimos dez anos. Essa é a principal resistência dos músicos às pesquisas realizadas na área de História, mesmo que a Musicologia tampouco tenha chegado a uma solução plenamente satisfatória para a questão. Aliás, essa é uma preocupação recente na disciplina, cuja atualização metodológica no plano internacional dá-se a partir dos anos 1980.

A História da Música é uma disciplina que pressupõe o encontro da História com as musicologias. A quem compete escrever a história da música, aos músicos ou aos historiadores? A ambos, acredito, uma vez que se tenha rompido com a perspectiva de uma história totalizante, capaz de contemplar todas as músicas, de todas as épocas, de todas as culturas, em toda a sua complexidade nas relações entre os elementos externos e internos. É preciso assumir que essa será sempre uma história parcial, que vai olhar para um certo conjunto de obras e historicizá-las sob certos aspectos. Os músicos, ao fazerem história da música, tendem a privilegiar os aspectos da estruturação formal das obras e também um repertório que favoreça essa abordagem, seja a música artística europeia ou, no caso da música popular, o *jazz*, o choro, a bossa nova ou a música instrumental. A história escrita por historiadores de ofício privilegia, em geral, a abordagem de uma história social da música, com enfoque nas relações entre música e política, sociedade e cultura. Ou seja, aqui ocorre o mesmo balanço entre competências que Merriam observou, no campo da Etnomusicologia, entre pesquisadores com formação em Antropologia e aqueles com formação em Música, conforme visto anteriormente.

É possível pensar em uma gradação nas abordagens da história da música entre leituras mais voltadas para aspectos de estruturação musical, sejam elas apoiadas na musicologia ou mesmo na linguística para o caso da canção, de um lado, e abordagens sociopolítico-culturais, de outro, todas elas válidas e, muitas vezes, complementares, uma vez que muitos são os ângulos sob os quais é possível pensar uma história da música. No limite, as disciplinas de Teoria Musical, Harmonia, Análise e Literatura Musical existentes nos cursos de música com estes ou outros nomes e até mesmo os estudos de *performance*, quando pensados historicamente, contribuem para uma história da forma e da técnica musical. Num outro polo, teríamos uma história social da música que enfatiza os aspectos do contexto histórico-social. Especialmente no caso da música popular, também é possível fazer uma distinção entre uma historiografia que toma a música (ou a canção) como objeto principal da pesquisa histórica, que se propõe a observar a história da música propriamente dita, e aquela que utiliza a música como fonte documental privilegiada para estudos de outros objetos e compreensão de outros fenômenos. Nesse caso, aspectos estruturais são ainda de menor importância. Certamente todas essas abordagens têm a contribuir para a compreensão da música como fenômeno da humanidade.

Existe, porém, uma certa resistência de uma parcela dos músicos à historiografia da música realizada por historiadores de ofício, especialmente àquela que se atém à música popular que, por um conjunto de fatores, tem sido pensada com maior contextualização histórico-sociológica. Essa resistência geralmente se expressa numa discussão metodológica que caminha na direção de uma crítica ao fato de que a maioria dos trabalhos realizados na área de História não se debruçam sobre os aspectos internos do texto musical. Por outro lado, resistências existem de ambas as partes. Perguntado sobre os trabalhos acadêmicos dos músicos, Arnaldo Contier respondeu que os músicos fazem "uma história muito tradicional, a pior possível", do tipo "a história do violão", em trabalhos geralmente superdescritivos e mal redigidos, ainda que ele identifique a existência também de coisas boas nessa produção. (*Revista de História*, 2007, p. 191)

Por último, além dos problemas das teorias e métodos, é preciso considerar as questões de poder e prestígio, as hierarquias de legitimidades que fazem parte da natureza das instituições em geral e do campo científico em particular. Melhor dizendo, é impossível dissociar as discussões pertinentes às teorias e aos métodos da dinâmica interna do campo acadêmico. Segundo Pierre Bourdieu, o campo científico é o espaço de uma "luta concorrencial" por uma "espécie particular de capital social", o "monopólio da competência ou autoridade científica". O campo seria constituído como um "sistema de relações objetivas entre posições adquiridas em lutas anteriores", nas quais os agentes participantes do jogo, concorrentes entre si, buscariam o melhor posicionamento na hierarquia interna do campo e o reconhecimento de sua "capacidade de falar e agir legitimamente, isto é, de maneira autorizada e com autoridade". Nessa concepção, fica descartada uma possível dissociação entre o que seria a autoridade como posição na hierarquia acadêmica e o que seria pura capacidade técnica, na medida em que fazer essa dissociação seria "cair na armadilha constitutiva de todo o tipo de competência, *razão social* que se legitima apresentando--se como razão puramente técnica". (BOURDIEU, 1983, p. 122-123)

Bourdieu faz um paralelo entre a oposição encontrada nos debates da história da arte em relação às análises internas e externas da obra, questão que está em foco neste texto, e o problema proposto para a sociologia da ciência entre epistemologia e condições sociais do surgimento das teorias científicas:

> Uma autêntica ciência da ciência só pode constituir-se com a condição de recusar radicalmente a oposição abstrata (que se encontra também na história da arte, por exemplo) entre uma análise imanente ou interna, que caberia mais propriamente à epistemologia e que restituiria a lógica segundo a qual a ciência engendra seus próprios problemas e, uma análise externa, que relacionaria esses problemas às condições sociais de seu aparecimento. É o campo científico, enquanto lugar de luta política pela dominação científica, que designa a cada pesquisador, em função da posição que ele ocupa, seus problemas, indissociavelmente políticos e científicos, e seus métodos, estratégias científicas que, pelo fato de se definirem expressa ou objetivamente pela referência ao sistema de posições políticas e científicas constitutivas do campo científico, são ao mesmo tempo estratégias políticas. (*Idem*, p. 126)

Nessa luta pela acumulação do capital científico, os produtores acadêmicos tendem a ter como consumidores de seus trabalhos, aqueles que são também seus concorrentes. Ou seja, um pesquisador particular espera atingir o reconhecimento do valor de seu trabalho por outros pesquisadores, que não irão reconhecê-lo sem discussão e exame, uma vez que além de consumidores, são também concorrentes. Essa luta que cada produtor precisa enfrentar para afirmar o valor da sua produção e sua própria legitimidade dentro do campo, conforme afirma Bourdieu, é parte do jogo, "o poder de impor uma definição de ciência" (no caso em questão neste artigo, da disciplina História da Música), como delimitadora de problemas, teorias e metodologias, "que esteja mais de acordo com seus interesses e habilidades específicas". Para cada pesquisador a definição mais apropriada tenderá a ser sempre aquela que assegure a melhor posição na hierarquia acadêmica, valorizando sempre as qualificações cientificas de que ele é detentor. Existiria, assim, uma hierarquia social das disciplinas que orienta as "escolhas" e "vocações" e, no interior de cada uma delas, "uma hierarquia social dos objetos e dos métodos de tratamento". (*Idem*, p. 127-128)

Considerando esta e outras elaborações da sociologia da ciência, fica evidentemente ingênua uma discussão metodológica para a construção da história da música apoiada exclusivamente numa epistemologia pura, desvinculada das questões de poder e das lutas internas do campo científico por posicionamentos na hierarquia de legitimidades. Ou seja, as restrições eventualmente existentes entre os músicos a uma história social da música que não privilegie os aspectos estruturais do material musical, por um lado, ou entre os historiadores a uma história da música que se constitua fundamentalmente apoiada em aspectos formais desvinculados do contexto em que se constituíram (ou mesmo que não esteja em dia com os debates teórico-metodológicos propostos pelas novas correntes da disciplina), por outro, têm que ser pensadas também como parte da luta concorrencial pelo monopólio da autoridade científica. Isso não invalida que existam de fato diferenças de concepção e que as reflexões acerca das distintas posições sejam fundamentais para se avançar o conhecimento; apenas aponta que há mais coisa em jogo e que essas polêmicas têm que ser observadas à luz da dinâmica que caracteriza as disputas internas no meio acadêmico.

Posto que parece existir um certo consenso em torno da impossibilidade de uma história da música universal e totalizante, é inevitável a conclusão de que todas histórias da música serão necessariamente parciais em termos de objetos, enfoques e métodos. E todas essas histórias parciais, como suas distintas abordagens, sejam elas realizadas por historiadores, músicos ou pesquisadores advindos de outros campos, podem contribuir para aumentar nosso conhecimento e compressão da história da música. A historiografia da música popular realizada na área de História não esgota todas as possibilidades do conhecimento histórico acerca desta música, mas não resta dúvida de que vem contribuindo decisivamente para seu conhecimento, e ser desconsiderada pela eventual ausência de análise estrutural é uma estreiteza de visão que, mais do que postura epistemológica, reflete disputas de poder e prestígio.

Bibliografia

BAIA, Silvano Fernandes. A historiografia da música popular no Brasil (1971-1999). Tese de doutorado em História. São Paulo, FFLCH-USP, 2010.

BERGERON; BOHLMAN (eds.) Disciplining music: musicology and its canons. University of Chicago Press, 1992.

BOHLMAN, Philip. "Ethnomusicology's challenge to the canon; the canon's challenge to Ethnomusicology". In: BERGERON; BOHLMAN (eds.) Disciplining music: musicology and its canons. The University of Chicago Press, 1992.

BOURDIEU, Pierre. "O campo científico". In: ORTIZ, Renato (org.). Pierre Bourdieu. Coleção Grandes Cientistas Sociais. São Paulo: Ática, 1983.

CANDIDO, Antonio. Literatura e sociedade: estudos de teoria e história literária. São Paulo: Companhia Editora Nacional, 1965.

COOK; EVERIST. Rethinking music. Oxford University Press, 1999.

COOK, Nicholas. "Agora somos todos (etno)musicólogos". Título original: We are all (Ethno)musicologists now. Ictus/UFBA, n. 7, 2006. Tradução de Pablo Sotuyo Blanco.

ELIAS, Norbert. Mozart, sociologia de um gênio. Rio de Janeiro: Zahar, 1995.

KERMAN, Joseph. Musicologia. Coleção Opus-86. São Paulo: Martins Fontes, 1987.

MERRIAM, Alan, P. The anthropology of music. Northwestern University Press, 1964.

_____. "Definitions of 'Comparative Musicology' and 'Ethnomusicology': an historical-theoretical perspective". Ethnomusicology, vol. 21, n. 2, 1977.

MIDDLETON, Richard. Studying Popular Music. Great Britain: Open University Press, 1990.

NAPOLITANO, Marcos: "História e música popular: um mapa de leituras e questões". In: *Revista de História*. São Paulo, Humanitas/FFLCH-USP, n. 157, 2007.

NETTL, Bruno. "The seminal eighties: a north American Perspective of the Beginnings of Musicology and "Ethnomusicology". In: *Trans n.1*, 1995.

PINTO, Tiago de Oliveira. "Cem anos de Etnomusicologia e a 'era fonográfica' da disciplina no Brasil". In: *Anais do II ENABET*. Salvador, 2004.

Revista de História. Departamento de História da FFLCH-USP. São Paulo: Humanitas/FFLCH-USP, n. 157, 2º semestre de 2007.

SEEGER, Charles. "Semantic, logical and political considerations bearing upon research in ethnomusicology". In: *Ethnomusicology*, vol. 5, n. 2, 1961.

TAGG, Philip. "Why IASPM? Which tasks?" Comunicação na 2ª Conferência Internacional da IASPM, 1983. *Popular Music Perspectives 2*, D. Horn (ed.), IASPM, Göteborg and Exeter, 1985.

Inércia, inocência ou negação? A linguagem musical como desafio epistemológico da musicologia histórica brasileira

Diósnio Machado Neto

A questão suscitada pela seção do colóquio ora discutida, *Entre a História e a Musicologia: Tensões em torno de um objeto*, coloca em pauta um problema fundamental para o exercício da musicologia: as intrínsecas relações entre a área que descreve a música como ciência e as ciências humanas. Relações que se definem na inerência de uma mesma área, porém necessitam identificar-se nas bordas que as unem, principalmente no que diz respeito à entidade ontológica da musicologia: o discurso musical e suas estruturas de realização. Essa perspectiva, anunciando parte do problema que aqui tratarei, é o nó górdio que sustenta, ou deveria sustentar, qualquer consideração vinda do estudo da música. É por esses padrões estruturais internos – de qualquer música, ou seja, independente de sua justificativa espaço-temporal e cultural – que a música estabelece seus potenciais comunicativos e ativa o gatilho de todas as outras estruturas relacionais.

O primeiro ponto a ser observado é que o debate sobre as fronteiras, tensões e distensões envolvendo as ramas teórico-filosóficas da música e a história possui um vasto conjunto de escritos, inclusive forjando um *corpus* teórico específico no decorrer do tempo na tradição ocidental da música. Porém, a preocupação com esse sistema é relativamente recente e remete à transformação da operação racional do homem sobre a natureza, e mais, do entendimento da natureza humana e seus processos sociais.

Para músicos e teóricos anteriores ao século XVI, a música respondia aos problemas da ética (*a musica mundana* de Boecio; os *numeres judicialis* de Santo Agostinho, enfim, a metafísica da ordem universal operando na alma humana inerentemente), da física (os problemas da acústica) e da lógica (os sistemas discursivos pensando a música desde suas propriedades gramaticais – inclusive a questão métrica –, retóricas e dialéticas). Entendida, desde a concepção moderna, como fluxo de efeitos do tempo no homem, a história não era considerada uma força formativa importante para a música. O efeito do que modernamente entendemos por condição do pensável, desde o vínculo temporal/acumulativo com o conhecimento, encontrava-se "suspenso" no âmago de uma visão sacralizada do estabelecimento do próprio conhecimento. Desdobravam-se aqui as filosofias e teorias da música desde um fundamento cosmológico-teológico. Por ele, prevalecia a ideia de uma razão exterior ao homem que dava à arte uma inerência na harmonia universal. Essa "harmonia" justificava *per si* a elevação do espírito independente da autonomia criativa e das formas de percepção.

Somente a partir do final do século XVI iniciou-se a formação de um *corpus* teórico específico sobre o estudo da música como fenômeno histórico. Pensada para dar ao texto literário uma expressividade musical que o interpretasse, sempre dentro de um sistema integrado, a busca por aprimorar o poder de semantização da música condicionou efeitos secundários que induziram compositores e teóricos da música a um diálogo crescente com o passado. Duas necessidades exigiam novas fórmulas expressivas: o humanismo, que buscava voltar às formas clássicas gregas, e a Igreja, que via a complexidade polifônica reduzir a inteligibilidade dos textos sagrados.

A vertente do problema que conjurava essa condição veio pela revalorização da música como poderoso instrumento, capaz de "mover os afetos". A valorização desse poder persuasivo da música regeu uma forte revitalização, por exemplo, dos estudos retóricos, que por sua vez intensificaram o uso dos jogos das texturas e dos afetos. Resgatar ideias da retórica clássica, do próprio campo da literatura, assim como técnicas de autores de antigas gerações, tornou-se uma prática até então desconhecida; os cânones surgiram naturalmente nesse âmago de reconfigurar a comunicação musical. Tanto na música religiosa como na profana, modelos de autores "do passado" foram cristalizados como, por exemplo, o modelo da música de Palestrina, para o espetáculo litúrgico católico. Outra vertente do mesmo problema se exemplifica com Vicenzo Galilei, que revitalizou os conceitos da Antiguidade Clássica para modelar o que entendia ser a solução para "mover os afetos" sem confusão. Por esse ângulo pode-se até mesmo considerar que a concepção de uma técnica histórica de composição tem em Galilei um marco fundacional.

Assim, dentro de uma definição de estudos que opunha antigos e modernos como estrutura de evolução e não mais como sucessão de gerações, vemos surgir textos que abordaram a música da perspectiva do acúmulo histórico ou mesmo da superação do sistema. Podemos citar como marco nessa postura a obra de Sethus Calvisius (1556-1615), *Melopoiia sive melodiae condendae ratio* (1592). Adotando um modelo de memória cumulativa, o autor de Leipzig estabeleceu como metodologia a existência de uma linha das grandes ideias, relacionadas aos grandes compositores (ALLEN, 1962, p. 5-70). Alguns anos mais tarde, a grande polêmica entre Monteverdi (1567-1643) e Giovanni Maria Artusi (1540-1613) suscitou a questão do antigo e moderno a partir da perspectiva da superação dos sistemas. A polarização da reação de Artusi contra o que chamavam antigo radicalizou-se desde a publicação de *Dialogo*, de Vicenzo Galilei (1533-1591), em 1581. Porém, ganhou conotação de discurso histórico ao confrontar-se com Monteverdi sobre as inovações propostas pelo autor de *Orfeu* no que diz respeito às propriedades musicais para a realização do drama em música. Subjaz nessa polêmica uma consideração da memória cumulativa definindo os fundamentos da justificativa de cada um deles diante do problema do estilo polifônico e suas possibilidades discursivas, inclusive no que diz respeito ao capital cultural que representava.

O problema da linguagem musical continuou a opor modernos e antigos e assim justificar a formação de cadeias de sentido. No entanto, no final do século XVIII, o processo encontrou a justificativa da sociedade racionalizada. Na esteira do movimento iluminista, mais especificamente dos empiristas ingleses, teóricos musicais e estetas evocaram o estudo do passado como modo de averiguar os processos de desenvolvimento do gosto, justificado como ramo do juízo crítico. O movimento foi um desdobramento de uma concepção na qual a arte desprendeu-se do conceito de "propósito" para o de "beleza". Nessa senda, em breves palavras, o discurso artístico caminhou para a sua identificação como símbolo da expressão de civilidade e de razão. A busca pelo "bom gosto" desenvolveu até mesmo uma ciência: a Estética. Foi por ela que os modelos de "beleza" se sistematizaram para, conforme Kant, criar um elo do conhecimento científico com as regiões supersensíveis do espírito humano e assim estabelecer uma sensibilidade para a compreensão da razão da natureza.

Na causa dos juízos estéticos, enraizou-se, já no século XIX, o conceito da autonomia da linguagem artística, inclusive como forma de justificar o desenvolvimento de um padrão de consumo para a sociedade burguesa, então plenamente estabelecida. Formou-se, assim, um desejo de classificação qualitativa que de certa forma separou as teorias de análise das artes em sistemas egocêntricos de força centrípeta. Por essa via, o estudo da tradição e dos grandes autores intensificou-se justamente para encontrar uma linha evolutiva que revelasse a realização da natureza da música em si.

Nesse primeiro momento forma-se, também, a ideia de historiografia musical. No entanto, o modelo genealógico das grandes obras não foi superado, aliás, foi sofisticado. Ademais, como afirma Enrico Fubini, o problema da relação teórico-metodológica da historiografia musical com a grande área da história tornou-se latente e problemático:

> Faltava, em primeiro lugar, o material, ou seja, um conhecimento suficiente da música do passado; faltava, também, uma adequada preparação filológica que cobrisse tal lacuna; faltava, assim mesmo, um método que permitisse efetuar investigações orgânicas e ordenar, com certo sentido histórico, evidentemente, o escasso material que se dispunha[1]. (FUBINI, 1997, p. 224)

---

1 Tradução do autor. "Se carecía, en primer lugar, del material, es decir, de un conocimiento suficiente de la música del pasado; se carecía también de una adecuada preparación filológica que cubriera dicha laguna, se carecía, asimismo, de un método que permitiera

O século XIX, e toda a atenção dada à história como ciência para a discussão da natureza humana, afetou fortemente os escritos musicais. Na primeira metade do século, nota-se um crescimento considerável de publicações sobre músicos e música do passado. Porém, esses escritos não se constituíam por métodos ou ao menos preocupação com os modelos de averiguação do passado, musical tal qual discutiam Vico, Condorcet, Herder e muito menos Hegel. A realidade juntava, nessa forma de literatura, amantes da música e músicos práticos. Eram textos que, embora tratassem de assuntos do passado não revelavam nada mais do que um exercício eventual de erudição eclética vivenciada tanto por compositores de grande prestígio como Schumann, Berlioz e Wagner, como por autores de grande poder interdisciplinar como E.T.A. Hoffmann. Também participavam da discussão sobre a música literatos e filósofos como José Bonifácio de Andrada e Silva, Stendhal, Delacroix, Nietzsche, entre outros. O discurso sobre a música era uma das muitas expressões do viver sob a égide da ilustração. Para compreender o mundo era necessário entranhar todas as perspectivas e forças que interagiam na formação do gosto civilizado. Somente diante da malha de saberes universais poder-se-ia, nessa forma de pensar, encaminhar as soluções que promovessem um progresso unívoco, pois fruto da razão analítica.

Porém, o que se poderia chamar de textos de especialistas da história da música seguiam quase que invariavelmente a regra tendencial do tempo: monografias de caráter biográfico como a de Otto Jahn sobre Mozart (1856) e de Phillip Spitta sobre Schumann (1862) e Bach (1873). No modelo de história universal atribui-se a François-Joseph Fétis as primeiras tentativas, com *Biographie universelle dês musiciens et bibliographie générale de la musique* (1837) e *Histoire générale de la musique depuis les temps les plus anciens jusqu'à nos jours* (1869); texto que circulava no meio acadêmico brasileiro, em meados do século XIX. Além disso, uma dimensão prática recobrava da história um suporte teórico. Carl Reinecke (1824-1910), por exemplo, sustentou e desenvolveu a ideia de resgate da

efectuar investigaciones orgánicas y ordenar, con cierto sentido histórico por supuesto, el escaso material de que se disponía".

música do passado. Com a orquestra da Gewandhaus, de Leipizig, difundiu a ideia do concerto das grandes obras, quebrando a hegemonia da contemporaneidade na comunicação musical. Foi assim que notabilizou-se interpretando Mozart, Bach e, inclusive, Palestrina.

Segundo Fubini (1997, p. 336), o modelo de inserção da história da música dentro de uma concepção de história total, mesmo quando por biografias, constrangeu-se com o surgimento de uma doutrina que considerava que a música não poderia ser estudada como se estudavam os fatos sociais do passado. A música remetia a uma especialidade absoluta, única, que demandava uma modalidade de averiguação, considerando as questões de sua linguagem.

No círculo intelectual germânico, onde os problemas estéticos desdobravam-se em justificativas históricas, o conceito de musicologia, cunhado por Guido Adler, não foi um ato furtivo. Entre outros fenômenos, a expressão era reflexo da crítica sobre a historiografia musical, mais especificamente sobre os trabalhos de Wilhelm Ambros, Otto Jahn, Spitta e Friedrich Chrysander. Com os dois últimos, Adler fundou a revista *Vierteljahrsschrift für Musikwissenschaft* (Leipizig, 1888).

Somado ao impulso cientificista do século XIX, a musicologia foi definida por Adler como a ciência destinada aos estudos das estruturas da linguagem musical (musicologia sistemática) e da história das obras musicais, da composição e dos "grandes" compositores (musicologia histórica). A área nasceu sob a visão eurocentrista e fixou-se nos estudos históricos da música "culta". Por esse domínio se determinava os cânones da grande arte. Na ideia de Adler as duas subáreas (sistemática e histórica) eram complementares, pois a compreensão do que seria o distinto se consubstanciaria por uma história que deveria ser justificada na evolução da linguagem musical.

A força do sistema de Adler fundamentou os estudos musicais do último quartel do século XIX até as primeiras duas décadas do século XX. O que se considerava musicologia associava-se aos cânones da grande arte europeia e ao estudo dos sistemas musicais ocidentais. No entanto, por uma linha da sociologia que se desenvolvia paralelamente à formação da musicologia, a relação com os estudos musicais ampliou-se na medida em que crescia o interesse pela diversidade da cultura e das sociedades, justificado na ordem de entendimento do cientificismo evolucionista (mesologismo, determinismo racial, culturalismo etc). Ao contrário da musicologia, esses estudos envolviam especialistas de diversas áreas, como o fonólogo Alexander John Ellis ou folcloristas como Cecil Sharp e Sílvio Romero, que estabeleciam vínculos do estudo da música onde justificavam gêneros e linguagem por determinantes raciais e/ou geográficas.

Assim, enquanto a musicologia reforçava o interesse da autonomia da obra de arte, nos estudos desses sociólogos a linguagem musical se diluía no sistema simbólico e moral, consubstanciados no uso da música por sociedades recortadas por uma metodologia de distanciamento dos grandes polos urbano-industriais, ou seja, da fruição da sociedade capitalista. Nessas incursões, o estudo da música ampliou os métodos e objetos de análise através de uma crescente consciência de que a música revelaria aspectos importantes, muitas vezes velados por preconceitos advindos dos desejos e fantasias que comparavam a arte espontânea e ingênua com os modelos de civilização desejados que justamente representavam o nivelamento da sociedade capitalista. Em outras palavras, pela música seria possível ampliar o universo de estudo e inclusive encontrar a voz das camadas excluídas dos cânones da grande civilização ocidental, ou mesmo a expressão autêntica dos povos e, portanto, sua própria metafísica.

Nesse processo, a dinâmica da relação da música com as ciências humanas e sociais acelerou-se. Já na década de 1930, a música era um objeto de investigação absolutamente vinculado a projetos culturalistas, como nota-se, por exemplo, nos escritos de sociólogos como Melville Hercovitz e Arthur Ramos, ou determinado por um fluxo historicista desde uma ótica nacionalista ou de interesse específico, como por exemplo, a *História da Música Sacra no Brasil*, de Pedro Sinzig.

Novamente em brevíssima síntese, crescia no sistema acadêmico ocidental o sentido metodológico de articulação de sistemas interdisciplinares que aproximaram as teorias próprias de cada arte à história, à antropologia, à sociologia, à psicologia e à linguística. O estudo da "psicologia social" das sociedades extra-europeias através da música notabilizou pesquisadores como Carl Stumpf. Institutos interdisciplinares dedicados ao registro e à sistematização das culturas como o Berlin Phonogrammarchiv marcavam os paradigmas dos estudos culturais. Expedições como a que realizou Mário de Andrade pelo Norte e Nordeste do Brasil eram frequentes no mundo. Revistas musicológicas, como o *Boletin Lationamericano de Música* incentivavam monografias sobre a expressão musical dos povos autóctones ou do folclore local da América do Sul. Projetos como o *Americanismo Musical*, idealizado por Curt Lange, eram a expressão dessa ideologia que tratava de posicionar-se diante da força dos cânones da grande arte da tradição aristocrática-burguesa europeia. A intensificação desse movimento alcançou, em 1950, um momento de fundamentação por Jaap Kunst, que cunhou o termo "Etnomusicologia" baseado nas teorias da Antropologia Cultural.

Forjaram-se assim dois grandes universos, que por muito tempo foram paralelos. De um lado, a musicologia vinculada aos cânones da "grande arte", onde o sistema musical e sua história definiam com rigor um vínculo com a evolução da linguagem musical através do texto grafocêntrico, ou seja, a obra de arte como texto. Do outro, desenvolvia-se um espaço compartilhado por várias áreas das ciências humanas focadas no uso da música para compreender o homem e suas sociedades. Em outras palavras, o problema da linguagem musical e a ação social da música, considerando a complexa relação conceitual, se estenderam em diversos vetores epistemológicos, criando até mesmo uma ruptura dos sistemas teóricos simbolizados na separação entre musicologia e etnomusicologia.

No entanto, os fluxos de teorias e metodologias determinaram, por fim, uma drástica transformação da área, que levou na década de 1980 ao surgimento de uma utopia: uma musicologia sem sobrenomes, de novos paradigmas metodológicos, buscando, em tese, garantir um controle mais efetivo do amplo problema da música como agente de representação cultural. Proclamavam uma abertura da musicologia presa aos textos musicais e justificada pelos contextos de criação e/ou recepção. Para autores como Joseph Kerman, a música trazia consigo a expressão de complexidades sociais que não poderiam ser constrangidas apenas pelo estudo da partitura. Aliás, para a compreensão do fenômeno musical, a consideração das forças sociais e inclusive da subjetivação dessas, seria fundamental. Os estudos da música não poderiam se prender apenas ao texto musical, mas sim a uma expressão existencial histórica e étnica (inclusive das diversidades dos gêneros), analítica e contextual. Enfim, a música seria por si só um campo privilegiado de estudos críticos da sociedade. Dessa forma, no início do século XXI chegou-se a um consenso sobre os alcances da musicologia, bem definido por Jorge Martinez:

> A musicologia deve equacionar estratégias de conhecimento dos processos de construção e reprodução da cultura e da sociedade como uma fonte de diagnóstico de como, por exemplo, se constrói e reconstrói [uma comunidade] através da música que produz e consume, de como os mecanismos de crises e mudança sócio-cultural tornam-se evidentes 'no musical', e finalmente, de como o estudo 'do musical' não interessa somente aos músicos, senão ao edifício social inteiro, que também neste espaço não-verbal tece a teia de conflitos não resolvidos de tensões e tendências. (MARTINEZ, 1999, Internet)

Na década de 1990, a necessária interdisciplinaridade para consubstanciar uma musicologia atenta aos contextos diluiu, de certa forma, os adjetivos da musicologia, tornando-a um campo cada vez menos unívoco, mas, cada dia mais presente pelas possibilidades de colaborar no processo de entendimento dos discursos humanos dentro das estruturas sociais das quais emana. Nesse sentido, a musicologia externou um desejo de ser exercida em um amplo espaço que contemplaria desde os estudos da evolução da linguagem musical dentro da tradição ocidental até estudos sobre a recepção e crítica musical, organologia, práxis interpretativas, acústica musical, psicologia da audição, cognição musical, etnologia, antropologia cultural etc. Surgiu uma classe de autores vinculados a uma perspectiva crítica, como Phillip Bolhman, que desenvolviam uma análise critica dos estudos da música como representação de corpos sociais que interagem (por exemplo, o impacto da sonoridade urbana de Viena nos compositores, ou, a emergência das cantorias judaicas na música de Mendelssohn); ou autores como Kofi Agawu que, através de uma fusão entre semiótica e antropologia, concebe uma musicologia voltada para a música como discurso.

A própria ampliação da discussão sobre a música como discurso ou ação de inerência antropológica, a importância da análise ou mesmo a definição dos impactos das paisagens sonoras na composição "culta" acendeu vários questionamentos dentro da própria musicologia. Era, e é, cada vez mais frequente a busca de soluções para o paradoxo bem exposto por Pieter van den Toorn:

> Como prova de um interesse em consumir música, por que nós damos às palavras, a expressão poética, ou comentário sociopolítico o que deveria ser dito pelos métodos de teoria musical e análise, métodos presumivelmente mais pertinentes para o assunto em questão? Por que devemos julgar o primeiro calorosamente humano ou 'humanista', e o último um recurso de frieza "técnica", de especialista, ou formalista?[2] (*apud* BEARD & GLOAG, 2005, p. 11)

O problema da "tensão"

Como peroração desse momento, vemos que por onde quer que se analise o problema surgem os paradoxos da interdisciplinaridade. Intensifica-se a própria condição da musicologia. Isso porque no conjunto das atividades que determinam a extensão do problema social "no musical" desdobram-se aspectos epistemológicos que, por sua vez, determinam os campos teóricos e metodológicos usados no estudo da música como fenômeno de expressão da condição humana.

O primeiro ponto que encontro de abertura para discussão é mais uma reiteração de um dito exposto no exórdio do texto: a musicologia é um discurso sobre a linguagem musical, mesmo quando tratada como linguagem filosófica e/ou histórica. Como disciplina, ela possui fronteiras

---

2 Tradução do autor: "[...] why should we trust a facility with words, poetic expression, or sociopolitical comment rather than the methods of music theory and analysis, methods presumably more germane to the matter at hand?...why should we judge the former to be warmly human or 'humanistic', the latter coldly 'technical', specialist, or formalistic in its appeal?"

delimitadas no seu interesse primordial no discurso a partir da estrutura da música. Isso não significa vincular-se ao entendimento canônico do que venha a ser música e nem ao seu sistema ou vínculo com a grande arte, mas com a definição do próprio conceito de música pelos diversos sistemas culturais.

No entanto, independentemente do local e da cultura, e "o quê" e "como" essa cultura define o que é a música, para a musicologia são as estruturas de discurso através dos sons que fundamentam suas pesquisas. Por esse pressuposto justifica-se tanto o estudo do cantochão quanto do hip-hop; da missa católica como dos cantos sagrados da etnia Bunun e, mais, dos sistemas relacionais dos gêneros e formas que coexistem dentro das culturas, promovendo camadas subterrâneas que subjetivam sonoridades e criam universos musicais absolutamente híbridos e dinâmicos, mas também perfeitamente territorializados.

Desse ponto desdobra-se o segundo aspecto que considero importante: qualquer música é por si só um fenômeno comunicativo, logo possui um sistema de elaboração que surge numa relação ontológica com a condição humana local e suas formas de representação de valores.

É desse problema que surgem as relações de "tensão" dentro do sistema das ciências humanas: a musicologia estuda como o conteúdo musical sua estrutura de discurso se entrelaçam com a sociedade e seus processos de criação e recepção. É um estudo das pertenças, dos usos e costumes da música na rede de influência e poder através de seus significados, mesmo que subjetivos. Assim, por exemplo, a forma sonata é um uso territorializado que diz respeito a um sistema e por ele se justifica. É possível observar como seus padrões alteram-se de acordo com a mudança de valores críticos de determinada comunidade. Por outro lado, a história, a sociologia e a antropologia estudam o lugar da música na manifestação da condição humana, sem a preocupação de justificá-la "no musical", ou seja, através da lógica dos sistemas de linguagem.

Assim, apesar de um sistema de saber compartilhado, é necessário considerar as entidades fundamentais de discurso (entidades ontológicas, no dizer de Larry Laudan) e seus lugares nos programas de pesquisa. Evidentemente não podemos mais pensar em programas de pesquisa dentro de núcleos incomunicáveis de conhecimento: todo o conhecimento é por si só um sistema metanarrativo. No entanto, as epistemologias de cada área se impõem ou, pelo menos, o sistema relacional de teorias dispostas pelas áreas dentro de uma plataforma epistemológica definida na condição "humana" dos estudos que condicionam a articulação da música como objeto de pesquisa. Somente a partir dessa perspectiva é possível estabelecer as redes de diálogo para formar programas de pesquisa que enfrentem a complexidade dos componentes da comunicação social através da música.

Por essa perspectiva, as entidades fundamentais de cada disciplina articulada nos programas de pesquisa induzem à formação de dados que estabelecem forças gravitacionais, mesmo quando realizadas nos limites individuais de conhecimento. A musicologia não pode perder de vista seu vínculo com a estrutura musical do discurso. No entanto, as narrativas e as teorias que a consubstanciam dialogam dentro de um sistema que define sua condição de análise. Somente por ele pode-se conferir validade ao testemunho histórico que desvela escolhas que são amalgamadas por diversos fatores. Atuam na forja do discurso, desde o campo cultural, no qual o humano convive e dele extrai seus padrões de vivência, até as zonas de influência econômicas e culturais, nas quais as instituições que oficializam o discurso estabelecem suas posições nos sistemas em que interagem.

Assim chega-se ao terceiro ponto: a natureza de qualquer discurso. Como disciplina, a musicologia é inerentemente um ato político que revela zonas de interesse e poder. A própria formatação dos programas de pesquisa define-se como expressão de ideologias. É a ideologia, consubstanciada em teoria e método, que define os adjetivos das áreas, e a musicologia não é diferente: histórica, sistemática, comparada, étnica, "new", compensatória, crítica, radical e tantos outros nomes que ainda virão. É essa adjetivação que, definido pela necessidade de racionalizar o conhecimento, cria plataformas onde as disciplinas se definem e, ao mesmo tempo, definem suas articulações com áreas afins e teorias auxiliares.

A posição da musicologia nas cadeias de formação de conhecimento e, mais que isso, a forma de seu uso, são definidas por contextos específicos. Sob esse aspecto, antes de pensar as tensões da área, é necessário pensar como se formam os padrões locais de uso da disciplina. Por isso, mesmo diante da ontologia das disciplinas, é necessário localizar a relação entre música e história a partir da tradição da pesquisa musical no Brasil. Por ela tenciono expor que foi o encadeamento de aspectos ideológicos específicos que construiu uma relação débil da pesquisa musical com as estruturas de linguagem e condicionou uma estrutura frágil da pesquisa da música dentro dos sistemas das ciências humanas e sociais que condicionam tensões e desconsiderações importantes. A mais importante é justamente a que diz respeito à posição do estudo da linguagem musical dentro de programas que tratam de entender o processo de comunicação social e/ou histórica através da música.

A tradição da musicologia brasileira amplificando as tensões

Ao problematizar a questão da historiografia musical brasileira é de saber canônico que os marcos fundamentais estão nas contribuições de Guilherme de Melo (principalmente por A música no Brasil: desde os tempos coloniais até o primeiro decênio da República, de 1908), Renato Almeida, Mário de Andrade, Luiz Heitor Correa de Azevedo e Curt Lange. Se a respeito dos três primeiros projetou-se uma referência fundacional concernente às pesquisas de música folclórica/popular de tradição oral, sobre Curt Lange e Luiz Heitor (a partir da década de 1950) desdobra-se um conceito de articuladores de uma musicologia na tradição germânica do termo, ou seja, no estudo da música grafocêntrica, aristocrático-burguesa e vinculada ao cânone das grandes obras e seus compositores.

No entanto, o problema da musicologia no Brasil é absolutamente mais complexo e recobra fluxos ideológicos que revelam sistemas interpretativos herdados do século XIX, reconfigurados no bojo de uma emoção filosofada em busca de uma definição ou elogio da identidade nacional para o processo civilizatório brasileiro. Esse sentido forjou uma anatomia de discurso que equacionava raça e terra na determinação histórica e, posteriormente, no conceito de cultura. Por essa perspectiva pode-se dizer que se manteve intacto um modelo epistemológico construído sobre o valor da expressão ingênua e espontânea na formação da identidade nacional e todo o seu processo de subjetivação.

Podemos recobrar o sentido desse modelo no momento inicial do discurso sobre música no Brasil: "Idéias sobre Música" de Manuel de Araújo Porto Alegre, escrito em 1836. O pintor adotou um modelo de abordagem da música que, pelo ideal de discutir a identidade do Brasil, vinculava a música dentro de uma plataforma teórica para revelar as inerências dramáticas nativas e não as características discursivas da música, o que já era plenamente possível, considerando-se a contemporaneidade com autores como E.T.A. Hoffmann (1766 – 1822) ou François-Joseph Fétis (1784 – 1871).

A geração de Sílvio Romero intensificou a distância dos problemas da linguagem musical sistematizando metodologicamente a questão dentro de um determinismo biossociológico para justificar a música como uma variante de um problema sobre a formação do caráter do homem brasileiro. A questão a equacionar era o método para a recuperação da sensibilidade humana e, consequentemente, a superação de um caráter alienado em prol da construção da consciência social sustentada na ideia da identidade nacional.

Buscando sistematizar os idiomas, as expressões artísticas, a literatura e a história das ciências, Romero trata de compreender, pela biossociologia, a questão racial. O discurso é proporcionado, a partir de uma plataforma darwinista, para equacionar o que teria sido decantado pela seleção natural da evolução social. Os valores da tradição expressiva da população, como o folclore, emergiram como elementos de grande potencial de explicitação da mentalidade mestiça. Através da medição desses padrões expressivos, averiguava o grau de sofisticação das comunidades.

Levando o discurso pela teoria da biologização dos problemas musicais, o darwinismo social de Romero projetou fortes cânones sobre a historiografia musical brasileira: (1) a manifestação espontânea como o fator de análise da hibridação advinda da mestiçagem e (2) a análise antropológica da música ao invés da análise do discurso formal através da linguagem musical "transplantada".

A fratura entre o que no início do século XX entendia-se como musicologia e o que a historiografia brasileira apresentava quando discursava sobre música acentuou-se ainda mais com a geração modernista. Isso porque o modernismo no Brasil expunha seus problemas a partir de basicamente três questões: (1) a discussão do *fenômeno nacional* fundado numa tradição comum, histórica, mas não cronológica; (2) a perspectiva da pesquisa e análise da cultura e, através desta, a elaboração de um discurso estetizante da realidade que sustenta e (3) um vínculo com a ação política de superação das estruturas do passado e construção de uma sociedade compatível com os avanços da razão do tempo, constituída desde suas raízes locais, entenda-se, nacional (raça, terra, arte, religião, política).

Dentro dessa plataforma, desdobram-se problemas diversos a partir de posturas ideológicas absolutamente fragmentadas que, por vezes, encontram-se tangenciadas em alguns aspectos mas, principalmente, no que tange a encontrar, na história, na língua, na estrutura política e nas artes, a manifestação antropológica da população para constituir um discurso, normativo, de "soluções" nacionais para problemas "nacionais", inclusive sobre a análise da música gerada dentro de uma concepção "nacional".

Essa questão levou ao constrangimento, ainda na primeira metade do século XX, de qualquer prática de considerar a música dentro de uma perspectiva de discurso autônomo ou, pelo menos, de considerá-la dentro de um sistema de linguagem articulado no qual história e sistema de linguagem se completavam como discurso. Esse problema é singular para discutir como ainda hoje persiste uma fragilidade conceitual sobre o problema epistemológico da própria disciplina no Brasil.

O paralelo musicológico

Enquanto no Brasil os estudos musicais encontravam-se justificados numa plêiade de teorias sociais, a discussão sobre o alcance da análise musical encontrava considerável crescimento, tornando-se inclusive uma área autônoma da musicologia associada à *Music Theory*.

Ironicamente, o crescimento da "autonomia" da análise esteve relacionado a uma mudança de paradigma que operava igualmente uma necessidade de discutir sobre o homem e sua forma de expressão. Primeiro, sempre em síntese, destaco a *estética do sublime*, desenvolvida desde meados do século XVIII e, posteriormente, o ideal da *música pura* como forma de expressão elevada da ideia.

Na determinação do que seria o sublime em arte, a indexação do discurso tornou-se a ponte pela qual a estética consubstanciava seu discurso e declarava a autonomia da estrutura musical. Ainda por linhas gerais, pode-se inferir que a recepção da arte da sociedade burguesa acentuou o elogio à individualidade artística como elemento de nivelamento da opressão simbólica do Antigo Regime (CARVALHO, 2007). Esse aspecto intensificou, na crítica musical e na discussão estética, uma postura cada vez mais desenvolvida de observar as estruturas internas do discurso como fator de distinção. Em síntese, após negar a validade da arte retórica como princípio de qualidade discursiva, na qual considerava o estudo das estruturas musicais como elementos discursivos, no final do século XIX desenvolveu-se a concepção de coerência orgânica da obra musical. Nessa linha surgem teorias como de Heinrich Christoph Koch (1749 – 1816), importante pelos estudos sobre fraseologia e estruturas motívicas, Hugo Riemann (1849 – 1919) e sua teoria harmônica-funcional e, como culminação pelo conceito de Ursatz (estruturas fundamentais), a teoria de Heinrich Schenker (1868 – 1935).

Ao mesmo tempo, desenvolvia-se o conceito de música como discurso histórico-evolutivo. Desde autores como Hoffmann, a busca pela organicidade da composição demonstrava uma regra tendencial. Mesmo considerando que a visão de Hoffmann ainda se baseasse numa teoria linguística (morfologia da música), é possível indicar que, aos poucos, o conceito de estruturas autônomas, articulando os elementos próprios da música como a harmonia, as escalas e os esquemas métricos, direcionava para uma relação com as ideais de evolução da razão. Já na década de 1820, surgem algumas análises considerando a unidade musical pelos esquemas formais e os gêneros, e por eles o estilo. Na articulação desses parâmetros, surge o conceito de periodização histórica, "classificando" uma obra de uma perspectiva técnica da composição e não mais filosófica.

A "consciência histórica" da composição representaria um fluxo evolutivo de suas regras estruturais. Essas regras não mais seriam estruturas figurativas ordenadas por uma lógica predefinida (como era a retórica para a música anterior ao século XVIII), e sim uma elaboração "sobre" os fundamentos naturais da música: a forma musical e a harmonia. Porém, por mais autônomo que possa parecer, a ontologia do discurso recobrava sentido dentro de uma perspectiva historicista hegeliana. Por um espírito dialético, estabelecer o "estilo" era fundamental para posicionar a obra de arte na perspectiva do progresso. Dessa forma, por um discurso historicista, empírico e positivista, o índice da técnica composicional definiu cânones que representavam a razão histórica e universal da música.

A análise consolidou-se para estabelecer os cânones de julgamento e arrastou consigo o desenvolvimento do estudo da harmonia como base da composição e não mais como área autônoma ligada à especulação das ciências naturais. Sob essa perspectiva empírico-positivista, autores como Friedrich Chrysander e Guido Adler estabeleceram uma linhagem dos grandes autores e grandes obras, vinculando a ciência musical às referências estruturais num encadeamento linear que unia, *a priori*, autores como Haendel, Bach, Haydn, Mozart, Beethoven e Wagner (uma linha germânica, diga-se de passagem).

Observando a produção acadêmica sobre o problema da harmonia, percebe-se o avanço de uma perspectiva histórica e sua associação cada vez maior com a composição como fenômeno poético e não mais estético. Um dos autores referenciais para essa observação é François-Joseph Fétis, aqui já citado. Por uma prospecção histórica, Fétis discorre sobre a evolução do pensamento harmônico através de um raciocínio linear cronológico de causa e efeito. Publica, em 1833, *Etudes de Beethoven: traité d'harmonie et de composition*; em 1840, *Esquisse de l'histoire de l'harmonie considérée comme art et comme science systématique* e, por fim, *Raité complet de la théorie et de la pratique de l'harmonie* (ELLIS; WANGERMÉE, Internet). Um dos seus últimos trabalhos é justamente sobre história da música.

A partir da década de 1870, a ideia de organicidade da obra musical já estava absolutamente vinculada ao desenvolvimento da consciência de valor artístico. Foi sobre essa consciência que a pressão por uma disciplina autônoma vinculada ao estudo da forma musical cresceu e substanciou-se na formenlehre, por exemplo. No vórtice do positivismo, Guido Adler publica, em 1883, *Eine Studie zur Geschichte der Harmonie*.[3] Nessa senda define até mesmo a conjunção, mais do que a bipartição, da musicologia.

---

3 Em tradução literal, Um estudo sobre a História da Harmonia.

É pelo caráter binomial e não excludente que define as áreas da musicologia: histórica e sistemática. Para Adler (1883), a composição era sempre histórica e também vinculada aos sistemas que a tornavam única. Em outras palavras, havia uma compreensão de que a história da música realiza-se não só pelas perspectivas biográficas, mas pelo discurso poético.

De certo modo, há uma superação da perspectiva estético-filosófica por uma postura que enxerga principalmente a harmonia e a forma como elementos possíveis de sistematização para a classificação do estilo e seu alinhamento ao cânone das grandes obras. É, evidentemente, um pensamento hegeliano, que desconsidera a alteridade pela crença na razão histórica e na evolução da razão da própria música. Ao mesmo tempo, é um manifesto de libertação da música, que desde a Antiguidade discursava por um metassistema de regras literárias da retórica.

Duas rezas e um mesmo milagre:
o enfraquecimento da área teórica no Brasil

Como já afirmei, no Brasil a biologização do estudo da música constrangeu desde o princípio toda e qualquer forma de alinhamento com as teorias que delimitavam a disciplina. Mesmo reconhecendo trabalhos pioneiros como o de Amélia Resende Martins (1922) sobre as sinfonias de Beethoven ou de Caldeira Filho sobre as sonatas do mesmo autor, de 1943 (cf. VERSOLATO, 2008), não se pode considerá-lo dentro das perspectivas coevas de análise. Eram textos singelos de vulgarização da apreciação musical.

No mesmo sentido, destaco um conjunto de textos publicados pela *Revista Brasileira de Música* no ano de comemoração do centenário de nascimento de Carlos Gomes, em 1936 (textos republicados em 1987; cf. SALLES et al., 1897). Em síntese os textos faziam análises temáticas das óperas do autor campineiro, porém, sem entrar nos aspectos das estruturas harmônicas e formais. Os autores envolvidos nesse projeto foram Luiz Heitor, João de Itiberê da Cunha, Mário de Andrade e Salvatore Ruberti.

O único exemplar de assentamento teórico mais consistente é o tratado de Furio Franceschini, *Breve curso de análise musical e conselhos de interpretação*, de 1934. Tratando a análise a partir de uma perspectiva pedagógica, discorre sobre a morfologia musical através de conceitos de fraseologia, formas clássicas (analisando pelos cânones da história da música ocidental) e estruturas harmônicas. Apresenta conceitos utilizando a nomenclatura da harmonia funcional e por vezes recorrendo à teoria dos graus de Gottfried Weber. Nota-se que não há uma emergência específica de teorias harmônicas nem analíticas. Franceschini aplica suas análises por meio de uma ferramenta para um fim interpretativo e não como um discurso onde subjaz uma ortodoxia teórica que poderia ser vista pela adoção dos esquemas analíticos schenkerianos, por exemplo.

A fragilidade conceitual, ou a negação consciente, apresenta-se ainda mais explícita em um texto de Lorenzo Fernandez publicado em 1946 no VI *Boletín Latioamericano de Música*. Em "A Contribuição Harmônica de Villa-Lobos para a Música Brasileira", recorre a um discurso formalizado apenas na afirmação de que, em Villa-Lobos, a harmonia apresenta-se dentro de um quadro de "grande estabilidade tonal", usando processos de politonalidades e, por vezes, até atonalidades (FERNANDEZ, 1946). Fernandez analisa acordes, gestos harmônicos e não sistemas. Não define uma teoria analítica, apenas atesta que pela "harmonia tradicional", o analista terá dificuldade de entender o processo de Villa-Lobos (FERNANDEZ, 1946, p. 289). Enfim, expõe o antiacademicismo típico do Modernismo para enaltecer a originalidade do compositor nacional. A falta do sistema seria, na tese de Fernandez, a expressão do gênio da terra.

Revela-se aqui uma questão ideológica: o impacto do Modernismo e sua fixação não só pelo elemento nacional, mas pela própria teoria analítica. Já no primeiro grande manifesto sobre a música brasileira, Renato de Almeida declara que a música conscientemente nacional não se rege pela forma acadêmica, pelos cânones da harmonia. Ora, essa questão desconsiderava na raiz da ação modernista qualquer perspectiva de análise de sistema.

E o que era "programa" projetou-se como sistema epistemológico. Olhando o desenvolvimento da musicologia como área de discurso da linguagem, vemos que ela cristalizou muito mais como pesquisa de fontes histórico-sociais do que como pesquisa de estruturas históricas da condição do pensável em música. Até o final da década de 1980, pouquíssimos textos foram publicados analisando as obras de compositores brasileiros. Em 1963, Jaime Diniz publicou um texto sobre Ernesto Nazareth. No entanto, o compositor com maior número de textos é mesmo Villa-Lobos, desde Arnaldo Estrela, Souza Lima e Lorenzo Fernandez, em 1946. Mesmo assim, o número é pequeno e os vínculos com as teorias analíticas disponíveis são imperceptíveis.

Somente no final da década de 1980 é que ocorre um desenvolvimento mais regular da área. O surgimento, em 1989, da revista *Cadernos de Estudo: Análise Musical*, editada por Carlos Kater, é um marco da nova tendência. Porém, numa primeira fase, percebe-se, novamente, os métodos e teorias pouco conectados com as discussões e métodos disponíveis na musicologia internacional.

Nesse ambiente consideravelmente pequeno de trabalhos analíticos e, invariavelmente, sem tangência nos corpos teóricos que se desenvolviam na área da Teoria Musical, a música colonial passou a ser objeto de discurso. Curt Lange, Régis Duprat, Jaime Diniz, Cleofe Person de Mattos, entre outros, desde a década de 1960 já definiam os padrões estilísticos da música no período colonial. No entanto, como objeto isolado de discurso, somente a partir da década de 1980 o problema da música antiga no Brasil desmembrou-se de um discurso cristalizado na apresentação de fontes documentais, transcrições de manuscritos e análises das conjunturas sociais do exercício da música. Pela primeira vez, desde os informes de Curt Lange, em 1946, a historiografia apresentava um *corpus* crítico que superava o discurso generalista sobre o estilo.

Um primeiro esboço do que viria a ser a praxe no final da década de 1980 entrega Willy Correa de Oliveira, em 1978. Em *O multifário capitam Manuel Dias de Oliveira*, Willy analisa quatro obras do compositor mineiro. O assunto, definitivamente, espalhava-se em teses e encontros acadêmicos. Em 1984, Sandra Loureiro organizou o I *Encontro de Pesquisa em Música*. Basicamente, o corpo de comunicações versou sobre a música colonial e o fenômeno repetiu-se nas duas outras edições, em 1985 e 1987. No entanto, não houve nenhum estudo que pudéssemos classificar como analítico, apenas esboços de questões de linguagem, como o texto apresentado por Mayla Duse Campos Lopes (1987).

Somente em meados de 1990 surge uma consolidação teórica aplicada ao estudo da música antiga. Em *Música Sacra Paulista no período colonial*:

alguns aspectos de sua evolução teórica 1774-1794, Duprat apresenta uma proposta metodológica até então sem precedentes. O primeiro aspecto da abordagem foi buscar, no *corpus* teórico, nos limites da região ibérica, as regras de composição que em tese dariam suporte à técnica de André da Silva Gomes. Lista, então, textos de André Lorente, Pablo Nassarre e Antônio Soler para definir padrões de uso da harmonia. De Soler, destaca a importância da função modulatória do quinto grau, que Duprat considera como sinônimo de dominante. Segue na busca de regras da modulação por autores como Eximeno, Antônio Fernandes, João Crisóstomos da Cruz, Manuel de Moraes Pedroso, Francisco Solano, entre outros. E conclui que nenhum deles expunha argumentos sólidos. Destaca como maior contributo a obra de Pedroso, porém adverte que, apesar de indicar "as modulações mais recomendáveis, proscrevendo outras, não chega a abordar problemas de maior complexidade do discurso modulatório" (DUPRAT *et al.*, 1990, p. 30).

Tendo como base a teoria harmônica de Rameau, Duprat estabelece o acorde de quinto grau (dominante) como eixo de modulação fundamental para a música da época de Silva Gomes. Por esse princípio, o musicólogo passa a discriminar os padrões modulatórios para determinar os aspectos de linguagem, em autores coevos a Silva Gomes. Conclui, observando os esquemas harmônicos que traça de autores como Cordeiro da Silva e o próprio André da Silva Gomes, que há uma relação por articular as seções da música através da região do quinto grau (dominante), na medida em que as obras se aproximam do final do século XVIII.

Sua base de análise é estabelecida pela "curva tonal". Por esse princípio, traça o ritmo harmônico pelas tonalizações ou modulações operadas pelo compositor. Observa que a quantidade de regiões tonais e as formas de trânsito estão relacionadas ao período histórico. Discorrendo a respeito da época de Silva Gomes, afirma que "a primeira observação é a quantidade decrescente de seções tonais na série histórica" (DUPRAT *et al.*, 1990, p. 32).

Assume como fundamento que o ritmo harmônico é um elemento de determinação de estilo. Se a obra apresenta um alto grau de tonalização, estaríamos diante de uma "harmonia sequencial", típica do Barroco. O período clássico teria como paradigma uma diminuição desse ritmo e, além disso, uma concentração na região de dominante. Esse seria o outro elemento de discriminação de estilo: a região de modulação. Desconsiderando o problema da retórica, até porque não era um problema para o tempo desse texto, Duprat segue determinando o estilo pelas estruturas tonais:

Seguiram textos que dão solução de continuidade ao exposto por Régis Duprat, ou pelo menos adotam a análise funcional como teoria. Sílvio Crespo, alguns meses após a publicação de Régis Duprat, publica *O Hino a 4 de Marcos Coelho Neto*. Como novidade, adota também uma análise fraseológica da obra, no modelo schoenberguiano. Do mesmo ano é o artigo de Maurício Dottori, "A Estrutura Tonal na Música de João de Deus de Castro Lobo", publicado nos *Cadernos de Estudos: Análise Musical*, ou seja, no epicentro teórico que disseminava essa perspectiva analítica da música antiga.

Em 1991, o *Encontro de Musicologia Histórica de Juiz de Fora* nasce justamente devido à densidade dos estudos coloniais. Nesse evento, Carlos Kater apresentou "Análise e Música Brasileira dos séculos XVIII e XIX", publicada, posteriormente, em 1994. O texto apresenta características e conclusões bastante próximas à de Duprat (1990). Adotando critérios similares, busca equacionar a frequência harmônica – "porcentual de cada configuração no interior de sua função e no âmbito geral de todas as incidências" –, utilizando um parâmetro que denominou "Evento Elementar Harmônico" (KATER, 1994).

Um aspecto desse estudo é revelador dos compromissos dos dois autores: a desconsideração da condição do pensável dos compositores do período colonial. Não há nenhuma referência desse condicionamento em Willy Correa, Régis Duprat, Carlos Kater e outros. A visão funcional da harmonia é um cânone explícito dos projetos de análise no Brasil, é uma regra tendencial. Em Willy Correa e Régis Duprat, o sentido dessa "opção" poderia justificar-se pela crença na questão da contemporaneidade, que seria "universal", inclusive impondo-se como síntese das particularidades da construção harmônica do passado. Kater, por exemplo, adota como modelo de análise a estrutura funcional da harmonia e esta como elemento determinante do estilo (forma e melodia), enquanto Duprat adota firme a análise pela harmonia funcional, inclusive justifica essa adoção:

> Todas as configurações acórdicas foram cifradas tendo por base os postulados da "Harmonia Funcional", e isto de acordo com uma listagem codificada especialmente estabelecida. Foram também objeto de análise as harmonias indiciais, representadas por "acordes" incompletos – isto é, formações despojadas da 3ª, 5º ou mesmo fundamental – devido porém não a um tratamento polifônico-contrapontístico mas sim em decorrência da própria fatura harmônica. (KATER, 1994, Internet)

Logo, considera inequívoca a opção vertical da escrita, e não mais a possibilidade do pensamento contrapontístico, mesmo quando esse resultasse numa homofonia-harmônica. Questões como encadeamento por estruturas hexacordais foram absolutamente descartadas pelos musicólogos dos textos citados:

> Tem-se em vista aqui resguardar os elementos essenciais para um estudo da relação tensão/neutralização, com base no equilíbrio das polarizações internas dos acordes. Ao mesmo tempo, é reflexo também de uma hipótese desse trabalho para a qual tais despojamentos representam opções estéticas deliberadas do compositor e, por conseqüência, o simples "completar acordes" pelo restaurador musical diante de compassos ou partes faltantes é atitude que mascara e empobrece texturas harmônicas típicas de fortes características expressivas. (KATER, 1994, Internet)

Em breve resumo, assim como a geração da primeira metade do século XX adotava a busca do nacional como elemento de negação da análise da linguagem musical, a partir da década de 1970, a postura analítica era decorrente da hegemonia do pensamento contemporâneo para justificar a escolha metodológica de análise, aqui, a teoria funcional da harmonia, assim como no tempo dos modernistas nacionalistas notava-se que não havia uma abertura a outras possibilidades de ensino e análise.

A musicologia analítica internacional dessa época já descortinava inúmeros problemas composicionais do século XVIII: as hibridações modais da formação harmônica e sua herança dentro do sistema hexacordal, inclusive vinculadas a toda uma problemática de construção discursiva presa às estruturas que recobravam da retórica sua leis dialéticas (arte do equilíbrio das partes).

Esse aspecto se expande não só para a análise da harmonia, mas também para a análise formal. Especificamente sobre o problema da forma, sublinha-se uma aplicação na historiografia musical brasileira, a partir da década de 1980, de conceitos cristalizados, recorrentes ao final do século XIX. Existem conclusões que tornam clara a aplicação de conceitos pela recepção do tratado de Arnold Schoenberg, *Fundamentos da Composição Musical*, publicado pela editora da Universidade de São Paulo, onde se concentrava um núcleo irradiador da vanguarda paulista de 1960. Esse adota a teoria das formas desconsiderando, por exemplo, problemas retóricos de disposição do discurso; é frequente encontrar adaptações formais, como, por exemplo, considerar a forma motetística, cuja estrutura é determinada pela disposição versicular, como rondós "transformados".

Em síntese, o discurso sobre a música representa muito bem todo um uso ideológico que teve, no Modernismo, uma fixação em desmontar o conhecimento teórico acadêmico e, posteriormente, pela vanguarda, que acreditava que a própria linguagem tradicional era absolutamente desprovida de diálogo com a forma de se expressar do tempo coevo. Para estes, a fundamentação dessa "opção" era que a teoria depurava-se com o tempo e, assim, as ferramentas do presente "continham" as razões do passado.

O cânone metodológico perpassou a ideia de conquista de um aparato teórico que poderia provocar diferentes questões e respostas. Citando um autor contemporâneo dos musicólogos que cristalizaram os métodos de análise da música no Brasil, é possível vislumbrar que o problema não era da referência acadêmica, mas de crença político-ideologica.

Tal conclusão articula-se na medida em que comparamos os modelos de discurso musicológico no Brasil com as questões tratadas pela musicologia internacional.

Em 1984, Ian Bent argumentou que o problema da análise da música estava na relação dos esquemas teóricos com os processos composicionais "do espaço-tempo" respectivo de cada música, era um fenômeno local e não universal. Estudando a música alemã, tratou de averiguar o que significava "forma" para teóricos como Johann Mattheson (1681-1764), Johann Georg Sulzer (1720-79), Heinrich Christoph Koch (1749-1816) e Johann Christian Lobe (1797-1881), concluiu:

> Foi possível observar como alguns desses termos se mantiveram no lugar dentro dos esquemas, como outros desapareceram, e como outros passaram a formar o esquema. O que emergiu é informativo apenas até certo ponto. Depois disso, é apenas sugestivo. O que se percebe é que não se projeta diante de nossos olhos uma continuidade histórica ao longo desses 140 anos. Deixa-nos especular sobre a mudança de conceituação do processo de composição ao longo desse período.
>
> Um relato completo do histórico da mudança dos conceitos do processo de composição será alcançado somente após o exame de muitas outras obras de teoria musical, e, concomitantemente à análise das obras de teoria em outras artes e na estética; vai exigir estudos na história da publicação e distribuição de manuais de composição, e na adoção de livros de instruções por conservatórios e escolas em todos os principais países da Europa, e terá de ser correlacionado com esboços e projetos que sobreviveram de muitos compositores. Esse esquema de trabalho será recompensador.[4](BENT, 1984, p. 51).

---

4 Tradução do autor. "The above enquiry has traced the presence of certain musical terms in five theoretical sources ranged over some 140 years. It has been possible to observe how some of these terms retained their place in the scheme of things, how others decayed, and how yet others entered that scheme. What has emerged is informative only up to a point. Thereafter, it is only suggestive. It does not project before our eyes a historical continuum over those 140 years. It leaves us speculating about the changing conceptualization of the compositional process over that long period.

Diante da conjuntura teórica à disposição dos musicólogos brasileiros, vislumbra-se que somente pela ideologia poderia justificar-se a inércia que tornou canônico um único procedimento de análise. Se vista por esse ângulo, a redenção da música por uma teoria contemporânea entra no rol das trincheiras estéticas absolutamente normais no ambiente musical--acadêmico brasileiro da época. O que parecia, então, um refinamento teórico, nivelou a música do final do século XVIII no Brasil a todas as de outras épocas e lugares. Remeteu, assim, os seus problemas de composição à consciência do tempo presente por uma abordagem que parecia não ter limites temporais.

Uma explicação causal é vincular essa a-historicidade da teoria a um contingenciamento retumbante no pensamento vanguardista, que se arvorou desde meados da década de 1970 nos departamentos de música nas universidades brasileiras. E, mais que isso, exercido como atividade secundária de compositores, o discurso musicológico projetou os seus desejos e fantasias: o caráter salvacionista do novo como princípio de estabelecimento até mesmo dos paradigmas de análise de uma música de outro tempo.

Observado por trabalhos relativamente recentes, como o de Paulo Augusto Soares (*Os ofertórios de André da Silva Gomes*-2000), percebe-se o impacto dessa hegemonia. Tratando de construir uma relação semântica da música para os ofertórios de André da Silva Gomes, Soares aplica tão somente a análise harmônica, sempre vista através de uma teoria funcional. Num tempo em que haveria possibilidade de aberturas metodológicas por múltiplas ferramentas, tratou o enlace da composição com o "dizer" apenas e tão somente pela harmonia! Nesse tempo, não só os trabalhos de Bent já estavam disponíveis, mas também alguns que, nessa época, já estavam sendo revisitados, como o de Leonard Ratner, *Classic*

A full historical account of the changing conceptualization of the compositional process will be reached only after examination of many other works of music theory, and works of theory in other arts and in aesthetics; will require studies in the publishing history and distribution of composition manuals, and in the adoption of instruction books by conservatories and schools in all the major countries of Europe; and will need to be correlated with the surviving sketch and draft materials of many composers. Such a scheme of work will be richly rewarding."

Music, Expression, Form and Style (1980), que reformulou, em boa medida, as questões de análise da música na virada do século XIX.

Conclusão

Concluindo, a hegemonia discursiva indutiva tornou-se uma tradição entesourada não só em programas de pesquisa, mas no próprio consciente coletivo de toda a área musical. E quando a musicologia "das grandes obras" entendeu-se como espaço da música como representante do corpo social, se ampliava a distância da discussão da linguagem a partir de sua ontologia. Sobraram então os aspectos históricos, sociológicos, antropológicos etc. A musicologia brasileira, desarticulada completamente de áreas sistemáticas, sem tradição, sem ensino e sem pesquisa, acastelou-se na força das teorias auxiliares, moldando e tornando-se um discurso que, sob um véu de interdisciplinaridade, escondia a fragilidade herdada como despojo de projetos do passado: a endogenia utópica da brasilidade posta como discurso musicológico pelo Modernismo da primeira metade do século XX, e a violência teórica operada pela vanguarda pós-1960 como forma de alcançar a liberdade estética através do signo do novo, ou seja, a impossibilidade de sistema como fundamento discursivo.

A partir dessa perspectiva justifica-se e fundamenta-se a "tensão" na definição dos estudos sobre a música. É ao mesmo tempo uma inércia da tradição, construída pela negação da própria área como forma de ideologia na construção de identidades, e que hoje se constitui numa inocência advinda de um vazio tradicional diante da disposição da musicologia fora das fronteiras nacionais.

Bibliografia

ALLEN, Warren Dwight. Philosophies of music history: a study of general histories of music 1600-1960. New York: Dover, 1962, p. 382.

BEARD, David; GLOAG, Kenneth. *Musicology: the key concepts*. New York: Routledge, 2005. 239p.

BENT, Ian. "The Compositional Process in Music Theory 1713-1850". *Music Analysis*, vol. 3, n. 1, p. 29-55, 1984.

CARVALHO, Mário Vieira de. *A tragédia da escuta: Luigi Nono e a música do século* XX. Lisboa: Imprensa Nacional/Casa da Moeda, 2007.

DUPRAT, Régis *et al*. "Música sacra paulista do período colonial: alguns Aspectos de sua Evolução Tonal – 1774/1794". *Revista Música*, vol. 1, n. 1, p. 29-34, maio 1990.

ELLIS, Katharine; WANGERMÉE, Robert. François-Joseph Fétis (verbete). *Oxford Musico on line*. Disponível em: www.oxfordmusiconline.com/subscriber/article/grove/music/09564pg1?q=Fetis&search=quick&sourc e=omo_gmo&pos=2&_start=1#firsthit>. Acesso em: 29 abr. 2011.

FERNANDEZ, Lorenzo. "A contribuição harmônica de Villa-Lobos para a música brasileira". *Boletín Latinoamericano de Música*, Rio de Janeiro, Tomo VI, p. 283-300, 1946.

FUBINI, Enrico. *La estética musical desde la Antiguidad hasta el siglo* XX. 9ª Impressão. Madrid: Alianza Editorial, 1997.

KATER, Carlos. "Análise e Música Brasileira dos séculos XVIII e XIX". *Cadernos de Estudo: Análise Musical*, São Paulo: Atravez, n. 6/7, p. 104-118,1994. Disponível em: www.atravez.org.br/ceam_6_7/analise%20_musica_bras.htm>. Acesso em: 30 abr. 2011.

KERMAN. *Musicologia*. São Paulo: Martins Fontes, 1987

LAUDAN, Larry. *Progress and Its Problems: Towards a Theory of Scientific Growth*. Los Angeles: University of California Press, 1978.

martinez, Jorge. "La experiencia del Magister en Artes con mención en Musicología de la Facultad de Artes de la Universidad de Chile: algunas reflexiones en torno a la definición de un campo unitario musicológico". *Revista Musical Chilena*, Santiago, vol. 53, n.192, jul.1999. Disponível em: www.scielo.cl/scielo.php?script=sci_arttext&pid=S0716-27901999019200009&lng= es&nrm=iso&tlng=es.

SALLES, Vicente *et al*. *Carlos Gomes: uma obra em foco*. Rio de Janeiro: Funarte, 1987.

VERSOLATO, Júlio. *Rumos da análise musical no Brasil: análise estilística 1919-84*. Dissertação (Mestrado em Musicologia/Etnomusicologia) – Instituto de Artes da Universidade Estadual Paulista. São Paulo, 2008.

Musicologia e história da música: a contribuição das linguagens da mídia no estudo da performance da canção

Heloísa de Araújo Duarte Valente

O que os olhos não veem o coração não sente?
A essa frase-feita bastante desgastada pelo hábito, volta e meia ecoa uma outra, que apregoa: "uma imagem diz mais do que mil palavras". Tais afirmativas se assentam sobre um pressuposto indiscutível: a imagem visual faz presente o objeto a que se refere *in totum*, de maneira mais ou menos fidedigna: ainda que distorcida, fragmentada, dissolvida, ela fornece informações reveladoras sobre aquilo a que se refere (Essa lição já nos foi dada pelas artes plásticas, sobretudo a partir do momento em que surgia a fotografia...).

As linguagens visuais se constroem no tempo e se concretizam no espaço. E o que dizer das imagens cujo referente é dotado de um corpo invisível, impalpável, fugidio e efêmero? Como fixar e capturar o seu passado no momento preciso do acontecimento? Aqui reside uma preocupação que, há séculos, concentra um dos pontos de interesse – e também de angústia – daqueles que se debruçam sobre o estudo das linguagens construídas na sucessão temporal, tal como é o caso da música e das linguagens sonoras – estas últimas novidades que datam de pouco mais de 100 anos.

Este ensaio tem como objetivo central discorrer sobre algumas questões iniciais que permeiam as relações entre os conceitos de *imagem*, *signo musical* e suas implicações na construção da memória cultural. Dada a amplitude do tema, privilegiarei os signos visuais de natureza técnica com a fotografia e os meios audiovisuais. Obras originais (ilustrações feitas à mão, gravuras) serão consideradas em sua versão transposta para a mídia impressa. No caso da música, tomarei como eixo central a *canção das mídias*,[1] justamente em virtude de sua presença há várias décadas ininterrupta e hegemônica no cotidiano. Outras modalidades de composição musical serão tomadas em caráter circunstancial.

As representações visuais como meio de conhecimento da *performance* musical

Ao se tratar das relações entre imagem e música, de pronto dois esclarecimentos iniciais precisam ser estabelecidos: as extensões dos conceitos de *imagem* e de *música* aqui abordados. Normalmente concebida como uma manifestação do visível, o conceito de *imagem* abarca vastos e numerosos domínios. A princípio, designa qualquer representação mental de um objeto, visível ou não. Desse modo, considere-se *imagem* não apenas a reprodução do visível – a exemplo da fotografia – mas também acepções mais abstratas: uma *qualidade vocal*[2] e sua associação a um personagem na radionovela ou, ainda, a um determinado padrão de locução radiofônica. A voz *acusmática* jamais será neutra, pois estabelece liames entre o seu emissor e os códigos a que se vinculam os destinatários da mensagem (classe social, instrução, faixa etária etc.). Num grau de abstração ainda amplo, encontram-se as imagens construídas pelo próprio código musical. Dentre inúmeros exemplos, destaque-se grande parte da obra de Debussy, como os prelúdios Os *passos na neve; A catedral submersa*, ou a suíte orquestral *Imagens*.

---

1 Por essa denominação, designo um grupo de canções compostas para serem interpretadas, criadas, distribuídas, pelas mídias em suas diversas tecnologias (discos, vídeo, cinema etc.). Também se inclui as obras que não foram criadas sob essa orientação, mas que se adaptaram convenientemente ao modelo. A canção das mídias tem características muito peculiares. Para maiores esclarecimentos, consulte-se *Valente* (2003).

2 Aqui, tomo emprestada uma terminologia dos estudos fonoaudiológicos.

O surgimento das mídias fez com que a relação entre linguagens visuais e sonoras se tornasse mais complexa – uma vez que, no dizer da semiótica, os signos *cresceram* –, sobretudo aquelas criadas ou transpostas para as linguagens técnicas. Novas teias relacionais foram concebidas, criadas, praticadas, vividas... As linguagens da mídia desenvolveram *modus operandi* e particularidades específicos, gerando uma produção ao mesmo tempo0 cultural e, em várias situações, também artística. Nesse contexto, a canção midiática aparece como um objeto de estudo particularmente interessante, dada a sua natureza necessariamente híbrida (música, letra), ao qual se agregam outras linguagens de natureza audiovisual, cênica (cartaz, filme, capa de disco etc.) e suas diversas formas de uso e aplicações. Some-se o fato de que, ademais a importância da sua existência como bem cultural, trata-se de um produto concebido como mercadológico, de grande importância na economia global.

Outra característica importante a evidenciar é que, não obstante tendo-se originado como signo auditivo, ao longo do tempo a canção das mídias revela-se antes como signo *visual, do* que *audiovisual*. Uma explicação para o fato encontra seu lastro nas palavras do estudioso da teoria da mídia Norval Baitello. De acordo com o autor, estamos habituados ao mundo das imagens visuais; assim, a presença efetiva de signos visuais que remetam à fonte sonora (real ou imaginária), faz-se quase que obrigatória na construção de signos sonoros:

> Vivemos hoje em um mundo não apenas de franco domínio da imagem, como de escalada aberta das imagens com uma visível perda progressiva da escrita em favor de ícones. (...) Comparada com a produção de imagens artísticas, a quantidade de imagens produzidas pelos *media* contemporâneos (cinema, jornais e revistas, televisão, acrescido de potentes novos meios de conservação e distribuição como vídeo, CD, DVD, Internet, www, Youtube, blogs e fotoblogs) talvez somente possa ser designada como oceânica: não é possível nem ao menos quantificá-la, nem mesmo por estimativa. Nada mais evidente, portanto, que vivemos em um ambiente iconomaníaco. (...) A associação de imagem com permanência,

registro fixo de algo que se transforma ou desaparece e possui, portanto, uma natureza paradoxal, pode fundamentar a função da imagem em seu valor de culto, em seu valor mágico e em seu valor de exposição. (BAITELLO, 2007, p. 11-12)

A afirmação contundente do estudioso parece comprovar-se empiricamente se voltamos nossa atenção à produção dos últimos tempos.[3] Sendo dessa maneira, a análise da canção das mídias deve levar em consideração os múltiplos construtos da imagem, em suas várias acepções: não apenas a composição propriamente dita, a interpretação dos músicos e instrumentistas (aí embutidos a escola de formação, macetes técnicos passados pelos professores etc.), mas também todas as suas formas de divulgação e existência sígnica, midiática: programas de espetáculo, notas de imprensa, entrevistas de intérpretes, produtores, aparições no cinema, capas dos discos, dentre outros: canção (das mídias), enfatiza o especialista Christian Marcadet, é um "fato social total" (2007).

A imagem *visível* da *performance* musical – o corpo do intérprete executando a obra inaugura uma espécie de teatralidade e se faz presente, através de signos de caráter estático (retratos, caricaturas, grafismos) ou cinético (filmes de natureza analógica ou digital). Essas mídias permitem conhecer *performance* musical de maneira muito particular. Antes de prosseguir, cabe mais uma advertência: ao me referir ao vocábulo *performance*, reporto-me ao *conceito* instituído por Paul Zumthor (1997), que o define como um ato comunicativo, que põe em jogo não apenas a relação entre emissor e receptor da mensagem poética, mas também as condições de transmissão e recepção da mensagem. Assim, são constituintes do *signo musical* parâmetros como tempo espaço, além dos elementos contextuais relativos ao corpo do artista em cena: indumentária, gesticulação, impostação vocal, o uso ou não de equipamentos eletroacústicos,

---

3 Um exemplo pontual, mas revelador, encontra-se na diva *pop* do momento, Lady Gaga, aliás, Stefani Joanne Angelina Germanotta. Ao que parece, sua obsessão pela questão da imagem (em seus vários quesitos) de longe já superou a veterana Madonna. (Concluo este texto um mês após a morte de outro nome de destaque e, sob certo aspecto, concorrente de Lady Gaga, a inglesa Amy Winehouse, ocorrido em 23 de julho).

efeitos de iluminação, dentre tantos outros. Os signos visuais podem trazer informações importantes para o estudo da *performance* – e de modo inquestionável em situações em que o artista em análise tenha desaparecido em virtude de morte natural ou simbólica.

As linguagens visuais e a música: O visível, audível, o audiovisual...

Ao longo da história, os vínculos entre o mundo das linguagens artísticas sempre foi muito estreito; inúmeros são os casos de obras musicais que reportam a literárias; artes plásticas que aludem a peças musicais. Mas também as artes plásticas retrataram, dentre encomendas diversas, músicos, regentes e cantores célebres. Se, anteriormente ao surgimento da fotografia, conhecer as feições de alguém só era possível através do contato pessoal, o retrato (geralmente, pintura a óleo) era privilégio de poucos. Assim, pode-se avaliar a notoriedade de um artistas, ao percebê-lo retratado por um grande mestre. Com isso, tais artistas acabaram por ter seu rostos conhecidos e *codificados* de maneira tal que mantêm-se vivos, estampados nas enciclopédias.

Justamente esses registros visuais serão de ampla utilidade para os estudos da *performance*: as imagens fornecem informações importantes acerca dos *monstros sagrados*, tais como Maria Malibran ou Farinelli. Capturados pelo gesto do pintor, apresentam não apenas a compleição física, estatura, vestimentas, mas também sua postura, sua gestualidade, quiçá sentimentos, traços de personalidade. A essas informações iconográficas somam-se os depoimentos que nos legaram escritores e cronistas. Num outro nível, obras compostas especialmente para um intérprete também são reveladoras:[4] a partitura é um signo indicial da classificação da voz à medida que revela indicadores como a tessitura (de natureza física, *cor* vocal) ou, ainda, elementos estilísticos culturalmente codificados pela estética do período histórico em questão.

---

4 A título de exemplo, vale analisar os papéis compostos por Vincenzo Bellini para Giuditta Pasta. Dentre tantos outros, *Norma, A Sonâmbula* (SEGALINI, 1986, p. 28-39)

Após o advento da fotografia, a representação visual pôde estender-se a um número muito mais amplo de músicos, além de se tornar mais facilmente acessível ao grande público: o corpo do artista passa a multiplicar-se no jornal, na revista, na capa da partitura e do disco, no cartaz de rua (*out-door*). Em outros termos, a imagem passou a reproduzir-se em série, através das mídias.

É preciso advertir, no entanto, que a imagem impressa ultrapassa o mero papel de ilustrar ou homenagear o fotografado, pois uma imagem – sobretudo preparada[5] – jamais será descompromissada. Antes disso, ela exerce uma função específica que justifica a sua existência: na capa de revista, por exemplo, promove o lançamento de um novo *hit* ou a nova turnê, de acordo com o veículo de comunicação. Essa forma de comunicação e construção da *imagem simbólica* foi se aperfeiçoando ao longo de todo o século XX, sobretudo após a década de 1950, quando as capas de disco ganham o *status* de *signos* de grande relevância: ao adquirir papel semântico, a capa (às vezes com encarte) será parte integrante do projeto criador.

Na partitura, o intérprete frequentemente é retratado na primeira capa, em situação que remete ao título da obra ou à letra. Quando a canção é extraída de um filme ou musical, é comum encontrar-se na capa a reprodução de uma cena (que, não raro, tende a se tornar conhecida isoladamente, sem maiores vínculos com a dramaturgia[6]) (VALENTE, 2003; MARCADET, 2007). Esses procedimentos vigoraram desse modo desde a sua criação, passando por aperfeiçoamentos de ordem tecnológica – o que, no geral, garante uma melhor qualidade gráfica.

Nas duas últimas décadas do século XX, verifica-se uma ampliação desmesurada na quantidade de imagens, incluindo-se as cinéticas: a fusão da telefonia com o computador gerou a *Internet* e, a partir dela, surgiram meios tecnológicos que passaram a possibilitar não apenas a reprodução digital de imagens previamente existentes, mas também a transcriação dos

---

5   Haveria de se acrescentar, também, as imagens instantâneas, a fotorreportagem, como fontes importantes. No entanto, sua análise fica adiada para outra oportunidade.

6   Essa tendência pode verificar-se nas árias de ópera, mas aparece de maneira mais intensa nos musicais da Broadway. Os exemplos são inúmeros e bastante conhecidos.

signos originalmente em papel e em película fílmica. Esse transbordamento sígnico ampliou-se, possibilitando divulgação maciça, acessível por um número gigantesco de usuários. Contudo, essa mesma proliferação de imagens, paradoxalmente, gerou a iconofagia, a qual analisa Baitello.

Esse panorama revela que, ainda que de maneira diluída,[7] através dos mecanismos de busca o curioso consulente passa a ter acesso àquilo que outrora era restrito a poucos. Também pode ocorrer que, ao proceder a uma pesquisa, dentre inúmeras banalidades revelem-se de maneira fortuita novas informações, não raro inquietantes...

Canção para *ser vista*?

A capa do disco, no conjunto das representações visuais da canção (e seus intérpretes), é relativamente recente: até o surgimento do *longplay*, muitas capas eram meros envelopes de papel pardo; a identificação da época se fazia, unicamente, pelo selo da gravadora e pelo material de que era feito o disco (LAUS, 2006).[8] Com o passar do tempo, a capa ganhou importância comunicativa e artística, ultrapassando a função de mero invólucro protetor, para incorporar outras funções, tais como a legitimação do próprio selo, a distinção do público-alvo, iconização do intérprete etc.

De acordo com o repertório e o intérprete, o projeto da capa apoia-se em códigos distintos. No caso da música de concerto, não raro vê-se o músico fotografado com ar introspectivo, lendo mentalmente a partitura (sobretudo os regentes), ou tocando o instrumento. Em quase a totalidade dos exemplos que se podem observar, existe uma ênfase na posição das

---

7 Aceno, aqui, à teoria de Benjamin relativa ao desaparecimento da aura, quando do surgimento das imagens técnicas: o desdobramento de uma obra original em várias camadas de signos (a pintura que é fotografada, para depois transpor-se para a tela do computador, por exemplo) tende a diluir a força de impacto da obra original. Em sua vida mediatizada, a obra adquire outras funções e valores (simbólicos, semânticos, econômicos etc.).

8 Afirma o artista gráfico Egeu Laus que as primeiras capas ilustradas surgiram na década de 1940, em discos de histórias infantis e cantigas de roda. A concepção de capa de disco, tal como a concebemos hoje, iniciou-se na década de 1950. A gravadora Elenco, criada em 1963, por Aloysio de Oliveira, teve no conceito gráfico das capas de seus discos uma das preocupações. As criações do *designer* César Vilella são muito conhecidas, pelo seu caráter minimalista, em que as cores se restringem ao vermelho e negro, sobre fundo branco.

mãos que, muito provavelmente, é uma referência à virtuosidade técnica, herança muito cara do período romântico.[9] No caso do cantor lírico, porque seu instrumento é a voz, as mãos, quase livres, juntamente com os vocalizes, prendem-se aos gestos muito característicos (*arcaicos*), geralmente assimilados através dos mestres do belcanto.

No âmbito do universo *pop*, a representação de sua imagem física na capa não é uma constante. O visível, aqui, atende a um projeto pessoal do artista (ou do grupo musical) que, por sua vez, está envolto em determinado modo de vida ou ação política, pois na canção nascida para o *hit parede*, sobretudo a *pop*, a música é uma parte – ainda que importante –, mas não a essência da canção (Deixemos o debate deste tema para uma oportunidade futura...).

Em outras situações, o papel do artista gráfico é que confere a excelência ao produto que é colocado nas prateleiras. Para citar um exemplo particular, verifique-se o lançamento, durante as décadas de 1960-70, de álbuns conceituais, incluindo luxuoso trabalho gráfico na capa e encartes. No caso brasileiro, destaquem-se os trabalhos de Elifas Andreato e Egeu Laus. Não é por acaso que esses discos representam o fausto da indústria fonográfica e seu poder político-econômico (DIAS, 2000). Na era do disco compacto (CD), poucos foram os selos que se preocuparam em criar uma nova formatação para a capa, de modo a torná-la um texto de fácil leitura e atraente, do ponto de vista estético.[10]

---

9 Essa herança aparece também, de maneira transfigurada e reapropriada, no *rock*. Um músico como Jimmy Hendrix, salvo as grandes diferenças, não deixa de ser um Paganini da guitarra elétrica: o virtuosismo, a distinção social, o reconhecimento da genialidade, que contrasta com o lado *demoníaco* etc.

10 Surpreendentemente, antes de completar 20 anos de existência, o formato CD (disco digital) tornou-se obsoleto, sendo superado por outras tecnologias, não pela sua eficiência, mas devido à sua viabilidade comercial. Assim, antes mesmo de ter sido depurada uma linguagem específica, os projetos para discos compactos tendem a rarear – pelo menos até que retornem ao mundo do consumo, como mercadoria.

As capas de disco e de partituras: um campo de estudos

Postas essas considerações, corroboro: existe uma relação semântica entre as capas de partituras e de discos e a performance; ela fundamenta a construção de uma semântica particular. Em outras palavras: as informações trazidas pelas capas dos discos, partituras (e outros materiais complementares) permitem conhecer mais detalhadamente o repertório do disco e a *performance* do intérprete. Por extensão, parece coerente afirmar que:

- A capa do disco e a partitura são importantes porque atuam como signos indiciais: não raro, a capa inclui informações iconográficas a respeito da *performance* do intérprete de referência: ilustrações, fotografias, caricaturas, artistas em cena são fontes importantes, sobretudo na falta de outros meios audiovisuais ou impressos. Um exemplo basilar é o do tenor Enrico Caruso, de quem poucos registros visíveis se pode encontrar. Suas autocaricaturas acabam por fornecer importantes informações acerca de sua compleição física, porte, postura e, consequentemente, *performance* vocal.
- As partituras, ainda que transcrições parciais da obra, podem sugerir gestos e posturas absolutamente necessários para a obtenção de determinados efeitos sonoros: indicações de fraseado, respiração, dedilhado, modos de ataque etc. pedem gestos corporais específicos. Em certa medida, podem ter serventia didática para o aprendizado do instrumento.
- Elementos figurativos podem descrever, satisfatoriamente, a trajetória da carreira de um artista. As capas de partituras e de discos trazem informações relevantes acerca do projeto artístico, bem como da estética do artista
- As ilustrações permitem, ainda, a criação de outro eixo classificatório: o da identidade individual, da estética particular ou mesmo do gênero, que se faz visível (também) a partir da vestimenta e adereços. Esses elementos identificam não apenas aquele que canta ou toca o instrumento, mas também sua vertente estética, bem como seus prováveis ouvintes/espectadores.
- Os elementos visuais legitimam/corroboram a marca individual dos intérpretes, em geral tomando por referência o gênero (cantor *de*

tango, *de* fado etc.) Tais componentes se transfiguram e variam ao longo do tempo. Alguns exemplos: barrete do xale, no fado; o lenço de seda e o terno risca-de-giz, no tango; o chapéu xadrez, no bolero; a camisa listada do sambista; o *smoking*, no *crooner*.

¤ Há os artistas de referência para cada gênero-canção. Assim, é possível identificar, de pronto, os *monstros sagrados* de cada gênero musical e seus seguidores, copiadores, até os arremedos... Por extensão, pode-se afirmar que a codificação visual da vestimenta atesta a estética musical. Observa-se que esta se vincula, de modo indissociável, ao período histórico em que tem maior acolhimento ou sucesso. O tratamento paródico da linguagem tende a lograr o seu intento – o humor, tratado metalinguisticamente – tanto mais quanto se pratica um distanciamento no tempo.

Todas essas observações vêm endossar a pertinência dos estudos da *performance* através da análise de seus elementos – incluindo os mais discretos. Ao fim e ao cabo, é possível conhecer, muito além da *mise-en-scène*, da teatralidade, um estilo ou mesmo uma escola; os modos de pensar e praticar música de um determinado período da história.

Algumas referências teórico-metodológicas de base

Mesmo após essa enfática reivindicação para o estabelecimento dos estudos da *performance* musical, é fato que as pesquisas que tomam como ponto de partida os registros das linguagens da mídia são, ainda, relativamente escassos.[11] Dentre os estudiosos que se debruçaram exaustivamente sobre o tema, destaco Christian Marcadet, que há vários anos vem estudando a canção popular urbana – segundo ele, "fato social total". Seu texto "Fontes e recursos para a análise das canções e princípios metodológicos para a constituição de uma fonoteca de pesquisa" (2007) apresenta uma metodologia analítica bastante completa e muito possível de ser aplicada em diversas situações. Com referência às capas de disco lançadas no Brasil, vale mencionar o interessante ensaio "A história do design das capas de disco no

---

11 Nesse sentido, merece ser citado o CHARM – Centre for the Research and Analysis of Recorded Music. Mais informações na página na internet: http://www.charm.rhul.ac.uk.

Brasil", elaborado pelo artista gráfico Egeu Laus (2006). A musicóloga Martha Ulhôa[12] desenvolvendo seu projeto "Matrizes musicais" é outro nome que merece ser citado, uma vez que vem apresentando resultados de pesquisas em teses defendidas por seus orientandos e escritos de próprio punho.

Não obstante a consistência dessas pesquisas, ainda há um longo caminho a percorrer. No caso das capas de disco e de partituras,[13] uma análise das relações entre *performance* e sua representação imagética implica, ao fim e ao cabo, em estudar detalhadamente as etapas da produção, uma vez que no produto final sintetizam-se todos os elementos subjacentes em todo o processo: a escolha dos intérpretes, do repertório, dos arranjadores, do público-alvo, custos do produto final (dentre tantos outros). Dito de outro modo, a capa iconiza, metonimicamente, todo o projeto criador e seu público-alvo.

Um nicho particular – a indústria fonográfica – merece especial atenção. Este demonstra ser um tema que ainda não foi objeto de estudos acadêmicos mais aprofundados, a despeito de importantes obras publicadas (DIAS, 2000; MORELLI, 2009, VICENTE, 2006). É preciso averiguar em que medida criar estratégias de criação, apropriação, metalinguagem de elementos *performáticos* extraídos de outros contextos, com o objetivo precípuo de engendrar novos produtos culturais, destinados ao sucesso (traduzidos como novidades) tem, de fato, resultado efetivo no processo de construção da memória social. Até que ponto uma carreira artística a partir de parâmetros engendrados pelas gravadoras tem força simbólica para se fixar indefinidamente na longa duração? Diretrizes implantadas, de natureza extramusical, em sua essência, criam hábitos, gostos e tradições? Ou seriam as invenções dos estrategistas das *majors*, sempre atentos aos sinais dos tempos, que estariam diagnosticando o *hic et nunc*? Para todas essas perguntas, uma resposta é certeira: a vida dos novos ídolos e

---

12 http://www.*unirio*.br/mpb/matrizes/

13 Tomando-se a produção dos últimos dez anos, a inclusão das páginas pessoais de artistas na Internet faz-se igualmente necessária e obrigatória.

sucessos está indissociavelmente vinculada à construção da imagem (em seus vários aspectos) e sua difusão midiática.[14]

Os olhos podem ser *todo ouvidos*?

Tendo exposto essa lista diversa de situações, só tenho a reiterar que o papel da música é contundente no âmbito da cultura global que, inapelavelmente, é pautada pelas mídias. Ao analisar as interfaces das linguagens visuais para a canção das mídias – especialmente as capas de discos (ou, ainda, DVDS e outros), percebe-se o crescimento desse campo, que se desdobra incansavelmente nas diversas linguagens da mídia. Uma pesquisa ampla viria contribuir para o estudo das relações entre o desenvolvimento da linguagem musical, bem como esta iconiza o seu tempo, as relações entre mercado fonográfico e as variações que a cultura sofre.

O século XXI, refém das tecnologias da informática, decorre num fluxo pleno de oscilações, de durações que pouco (per)duram e as mudanças não raro surgem de maneira brusca e sem aviso prévio num momento em que os ídolos e suas criações gozam de uma existência efêmera – não há mais tempo para que se consolide um modelo de referência como sucedia há algumas décadas. Apreciar com cuidado esses produtos estéticos que vagueiam sobre a paisagem sonora e seus intérpretes parece tarefa urgente, ao menos se quisermos conhecer o tempo presente antes que ele se torne rapidamente um átomo perdido do passado no processo de esquecimento...

Faz-se imperativa, pois, uma investigação que abranja diversas áreas do conhecimento, em caráter interdisciplinar. Os ganhos certamente chegariam expressivamente aos estudos musicológicos. Reciprocamente, espera-se que o estudo da música, em suas várias manifestações e idioletos (também midiáticos) possa igualmente servir a um estudo mais completo acerca da vida cultural das sociedades em que se faz presente.

---

14 Ao escrever essas palavras, tenho em mãos um anúncio de meia página de um jornal de ampla circulação nacional, em que a gravadora Universal cumprimenta a cantora Paula Fernandes pelo um milhão de discos e DVDs vendidos "em apenas seis meses" (Folha de S. Paulo, 10 ago. 2011).

Bibliografia

BAITELLO JR., Norval (1997). "A cultura do ouvir". In: ZAREMBA, Lílian; BENTES, Ivana (org.). *Rádio Nova. Constelações da Radiofonia Contemporânea* 3. Rio de Janeiro: UFRJ; ECO, 1999.

_____. (2000). "O tempo lento e o espaço nulo: mídia primária, secundária e terciária". Texto apresentado no Grupo de Trabalho – GT Comunicação e Cultura, durante o IX Encontro Anual da Associação Nacional dos Programas de Pós-Graduação em Comunicação – COMPÓS. Porto Alegre. Disponível em: www.cisc.org.br/portal/biblioteca. Acesso em: 6 jun. 2009.

_____. (2007). "Para que servem as imagens mediáticas? Os ambientes culturais da comunicação, as motivações da iconomania, a cultura da visualidade e suas funções". Disponível em : www.cisc.org.br/. Acesso em: 30 abr. 2011.

BARTHES, Roland. *A câmara clara*. Rio de Janeiro: Nova Fronteira, 1998.

BAUDELAIRE, Charles. *Escritos sobre a arte*. São Paulo: Edusp/Imaginário, 1991.

BENJAMIN, Walter. *Obras escolhidas I: magia e técnica, arte e política*. São Paulo: Brasiliense, 1986.

CHION, Michel. *La toile trouée*. Paris: Cahiers du Cinéma (Éditions d'Étoile), 1988.

_____. *Musiques: médias et technologies*. Paris: Flammarion, 1994.

DIAS, M. T. *Os Donos da Voz. Indústria fonográfica brasileira e mundialização da cultura*. São Paulo: Boitempo/Fapesp, 2000.

DUBOIS, Philippe. *O ato fotográfico*. Campinas: Papirus, 1994.

GUIMARÃES, Luciano. *As cores na mídia – a organização da cor-informação no jornalismo*. São Paulo: Annablume, 2003.

_____. *A cor como informação – a construção biofísica, lingüística e cultural da simbologia das cores*. São Paulo: Annablume, 2004.

LAUS, Egeu. "A história do design das capas de disco no Brasil", 2006. Disponível em: http://www.overmundo.com.br/overblog/o-fim-das-capas-de-discos. Acesso em: 30 abr. 2011.

MACHADO, Arlindo. *A ilusão especular – introdução à fotografia*. São Paulo: Brasiliense / Funarte, 1984.

MARCADET, Christian. "Fontes e recursos para a análise das canções e princípios metodológicos para a constituição de uma fonoteca de pesquisa". In: VALENTE, Heloísa (org.). *Música e mídia: novas abordagens sobre a canção*. São Paulo: Via Lettera/Fapesp, 2007.

MORELLI, Rita. *Indústria fonográfica: um estudo antropológico*. Campinas: Editora da Unicamp, 2009.

SANTAELLA, Lúcia. *A cultura das mídias*. São Paulo: Experimento, 1996.

_____. *Corpo e comunicação: Sintoma da cultura*. São Paulo: Paulus, 2004.

SANTAELLA, Lúcia; NOTH, Winfried. *A imagem: cognição, semiótica, mídia*. São Paulo: Iluminuras, 1998.

SCHAFER, R. Murray. *A afinação do mundo*. São Paulo: Edunesp, 2001.

SEGALINI, Serge. *Divines divas-parcours d'um mythe*. Paris: Actes Sud, 1986.

VALENTE, Heloísa de A. D. *As vozes da canção na mídia*. São Paulo: Via Lettera/Fapesp, 2003.

VICENTE, Eduardo. *Música e disco no Brasil: a trajetória da indústria nas décadas de 80 e 90*. Tese em Ciências da Comunicação. São Paulo: ECA-USP, 2006.

WULF, Christoph. "Imagem e fantasia". Texto apresentado no Seminário Internacional "Imagem e Violência", promovido pelo Cisc – Centro Interdisciplinar de Semiótica da Cultura e da Mídia, no SescVila Mariana, em São Paulo, (29, 30, 31 de março e 1º de abril), 2000. Disponível em: www.cisc.org.br/portal/biblioteca. Acesso em: 6 jun. 2009.

ZUMTHOR, Paul. *Introdução à poesia oral*. São Paulo: Hucitec/Educ, 1997.

_____. *Escritura e nomadismo*. São Paulo: Ateliê Editorial, 2005.

Música, consumo e singularidades

Ação e afirmação dos sambistas na invenção do samba como "coisa nossa": uma história vista de baixo

Adalberto Paranhos

Na galeria de ícones nacionais, a invenção social do Brasil como terra do samba representa uma imagem que perdura até os dias de hoje, atravessando os tempos apesar de todos os contratempos no terreno da música popular brasileira. Denominador comum da propalada identidade cultural brasileira no segmento da música, o samba urbano teve que enfrentar um longo e acidentado percurso até deixar de ser um artefato cultural marginal estigmatizado como "coisa de pretos e vagabundos" e receber as honras da sua consagração como símbolo nacional. Essa história, cujo ponto de partida pode ser recuado até a virada do século XIX para o século XX, foi toda ela permeada por idas e vindas, marchas e contramarchas, descrevendo dialeticamente uma trajetória que desconhece qualquer traçado uniforme ou linear.

Os caminhos trilhados pelo samba – mais especificamente pelo "samba carioca" – estão conectados ao contexto mais geral do desenvolvimento industrial capitalista. Embora me dispense de abordar aqui, em detalhes, as transformações que estavam em andamento, aponto, de passagem, algumas mudanças fundamentais que levaram o samba – mesmo sem perder contato com suas raízes negras – a incorporar outras atitudes e outros tons. Como música popular industrializada, sua expansão girou, e nem poderia ser diferente, na órbita do crescimento da incipiente indústria de entretenimento ou, como queira, da indústria cultural. Para tanto jogaram um papel decisivo a própria urbanização e a diversificação social experimentada pelo Brasil nas primeiras décadas do século XX.

Interligada a essas transformações, a música popular, tornada produto comercial de consumo de massa, revelará a sua face de mercadoria. Pelo menos quatro fatores básicos, a meu ver, convergirão no sentido de favorecer esse processo que atingirá em cheio o samba: a) originalmente, bem cultural socializado, isto é, de produção e fruição coletivas, com propósitos lúdicos e/ou religiosos, o samba alcançou também o estágio de produção e apropriação individualizadas, com fins comerciais; b) ancorada nos dispositivos elétricos de gravação, a indústria fonográfica, com suas bases sediadas no Rio de Janeiro, avançou tecnologicamente em larga escala e conquistou progressivamente consumidores de setores médios e de alta renda; c) o autoproclamado rádio educativo cedeu passagem, num curto lapso de tempo, ao rádio comercial, que adquiriu o *status* de principal plataforma de lançamento da música popular, deixando para trás os picadeiros dos circos e os palcos do teatro de revista; d) a produção e a divulgação do samba, num primeiro momento praticamente restritas às classes populares e a uma população com predominância de negros e/ou mulatos, passaram a ser igualmente assumidas por compositores e intérpretes brancos de classe média, com mais fácil acesso ao mundo do rádio e do disco.

Não constitui novidade alguma falar sobre a conversão de símbolos étnicos em símbolos nacionais, inclusive no caso do samba. Uma extensa bibliografia já se ocupou do assunto, e não pretendo repisar, a todo instante, fatos e argumentos ao alcance de todos. O que me proponho fazer aqui consiste simplesmente em destacar apenas mais um ângulo de visão do mesmo tema por entender que, em geral, ele não foi suficientemente explorado. Por outras palavras, sem pretensões a um trabalho de caráter musicológico, disponho-me a examinar um aspecto particular: o discurso musical de compositores e intérpretes da música popular brasileira industrializada entre o final dos anos 1920 e meados dos 1940 do século XX, período que cobre desde o surgimento do "samba carioca" até sua consolidação como expressão musical de brasilidade.

Buscarei, por consequência, privilegiar os registros sonoros – a produção fonográfica – como corpo documental. Tomando como referência a audição das gravações da época, trata-se de evidenciar como, no campo de forças que se delineava na área da criação musical, o samba foi sendo inventado como elemento essencial da singularidade cultural brasileira por obra dos próprios sambistas. Obviamente não se deve ignorar a presença em cena de outros sujeitos sociais engajados nesse movimento de fabricação/invenção dessa tradição. No entanto, irei me concentrar no papel desempenhado pelos produtores/divulgadores do samba como protagonistas de uma história cujo enredo não foi ditado tão somente pela ação das elites e/ou do Estado.

À medida que o Estado entrou em campo para empreender uma operação simultânea de institucionalização e/ou ressignificação do samba – notadamente sob o "Estado Novo" –, ele atuou de modo seletivo na perspectiva de aproximar o samba dos seus projetos político-ideológicos e de apartá-lo daquilo que era tido e havido como dissonante em relação ao ideário do governo Vargas. Esbarrando em limitações de espaço, não poderei deter-me na análise da ação estatal. Quero, desde já, entretanto, frisar que este texto está em sintonia com as críticas que, não é de hoje, se vêm formulando às tendências historiográficas que erigem o Estado como "o grande sujeito" ou o sujeito demiúrgico que faz a história, relegando os demais atores à condição de meros coadjuvantes, quando não de massa carente de voz própria.[1]

Gostaria de lembrar ainda que a ação estatal, por não ser única nem uniforme, apareceu em meio a tensões permanentes que envolveram o processo de legitimação do samba. Tensões presentes quer na trincheira da produção musical brasileira, quer no interior das classes dominantes e elites intelectuais, quer entre integrantes do próprio aparelho do Estado.

---

1 Ver, por exemplo, SADER, Eder; PAOLI, Maria Célia. "Sobre 'classes populares' no pensamento sociológico brasileiro: notas de leitura sobre acontecimentos recentes". In: CARDOSO, Ruth (org.). *A aventura antropológica: teoria e pesquisa*. Rio de Janeiro: Paz e Terra, 1986.

Tensões, aliás, que se estenderão inclusive às relações entre a música popular e o "Estado Novo", que alimentou um dia a ilusão da criação do coro da unanimidade nacional.

Salve o prazer! – o samba como produto nacional

Nos últimos anos da década de 1920 do século passado, um terremoto de efeito prolongado abalou, de alto a baixo, a música popular brasileira. Seu epicentro foi o bairro de Estácio de Sá, encravado entre o Morro de São Carlos e o Mangue, nas proximidades da zona central do Rio de Janeiro. Reduto de gente pobre, com grande contingente de pretos e mulatos, era um prato cheio para as associações que normalmente se estabelecem entre classes pobres e "classes perigosas". Daí viverem cercados de especial atenção por parte da polícia.

Berço do novo samba urbano, o Estácio não terá, todavia, exclusividade no seu desenvolvimento. Quase simultaneamente, o "samba carioca", nascido na "cidade", iria galgar as encostas dos morros e se alastrar pela periferia afora, a ponto de, com o tempo, ser identificado como "samba de morro". Até impor-se como tal e, mais, como ícone nacional, uma batalha, ora estridente, ora surda, teve que ser travada. Estavase diante daquilo que Roger Chartier designa como "lutas de representações".[2] (CHARTIER, 1990, p. 17). Tornavase necessário remover resistências até no próprio campo de produção do samba, das gravadoras e dos hábitos musicais dos maestros.

Na corrida do samba para afirmar-se como produto nacional, era preciso saltar um sem número de obstáculos dispostos pelo caminho. Ao enfocar aqui a área da produção musical, chamo a atenção para a necessidade do samba incorporar outros grupos e classes sociais, promovendo assim um deslocamento relativo de suas fronteiras raciais e sociais. Esse avanço em direção a outros territórios encontra a sua figuração simbólica mais acabada nas relações Estácio/Vila Isabel e na parceria Ismael Silva/Noel Rosa.

---

2 Noutro contexto, esse autor observa que a "investigação sobre as representações supõe-nas como estando sempre colocadas num campo de concorrências e de competições cujos desafios se enunciam em termos de poder e de dominação."

Estácio de Sá, centro propulsor do "samba carioca", do "samba de carnaval" ou do "samba de morro" era, repito, bairro de gente simples. Nele as práticas musicais das classes populares contavam com o talento de pessoas que ganhariam projeção na história da música popular brasileira, como Ismael Silva, Bide (Alcebíades Barcelos) e Armando Marçal. Esbanjando engenho e arte, os sambistas confeccionavam frequentemente seus próprios instrumentos de percussão, uma forma de tentar contornar crônicos problemas financeiros (consta, por sinal, que Bide foi o inventor do surdo de marcação utilizado nas escolas de samba, que seria feito de couro de cabrito ou de gato que por vezes se comia aqui ou ali...).[3] (SANDRONI, 2001, p. 178) Ao compor, em 1936, música e letra da belíssima *O x do problema*, Noel Rosa se rendia aos encantos do samba do Estácio, que admirava há muito. E exprimia a atração que parcela ponderável das classes médias sentia pelo novo tipo de samba que viera à tona na segunda metade dos anos 1920.

Ainda na passagem das décadas de 1920 e 1930, componentes do Bando de Tangarás tinham lá seus pudores em mexer com "esse negócio de música" e se meter com "gente do rádio". Tamanho preconceito de setores significativos das classes médias e das elites em relação ao samba e a cantores profissionais de rádio levaria o filho de um executivo de indústria, o tangará Carlos Alberto Ferreira Braga (Braguinha), a adotar o pseudônimo de João de Barro ou mesmo de Furnarius Rufus, nome pelo qual é conhecido o pássaro joão-de-barro no jargão científico. Ele se explica: "Naquele tempo, ser compositor, ser sambista era sinônimo quase de cafajeste, de malandro, desocupado."[4]

Noel Rosa, no entanto, lançaria uma ponte entre bairros e segmentos sociais diversos e transitaria muito à vontade entre os bambas do Estácio. "Poeta da Vila", ele reconhecia como ninguém o Feitiço da Vila (Isabel) nos

---

3 Sandroni chama a atenção para o papel que assumiram a cuíca, o surdo e o tamborim como instrumentos básicos ou "signos identitários" do samba de "estilo novo" que tinha a cara do Estácio, enquanto o samba de "estilo antigo" se agarrava ao pandeiro, ao prato-e-faca e ao ganzá.

4 Depoimento no CD *A música brasileira deste século por seus autores e intérpretes – João de Barro*. São Paulo, Sesc, 2000.

versos com os quais deu voz à sofisticada melodia de Vadico: "Quem nasce lá na Vila/nem sequer vacila/ao abraçar o samba/que faz dançar os galhos do arvoredo/e faz a lua nascer mais cedo." Não era para menos. A Vila Isabel de fins dos anos 1920 e início dos 1930 transpirava musicalidade. *Point* do agito cultural, a Vila, bairro de classe média, legou à história da música e do rádio no Brasil nomes da envergadura de Almirante, João de Barro, Francisco Alves, Nássara, Cristóvão de Alencar, Orestes Barbosa, Antonio Almeida, Ciro de Sousa, J. Cascata, os irmãos Evaldo Rui e Haroldo Barbosa, Barbosa Jr. etc., mais "agregados" como Lamartine Babo e as amizades "estranhas" de Noel, recrutadas entre "gente do morro".

Mas não se pense que a Vila cultivasse pretensões hegemônicas relativas à apropriação do samba, apesar de sua contribuição para o refinamento da canção popular no Brasil. O que se evidencia nas palavras de Noel Rosa é que o samba carioca não pertence ao Estácio ou à Vila Isabel. Ele é produto do Rio de Janeiro, como está dito com todas as letras em *Palpite infeliz*, com Araci de Almeida: "Salve Estácio, Salgueiro, Mangueira/ Oswaldo Cruz e Matriz/que sempre souberam muito bem/que a Vila não quer abafar ninguém/só quer mostrar que faz samba também."

Diferentemente dos compositores de sua origem social, Noel Rosa demonstrava um apego às coisas e às pessoas do subúrbio e do morro que, também sob esse aspecto, o transformava num tipo excepcional, cruzando e intercruzando mundos distintos, numa palavra, aproximando-o como autêntico "mediador cultural".[5] (VOVELLE, 1991, p. 207-224) Francisco Alves tinha um faro fora do comum para garimpar novidades e talentos onde quer que eles surgissem, para em seguida gravar discos de sucesso. Noel ia muito além: de modo mimético, integrava-se aos "sambistas de morro", como atestam as suas parcerias com Canuto (do Salgueiro), Cartola e Gradim (da Mangueira), Ernani Silva, o Sete (do subúrbio de Ramos), Bide e Ismael Silva (do Estácio), sem falar no exímio ritmista Puruca, em Antenor Gargalhada e outros mais. (MÁXIMO; DIDIER, 1990,

---

5 Tomo emprestado de Vovelle o conceito de "mediador cultural", por ele usado ao se referir aos desafios que perpassam as relações entre "cultura de elite" e "cultura popular". Sobre os "intermediários culturais".

cap. XVI.) Não é por si só emblemático que o ex-estudante de Medicina e boêmio Noel Rosa tivesse justamente em Ismael Silva o parceiro com quem mais músicas compôs?

Justo ele, um negro pouco afeito ao trabalho que, imbuído do orgulho de criador artístico de respeito, vivia de biscates e trapaças de jogo.

A vida e a obra de Noel Rosa fornecem um testemunho eloquente do movimento de transregionalização do "samba carioca". Gerado numa determinada região do Rio de Janeiro, o samba migra, num processo dinâmico de constante recriação, para outras áreas da cidade. Ao mesmo tempo, conduzido pelas ondas do rádio, ele se desloca para outros lugares do país, o que elevaria o "samba carioca" à condição de samba nacional, embora não se excluam outras pronúncias ou outras dicções do samba.[6]

Esse reconhecimento está presente na linguagem musical dos sambistas. "O samba já foi proclamado/sinfonia nacional" enfatizavam, em 1936, por meio de Carmen Miranda, os compositores Custódio Mesquita e Mário Lago, em *Sambista da Cinelândia*. Enquanto isso, o piano de Custódio Mesquita, com sua habitual elegância, aderia em breves passagens à pulsação rítmica da batucada. Aparentemente haviam sido derrotados os preconceitos mencionados, havia dois anos, por Maércio de Azevedo e Francisco Matoso em *Abandona o preconceito*, com o Bando da Lua. Afinal, em 1935, numa gravação em que música, letra e acompanhamento do conjunto regional se acham estreitamente ajustados, Carmen Miranda cantava em *Se gostares de batuque*, cuja autoria se atribui a Kid Pepe: "Oi, se gostares de um batuque/tem batuque que é produto nacional/sobe o morro e vai ao samba/e lá verás que gente bamba/está sambando no terreiro/pois tudo aquilo é bem brasileiro."

E isso com direito, no final, a um provocativo e escrachado *yeah!*

---

6 Inflexões diferenciadas transparecem também no "samba carioca", que não pode ser encarado como uma forma que uniformiza todos os seus produtos. Não admitir isso seria desconhecer que o samba comporta várias vertentes.

Yes, nós temos samba: o nacionalismo musical

Yes, nós temos samba. E o samba se converteria na principal peça da artilharia musical brasileira na luta desencadeada contra as "más influências" culturais norte-americanas que, no *front* da música popular, seriam encarnadas acima de tudo pelo *foxtrot*. Se para uns era perfeitamente aceitável que o sambista e o compositor de *fox* habitassem uma mesma pessoa, para outros essa dualidade era intragável. Se de ambos os lados se podiam recolher manifestações em defesa do samba como símbolo musical da identidade nacional, os usos de um ritmo de procedência estrangeira os dividiam, apesar de poderem até atuar como parceiros, como foi o caso, por exemplo, de Noel Rosa e Custódio Mesquita.

Quando se pesquisam os registros fonográficos, o que se constata é que o samba – originariamente ligado à ideia de festa regada a música – começou a ser designado como gênero específico na primeira metade da década de 1910. Após conhecer um incremento substancial nos anos 1920, tanto sob o rótulo de samba como de samba carnavalesco, tornou-se hegemônico na década de 1930, no terreno da produção musical brasileira. (SANTOS, 1982)

Ao se examinar a discografia brasileira em 78 rpm, verifica-se também que há elementos expressivos da penetração do *foxtrot* desde a segunda metade dos anos 1910. A influência de gêneros musicais norte-americanos, com o fox à frente, acentuou-se na década de 1920. Era a época da formação de diversas *jazz bands*, dentre as quais a do Batalhão Naval do Rio de Janeiro. Nos anos 1930, o *foxtrot* rodava pelo mundo com inegável sucesso e, no Brasil, sua presença continuou a crescer, notadamente na primeira metade da década, para depois voltar a estar em grande evidência até, grosso modo, o término da Segunda Guerra Mundial.

Durante esses aproximadamente 30 anos do *foxtrot* em terras brasileiras, as etiquetas dos discos aqui gravados fizeram menção a uma variada gama de *foxes*: fox-canção, fox-cançoneta, fox-cowboy, fox-marcha, fox-sertanejo e... fox-samba. E se ouvirão *foxes* nacionais e estrangeiros, no original ou em versões (em compensação, se gravarão fado-samba, guarânia-samba, mazurca-samba, samba-rumba, samba-tango e... samba-fox, sem contar samba-boogie e samba-swing).

Armado esse cenário, pode-se então compreender por que, já em 1930, num samba amaxixado de Randoval Montenegro, Carmen Miranda descarregava a ira dos nacionalistas contra o *foxtrot*, esse intruso, e espalhava aos quatro cantos que *Eu gosto da minha terra*: "Sou brasileira, reparem/ no meu olhar, que ele diz/e o meu sabor denuncia/que eu sou filha deste país//Sou brasileira, tenho feitiço/gosto do samba, nasci pra isso/o foxtrot não se compara/com o nosso samba, que é coisa rara".

E por aí ia esse precursor do samba-exaltação, a transbordar de felicidade com as belezas naturais do Brasil. Sem ser dado a compartilhar de qualquer ufanismo tolo – supondos-e, é claro, a possibilidade de existir ufanismo que não seja tolo –, Noel Rosa era um dos que compactuavam, no entanto, com as restrições feitas ao modismo do *foxtrot*. Na verdade, com frequência ele torcia o nariz diante do que lhe parecesse americanizado, da mesma maneira como achava deplorável ver brasileiros cantando em outras línguas. Nas palavras dos seus melhores biógrafos, "os estrangeirismos simplesmente não combinam com seu jeito de ser. São chiquês de grãfinos e intelectuais enfatuados, pura moda, mania de exibição". Sob a ótica de Noel, o Brasil está

> aqui perto, na cidade do interior, no morro, no bairro, na esquina. Ou mesmo no botequim, na gafieira, na pensão de mulheres, no carnaval, na roda de jogo, nos lugares, enfim, onde todos os brasileiros se igualam. Seu nacionalismo tem esse sentido. De gostar das 'coisas nossas'. De preferir o samba ao foxtrot. (MÁXIMO; DIDIER, 1990, p. 242)

Tudo isso está sintetizado de forma magistral por Noel Rosa numa composição de 1933, *Não tem tradução*, na qual música e letra se integram à perfeição num só corpo, em sua investida contra aqueles que, "dando pinote", apenas queriam "dançar o *foxtrot*": "Tudo aquilo que o malandro pronuncia/com voz macia/é brasileiro, já passou de português/amor, lá no morro, é amor pra chuchu/as rimas do samba não são '*I love you*'/esse negócio de 'alô', 'alô, boy'/'alô, Johnny'/Só pode ser conversa de telefone".

Música-plataforma, por assim dizer, *Não tem tradução* entrava em linha de sintonia com Macunaíma, personagem concebido pelo modernista

Mário de Andrade, que já percebera e procurava apre(e)nder as "duas línguas da terra, o brasileiro falado e o português escrito". (ANDRADE, s/d, p. 115) Como se sabe, Mário de Andrade nutria o desejo de captar a fala que nasce do Brasil popular, do "Brasil brasileiro", como que a saborear o coco que o coqueiro dá. Nessa perspectiva, a sintaxe é submetida a um processo de abrasileiramento em busca de uma língua brasileira. E essa sintaxe, musicalmente falando, para Noel era o samba.

Ainda em *Não tem tradução*, o cinema falado era acusado como "o grande culpado" por umas tantas transformações em curso. Seria, de fato, o cinema falado o vilão apontado por Noel Rosa? Exageros à parte, era indiscutível que, ao desembarcar no Brasil em 1929 – trazendo a bordo o idioma inglês e os musicais norte-americanos –, ele contribuiria poderosamente para originar uns tantos modismos. Do cultivo da aparência física ao vestuário, passando pela incorporação de expressões inglesas à linguagem cotidiana, seu raio de influência foi amplo.

Nacionalista assumido, Assis Valente se insurgia igualmente contra esse estado de coisas. Mulato de origem humilde que dividia seu tempo entre a arte de fazer prótese dentária e a arte de compor, ele aconselhava em *Goodbye*, uma marcha de 1932: "goodbye, boy, goodbye, boy/deixa a mania do inglês/fica tão feio pra você/moreno frajola/que nunca frequentou/ as aulas da escola". Aliás, já na sua estreia em disco, com *Tem francesa no morro*, ele confiava a Araci Cortes, estrela cintilante do teatro de revista nas décadas de 1920 e 1930, a missão de mostrar, com muita graça, que samba e "morrô" (ou seria "morreau"?) não rimavam com França: "vian/petite francesa/dancê/le classique/em cime de mesa". Alguns anos mais tarde, em *Oui... oui...*, Floriano Pinho, por intermédio de Sônia Carvalho, voltaria a bater na mesma tecla: "As francesas sambando/eu fiquei a sorrir/marcação de bailado/à moda *chic* de Paris!/(...) no Brasil o samba é patenteado/e nós, os brasileiros, somos diplomados".

As consequências da chegada do cinema falado ao Brasil não se resumiam, contudo, ao domínio dos costumes. Ela provocou, no começo dos anos 1930, desemprego em massa de instrumentistas, até então habitualmente convocados para trabalhar nas salas de projeção ou nas salas de espera dos cinemas. O número de músicos atirados ao "completo abandono" era calculado em cerca de 30.000 por todo o país. Daí uma manifestação de protesto da corporação musical do Rio de Janeiro, empenhada em assegurar espaço para a apresentação de orquestras típicas nacionais. (CABRAL, 1997, p. 137-139) A ideia que animava os músicos brasileiros era a de fazer frente às *jazz bands*, estrangeiras ou nacionais, surgidas sob inspiração do figurino norte-americano, bem como às orquestras típicas argentinas. Mas a proposta, por falta do esperado amparo oficial, caiu no vazio.

O panorama musical brasileiro da época era, obviamente, um campo de forças, com suas disputas e concorrências. O samba, hegemônico, não reinava sozinho, como também é óbvio.[7] (SEVERIANO; MELLO, 1997, p. 19011957) O levantamento dos gêneros musicais veiculados no mundo dos discos indicava, em segundo lugar, a gravação de marchas (por sinal, era muito comum a dobradinha sambamarcha em cada lado dos discos em 78 rpm, especialmente nos meses que antecediam o carnaval). Gravavam-se em grande quantidade canções, valsas (estas quase exclusivamente de autores nacionais), músicas sertanejas ou regionais (agrupando muitos gêneros ou subgêneros). Sem o mesmo peso quantitativo de antes, o choro era outra modalidade sempre presente, inclusive sob a nova denominação de samba-choro. Já o samba-canção, que despontara como rubrica musical em 1928, ainda contava com um número de registros relativamente reduzido.

O fado, o tango e o *foxtrot* eram, sem dúvida, os gêneros populares estrangeiros mais em voga nos anos 1930, no Brasil. A maior influência, entretanto, continuava a ser exercida pelos *foxes*, nacionais ou estrangeiros (incluindo-se versões de João de Barro, Alberto Ribeiro, Lamartine Babo e Orestes Barbosa, muitas delas de filmes musicais norte-americanos). O versionista-mor do momento era Osvaldo Santiago, posto ocupado por Haroldo Barbosa na década de 1940. Mesmo Orestes Barbosa, nacionalista até a medula, figurou como coautor de foxcanções e de *foxtrots*, em parceria com o maestro J. Tomás. Chegariam ao ponto de compor um fox-samba, *Flor do asfalto*, em 1931. Nesse terreno, todavia, ninguém excedeu musicalmente em qualidade Custódio Mesquita, com impecáveis composições em que dava mostras da assimilação criativa de procedimentos

---

7 O samba era líder não só em número de gravações como em aceitação popular.

musicais norte-americanos, tal como em *Nada além* (dele e de Mário Lago) e Mulher (dele e de Sadi Cabral).

Nesse cenário, de novo se pode recorrer a Noel Rosa como uma espécie de tipo ideal weberiano da trincheira do samba. O exame da sua obra é um atestado disso. Num esforço de recuperação meticuloso, João Máximo e Carlos Didier (1990) arrolaram 259 canções de Noel. A imensa maioria de suas composições é constituída por sambas, 164 ao todo, dos quais, na prática, se se considerar a existência de diversas parcerias fictícias, cerca de metade é somente dele. Bem mais abaixo aparecem as marchas, 31 no total, 23 delas em regime de parceria. Todos os demais gêneros têm uma presença pouco significativa no conjunto da produção de Noel.

O nacionalismo popular de Noel, contudo, não se permite arrebatamentos ou derramamentos grandiloquentes. O Brasil lhe deu régua e compasso para desenhar o "Brasil de tanga", o Brasil da "prontidão". De olhos voltados para o corpo-a-corpo do dia-a-dia, seu universo é povoado pela mulher, pelo pandeiro, batuque, violão, prestamista e vigarista, como em *Coisas nossas*, que ele canta com sua voz pequena e em tom coloquial: "malandro que não bebe/que não come/que não abandona o samba/pois o samba mata a fome/(...) e o bonde que parece uma carroça/coisa nossa, muito nossa".

Noel Rosa, Ari Barroso, João de Barro, Alberto Ribeiro e muitos outros tinham em comum traços nacionalistas, mais ou menos pronunciados e, quaisquer que fossem as diferenças que os separassem, elegiam o samba como produto nacional. Com a marchinha *Yes! Nós temos bananas...* (interpretada por Almirante) êxito carnavalesco de 1938 em diante, João de Barro e Alberto Ribeiro faziam uma réplica a um *foxtrot* que deu volta ao mundo, *Yes! We have no bananas*, de Frank Silver e Irving Cohn. Isso equivalia a um brado nacionalista de quem se sabia subdesenvolvido sim, mas achava, ainda assim, razões para se orgulhar de seu país: "Yes! nós temos banana/banana pra dar e vender/banana, menina/tem vitamina/ banana engorda e faz crescer." E, musicalmente, quem ia para o trono no Brasil era, de fato, o samba, como cantava Almirante em *Touradas em Madri*, da mesma dupla que se celebrizou com suas marchas: "Eu conheci uma espanhola/natural da Catalunha/queria que eu tocasse castanhola/e pegasse o touro à unha/caramba/caracoles/sou do samba/não me amoles/ pro Brasil eu vou fugir/isso é conversa mole/para boi dormir".

Essa gente bronzeada: o samba e a mestiçagem

A escalada do samba para obter seu lugar ao sol entre os símbolos nacionais levou-o a percorrer territórios minados. Sofrendo nos primeiros tempos com as investidas policiais, que não poupavam a malandragem e a capoeiragem, ele foi achincalhado como "coisa de negros e de vadios". O violão, companheiro das horas certas e incertas, foi desqualificado como "instrumento de capadócios".[8]

O reconhecimento de que o samba era negro de nascença provinha inclusive de compositores e intérpretes brancos que não viam nisso, necessariamente, algo de negativo. Como no amaxixado *O nego no samba* (de Ari Barroso, Luiz Peixoto e Marques Porto), com Carmen Miranda, que zombava, em 1929, da falta de jeito dos brancos ao caírem no remelexo do samba: "Samba de nego/quebra os quadri/Samba de nego/Tem parati/ (...) Num samba, branco se escangaia/Num samba, nego bom de saia/ Num samba, branco não tem jeito, meu bem/Num samba, nego nasce feito". Coisa de nego que envolve negaça (sedução, provocação, requebro) e parati (cachaça) para festejar o momento lúdico, eis, em suma, o

---

8 A relação visceral que uniu, historicamente, o samba à malandragem está exposta em diversos trabalhos. Ver, dentre outros, VASCONCELOS, Gilberto; SUZUKI JR., Mathinas. "A malandragem e a formação da música popular brasileira". In: FAUSTO, B. (dir.). *História geral da civilização brasileira III O Brasil republicano: economia e cultura 1930/1964*. São Paulo: Difel, 1984, e SALVADORI, Maria Angela Borges. *Capoeiras e malandros: pedaços de uma sonora tradição popular (18901950)*. Campinas, 1990. Dissertação (Mestrado em História) – Instituto de Filosofia e Ciências Humanas, Unicamp, cap. III. Importa destacar que, lado a lado com a repressão, havia também a valorização e/ou assimilação de práticas culturais das classes populares por uma parcela de membros das elites intelectuais e das classes dominantes. Este é, por sinal, o fio condutor do livro de VIANNA, Hermano. *O mistério do samba*. Rio de Janeiro, Jorge Zahar: UFRJ, 1995, no qual o autor mostra porque "a transformação do samba em música nacional não foi um acontecimento repentino, indo da repressão à louvação em menos de uma década, mas sim o coroamento de uma tradição secular de contatos (...) entre vários grupos sociais na tentativa de inventar a identidade e a cultura popular brasileiras" (p. 34).

retrato falado do samba. Poucos anos depois, já não seria essa a imagem que outros compositores fariam dele.

Na realidade, o samba – no seu fazer-se e refazer-se permanente – ia incorporando outra tez e outro tom, quer dizer, outras dicções e tonalidades, imerso num processo simultâneo de relativo embranquecimento e empretecimento dos grupos e classes sociais que lidavam com ele. Sua prática o conduzia rumo a direções opostas e complementares, tecendo a dialética da unidade dos contrários, tão bem expressa nas contraditórias trocas culturais realizadas entre as classes populares e as classes médias. Pavimentava-se o caminho para a entronização do samba como ícone cultural de toda a nação e não apenas desse ou daquele segmento étnico ou social.

Testemunha ocular e ativo participante dessa história da nacionalização do samba, Orestes Barbosa prestava o seu depoimento (na voz de Araci Cortes) em *Verde e amarelo*, calcado em música de J. Tomás, revelando, em 1932, sinais de um novo tempo: "Vocês quando falam em samba/trazem a mulata na frente/mas há muito branco e bamba/que no samba é renitente/não me falem mal do samba/pois a verdade eu revelo/o samba não é preto/o samba não é branco/o samba é brasileiro/é verde e amarelo". Para acentuar o clima nacionalista, essa gravação é entrecortada por acordes do Hino Nacional. E mais: nos versos seguintes ("nesta terra de palmeiras/onde canta o sabiá/as almas das brasileiras/são da flor do resedá") há uma citação de *Canção do exílio*, de Gonçalves Dias, poeta romântico repetidamente parodiado pelos modernistas. Nada aí é casual: o arremate recorda a coloração amarela da flor do resedá.

O Brasil parecia se encher de cores a julgar ainda pela denominação de algumas formações musicais, como o Grupo Verde e Amarelo, a Dupla Preto e Branco e a Dupla Verde e Amarelo. Tudo isso devia ser sintoma de alguma coisa. Sintoma da mestiçagem que passou a ser cantada e decantada como nunca se viu por estas terras. Sua trilogia pode ser buscada, por exemplo, na sequência das marchas compostas por um dos maiores nomes dos carnavais brasileiros, o branco Lamartine Babo, originário da classe média. Em *O teu cabelo não nega* (dele e dos Irmãos Valença), de 1931, a mulata é reverenciada. No ano seguinte ela cede seu lugar à *Linda morena*. Em 1933 ele cantaria *Dá cá o pé... loura* (dele e de Alcir Pires Vermelho).

Em síntese, o que se tematizava musicalmente não era senão o caráter "misto", "multirracial" da sociedade brasileira. A miscigenação, ora execrada, ora enaltecida, permanecia no centro de debates intelectuais que punham à mostra como a questão da identidade nacional se ligava umbilicalmente à temática racial. O antropólogo Gilberto Freyre (1933) louvaria a miscigenação brasileira como a simbiose de negros, índios e brancos com final supostamente feliz na história do Brasil.[9] Simbiose que seria retratada por Almirante em mais uma marcha de Lamartine Babo, *Hino do carnaval brasileiro*, na qual ele resume, de certa forma, suas três composições anteriores e joga com outros símbolos nacionais: "salve a morena!/a cor morena do Brasil fagueiro/(...) salve a loirinha!/dos olhos verdes, cor das nossas matas/salve a mulata!/cor do café, a nossa grande produção".

Outros autores consagrariam indistintamente as loiras e as morenas, como Jaime Brito e Manezinho Araújo em *Lalá e Lelé*, com Luiz Barbosa. Cantor cheio de bossa, criador do samba de breque, Luiz Barbosa batucava na copa de seu chapéu de palha – "instrumento de percussão" patenteado por ele – para homenagear alegremente a loira Lalá e a morena Lelé, "duas garotas do desacato", que "quando caem no samba/(...) provocam até cenas de pugilato".

O leque da miscigenação na música popular se abre por inteiro, todavia, na marcha *É do barulho* (de Assis Valente e Zequinha Reis), com o Bando da Lua. Nela se encontram referências explícitas às morenas, loiras, mulatas e crioulas. E se afirma, em alto e bom som: "sou pacificador/não quero brigar/por causa de cor/(...) todas elas são rainhas/de igual valor". O Bando da Lua interpreta essa canção harmonizando vozes da mesma maneira como idealmente se harmonizam cores e raças no Brasil.

Esse policromatismo, base sobre a qual se erigiu o mito da democracia racial brasileira, consistia num dos pontos de partida de reflexões políticosociais de pensadores ideologicamente comprometidos com a ditadura

---

9   Ao retomar a discussão sobre o assunto, Schwarcz (1995, p. 54) ressalta que, no Brasil, "sobretudo a partir do final dos anos 20, os modelos raciais de análise começam a passar por uma severa crítica, à semelhança do que já acontecera em outros contextos intelectuais". E lembra a decisiva contribuição da escola culturalista norte-americana, principalmente de Franz Boas, na implosão dos equívocos do determinismo racial.

estadonovista. Cassiano Ricardo não se cansava de elogiar o "berreiro cromático" ou o "escândalo" de cores chamado Brasil. Nacionalista de corte autoritário, à moda dos ideólogos de Estado (PARANHOS, 2007) ele, ao reescrever a história do Brasil, enfatizava: "parece que Deus derramou tinta por tudo". Da exaltação da natureza à exaltação da fábula das três raças (índios, negros e brancos) era um passo: "todas as cores raciais na paisagem humana" (RICARDO, 1940, p. 500-501).

Mas nem tudo era consonância quando a questão dizia respeito à raça e ao samba. Vozes dissonantes também se faziam ouvir, quebrando a aparente harmonia estabelecida. No palco de disputas montado em torno dos destinos da música popular não faltaram ataques de fundo racista. O samba do morro, por exemplo, ficou sob a alça de mira de articulistas inconformados com a propagação dessa "coisa de negros". Um deles, Almeida Azevedo, pegava pesado contra esse estilo de samba ao escrever, em março de 1935, na revista A Voz do Rádio. Qualificava-o de "maltrapilho, sujo, malcheiroso", incriminando-o como o "irmão vagabundo" do samba "que não quer limpar-se nem a cacete". Daí apelar para os responsáveis pelas emissoras de rádio: "o rádio pode, se o quiser, higienizar o que por aí anda com o rótulo de coisas nossas a desmoralizar a nossa cultura e bom gosto". (CABRAL, 1996, p. 55)

Isso representaria, aos olhos desses críticos "refinados", um desacato aos nossos padrões de civilidade. Desacatar, aliás, era um verbo muito conjugado por sambistas ao fazerem alusão a mulatas do desacato, a sambas que desacatavam, no sentido de "botar pra quebrar". Nessas circunstâncias é que, na esteira do sucesso que Carmen Miranda começava a alcançar nos Estados Unidos, foi detonada, em meados de 1939 – por intermédio de A Noite e O Jornal –, uma polêmica que tinha como contendores Pedro Calmon e José Lins do Rego. Um, historiador, que não escondia seus pressupostos racistas, outro, romancista, ambos preocupados com o samba.

José Lins não deixava por menos ao desferir suas críticas àquele filho dileto das classes dominantes baianas: "o sr. Pedro é contra o samba. (...) quer que se extinga de nossa vida essa coisa vil e negra que é a música brasileira". Pedro Calmon se defendia, fazendo vir à tona seus pressupostos racistas: "Denunciei não o samba, porém o batuque e onomatopeias que lembram, ao luar da fazenda, o perfil sombrio da senzala." Nada poderia haver de pior para a imagem do país: "lá fora nos tomarão como pretos da Guiné ou hotentotes de camisa listrada. (...) Em vez de parecer o que chegamos a ser – um povo de cultura e ambiciosa civilização (...)". (CABRAL, 1996, p. 70-72)

Tal debate se vinculava, pelo menos em parte, a outra discussão que, volta e meia, sacudia a música popular ao longo dos anos 1930. Entrava então em pauta a "higienização", o "saneamento" do samba ou, no dizer de Almirante (1977, p. 146), a necessidade de "regeneração dos temas poéticos da música popular". Vale relembrar que, quando o mulato semi-alfabetizado Wilson Batista compôs, em 1933, *Lenço no pescoço*, cantado malandramente por Sílvio Caldas, esse samba desatou uma controvérsia que se arrastou por algum tempo. Nele Wilson Batista se referia a um determinado tipo de malandro em tom de glorificação: "meu chapéu de lado/tamanco arrastando/lenço no pescoço/navalha no bolso/eu passo gingando". A reação foi imediata. Orestes Barbosa, na sua pioneira coluna de rádio no jornal *A Hora*, estrilou: "num momento em que se faz a higiene poética do samba, a nova produção de Sílvio Caldas, pregando o crime por música, não tem perdão" (CABRAL, 1990, p. 118). E tanto não teve perdão entre os guardiães dos bons costumes que a comissão de censura da Confederação Brasileira de Radiodifusão vetou sua irradiação. (MÁXIMO; DIDIER, 1990, p. 291-292; PARANHOS, 1999, p. 212-213)

Outro defensor do saneamento e/ou da desodorização musical do Brasil era Joubert de Carvalho. Filho de fazendeiro, médico, socialmente muito bem relacionado, ele apreciava músicas eruditas. Sem maior intimidade com o samba, seu forte eram as composições românticas, "músicas para uso interno". Numa década de inequívoco domínio do samba como gênero musical, Joubert de Carvalho propunha um deslocamento do eixo sobre o qual se apoiava a música popular brasileira e, em descompasso com os adeptos da miscigenação, clamava pela valorização da raça branca. Em *Sai da toca, Brasil!*, de 1938, afirmava, pela boca de Carmen Miranda, que senzala, macumba, o bater o pé no chão, tudo isso pertencia ao passado: "a dança agora é no salão". Para elevar o Brasil ao foro de civilidade, urgia trocar a favela pelo arranha-céu. E ponderava: "Brasil das avenidas/

da praia de Copacabana e do asfalto/a tua gente branca e forte/ninguém cantou ainda bem alto." Em tempo: *Sai da toca, Brasil!* era uma rumba...

A resposta não se fez esperar. Vestindo a carapuça, Nelson Petersen, integrante do Bando Carioca, replicou, também com Carmen Miranda, num diapasão francamente nacionalista. Em *Quem condena a batucada* ele ia direto e reto ao assunto: "quem condena a batucada/dessa gente bronzeada/não é brasileiro/e nada mais bonito é/que um corpo de mulher/a sambar no terreiro". Era uma quimera, no seu entender, alguém pensar em acabar com o samba e a malandragem. O samba que, frisava Nelson Petersen, "nasceu num cruel barracão" e "foi educado sambando no chão/com a gente de cor".

Por um tempo as resistências ainda iam estalar, aqui ou ali. Todas elas, no entanto, seriam insuficientes para barrar a consagração do samba como símbolo nacional e ícone musical da mestiçagem. Com tudo o que Carmen Miranda pudesse ter de expressão caricatural, característica de um "exotismo apimentado" (basta mencionar a salada de frutas que carregava sobre a cabeça, a sua imagem mais difundida no exterior), ela não deixou de personificar o paradigma mestiço. Como sublinha Hermano Vianna, "branca européia, Carmen Miranda não via nenhuma contradição em se vestir de baiana (usando a roupa 'típica' das negras da Bahia), ou em cantar ou dançar samba (música de origem negro-africana)". (VIANNA, 1995, p. 130)

Nesse contexto, afinal, "chegou a hora/dessa gente bronzeada/mostrar seu valor", como reivindicou Assis Valente na esfusiante *Brasil pandeiro*, gravada pelos Anjos do Inferno. Os ganhos advindos da nacionalização do samba não foram, porém, divididos na sua justa proporção. Os cantores brancos de classe média com certeza estavam entre os que mais tiraram proveito do fato do samba atingir a crista do sucesso. Multiplicavam-se as queixas de compositores das classes populares sobre a dificuldade de acesso às gravadoras, que acumularam lucros e mais lucros com a exploração do trabalho alheio. Criadores do nível de Bide e Marçal, de origem negra, se profissionalizaram, quer em rádios quer em gravadoras, figurando como simples acompanhantes. Eles, os bambas, relegados a pano de fundo como ritmistas...[10] Por sua vez, os proprietários das emissoras de rádio lançaram mão até de *lockout* a fim de conservar no mais baixo patamar possível a remuneração dos direitos autorais. (CABRAL, 1996, p. 115-116) Enfim, nada de novo sob o sol. Na sociedade de classes a acumulação do capital se dá, em regra, exatamente assim.

Mulato filho de baiana e gente rica de Copacabana: o samba de todas as classes

Mesmo com a desigualdade que imperava na hora da distribuição dos lucros gerados pela rede de negócios em volta da mercadoria samba, este, em termos gerais, se converteria em ponto de atração e de encontro das mais diferentes classes sociais. Um Brasil, digamos, pluriclassista se reuniu e se conciliou ao redor do samba. Moda que se espraiava, sua mobilidade social abarcava amplos segmentos, como já documentava Josué de Barros numa composição de 1929, o choro *Se o samba é moda* (lado B do disco de estreia de Carmen Miranda): "O samba era/original dança dos pobres/E, no entanto, hoje/vive nos salões mais nobres/(...) ainda há quem diga/que o samba não tem valor/mas lá se encontra/o deputado e o senador".

Novos cenários acolhiam o samba entre fins dos anos 1920 e princípios da década de 1930. E eles não passaram despercebidos a observadores atentos da cena musical, como Pixinguinha e Cícero de Almeida (Baiano). Na interpretação despojada de Patrício Teixeira, o partido-alto *Samba de fato* (que era, de fato, um sambachoro), de 1932, registrava: "Samba do partidoalto/só vai cabrocha/que samba de fato (estribilho)//Só vai mulato filho de baiana/e a gente rica de Copacabana/dotô formado de ané de oro/branca cheirosa de cabelo louro, olé".

Apesar de reconhecer que "no samba nego tem patente" e, mais, que no samba sem cachaça "a boca fica com um gosto mau/de cabo velho de colher de pau", celebrava-se o congraçamento social promovido por esse

---

10 Sobre a insatisfação de compositores populares – muitos deles negros ou mulatos – com as minguadas quantias que recebiam a título de direitos autorais, bem como com as panelinhas que se formavam nas emissoras de rádio, nas gravadoras e nos meios de comunicação em geral, ver o revelador estudo a respeito da SBAT (Sociedade Brasileira de Autores Teatrais), em Barros (2000, p. 281, 291 e 305).

ritmo que se nacionalizava. É como se, do subúrbio à "cidade", ninguém conseguisse escapar à sua pulsação, fruindo o *Sabor do samba*, título de uma composição, de 1935, assinada por Kid Pepe e Germano Augusto e cantada por Patrício Teixeira: "Peço licença pra dizer/que hoje em dia/o samba lá no morro/também tem sua valia/eu fui a um samba/na alta sociedade/vendo sambista de *smoking*/eu me senti à vontade".

Se nesses exemplos de conciliação social via samba os sambistas comemoravam, em última análise, o reconhecimento por outras camadas sociais da importância da sua criação, haverá casos, no campo da produção musical, em que se procurará deliberadamente, de forma programática, a harmonização das classes sociais. É o caso do compositor e regente da área erudita Heitor Villa-Lobos, empenhado em puxar o coro da unidade nacional. Na sua visão, afinada com a de outros músicos modernistas, a música deveria servir como uma alavanca para a integração social e política sob a batuta estatal e como instrumento de exaltação da disciplina e do civismo. (WISNIK, 1983, p. 178-190; CONTIER, 1988)

Pelo mundo afora estava na ordem do dia o combate sem tréguas à luta de classes com o objetivo de impedir o avanço da "barbárie comunista". E para tanto, como garantia, num discurso de 1937, o futuro ministro da Justiça estado-novista Francisco Campos, sabia-se a que recorrer, pois só "o corporativismo interrompe o processo de decomposição do mundo capitalista previsto por Marx como resultante da anarquia liberal". (CAMPOS, 1940, p. 62)

Enquanto isso, sem maiores preocupações com os problemas políticos conjunturais, os sambistas iam, na prática, ao som da batucada, aproximando as classes sociais. Até no plano estritamente sonoro tal fato podia ser percebido, por exemplo, com os rearranjos feitos, no decorrer do tempo, na composição da família instrumental do samba. Ao se referir ao conjunto Gente do Morro – um grupo regional cujas gravações vão de 1930 a 1934 e cujo nome, a julgar pela procedência de seus componentes fixos, era mais uma espécie de fachada comercial –, Tinhorão chama a atenção para a simbiose musical que ele representava:

(...) o que o conjunto Gente do Morro fazia – e isso era de fato novidade – era realizar a fusão dos velhos grupos de choro à base de flauta, violão e cavaquinho com a percussão dos sambas populares herdeiros dos improvisos das rodas de batucada, com base em estribilhos marcados por palmas. Sob o nome logo popularizado de conjunto regional, o que tais grupos vinham a realizar (o próprio líder do Gente do Morro à frente, com seu depois famoso Conjunto de Benedito Lacerda) era o casamento da tradição do choro da pequena classe média com o samba das classes baixas. (TINHORÃO, 1990, p. 234).

A adesão da classe média ao samba, em meio à sua recriação incessante, contou com exemplos notáveis. Sem falar novamente de Noel Rosa, podem ser lembrados os bacharéis em Direito Ari Barroso e Mário Lago, o médico homeopata Alberto Ribeiro, além de Custódio Mesquita, moço de "boa família", regente diplomado pela Escola Nacional de Música, e muitos outros. No nível estilístico, uma evidência a mais se corporificou na aparição, em 1928, de um gênero ou subgênero musical – o samba-canção – que buscava maior apuro melódico e que teve como marco *Ai, ioiô*, de Henrique Vogeler. Lançada com sucesso a partir de 1929, sob quatro títulos diferentes e, na falta de uma, ostentando três letras, sua versão definitiva – com o título de *Iaiá* – surgiu em março daquele ano, com uma dicção interpretativa um tanto quanto operística de Araci Cortes, escorada por um acompanhamento da Orquestra Parlophon com acento amaxixado.

O samba-canção – estilo particularmente adequado ao período de entrecarnavais, e que fazia parte do conjunto das então denominadas músicas de meio de ano – de início deslancharia junto a compositores que sabiam ler música (como Ari Barroso e Custódio Mesquita), alguns inclusive com formação erudita. Posteriormente, num movimento de sentido contrário ao do samba, *stricto sensu*, ele expandiria seu alcance em direção às classes populares. Historicamente, Cartola e Nelson Cavaquinho são exemplos marcantes desses intercâmbios culturais, testemunhados por Roberto Martins e Waldemar Silva em Favela, de 1936, ao cantarem, via Francisco Alves, a "favela dos sonhos de amor/e do samba-canção".

As relações entretidas entre a classe média e a "gente do povo" estão flagradas em diversas canções. Não foram Vadico e Noel Rosa, dois compositores provenientes das camadas médias da sociedade, que em *Feitiço da Vila* (com João Petra de Barros), já afirmavam que "lá em Vila Isabel/quem é bacharel/não tem medo de bamba"? Três anos depois, em 1937, com sua veia satírica saltada, Assis Valente produziria mais uma de suas brilhantes crônicas/críticas musicais de costumes. Na berlinda, um acontecimento que se integrara à vida cotidiana: a escapada de doutores de classe média, fantasiados de malandros, que se entregavam ao reinado da folia nos dias de Carnaval. *Camisa listada*, apesar da rejeição que sofreu da parte de diretores de gravadoras, acabou sendo gravada por Carmen Miranda ante a insistência de Assis Valente e obteria enorme sucesso. Mais ainda: com esse samba-choro se perpetuou uma das mais memoráveis interpretações da "pequena notável", encarnando, aí, a graça em pessoa:

> Vestiu uma camisa listada e saiu por aí/Em vez de tomar chá com torrada/Ele bebeu parati/Levava o canivete no cinto/E um pandeiro na mão/E sorria quando o povo dizia/Sossega leão, sossega leão/ Tirou o anel de doutor/Para não dar o que falar/E saiu dizendo/Eu quero mamar/Mamãe, eu quero mamar.

Esse estado de coisas, é lógico, só jogava a favor da nacionalização do samba, na medida em que apagava as linhas demarcatórias que pudessem subsistir, dificultando o livre tráfego do samba pela sociedade. E sem isso dificilmente o samba exibiria suas credenciais de "coisa nossa". Afinal, como demonstrou Hermano Vianna, múltiplos sujeitos sociais intervieram nesse processo, dentre os quais se deve mencionar "negros, ciganos, baianos, cariocas, intelectuais, políticos, folcloristas, compositores eruditos, franceses, milionários, poetas". Vem daí que "o samba não se transformou em música nacional através dos esforços de um grupo social ou étnico específico, atuando dentro de um território específico". Do mesmo modo, complementa esse antropólogo, "nunca existiu um samba pronto, 'autêntico', depois transformado em música nacional. O samba, como estilo musical, vai sendo criado concomitantemente à sua nacionalização". (VIANNA, 1995, p. 151)

Nada disso, porém, significa que tivesse se evaporado, como que por efeito de um passe de mágica, todo e qualquer ressentimento de classe ou a percepção da discriminação social/racial. As contradições inerentes a uma sociedade assentada nas desigualdades compunham, evidentemente, o dia a dia dos sambistas. E Assis Valente, por exemplo, não engolia aquilo que afetava, em especial, as pessoas simples. Assim, em *Isso não se atura*, de 1935, com Carmen Miranda, depois de sintomaticamente atirar farpas visando o pessoal do Café Nice, ele atacava a questão da desigualdade social ou do tratamento diferenciado dispensado pela polícia. Determinados comportamentos dos sambistas populares, "a polícia não consente/aparece o tintureiro (carro de polícia, camburão)/e seu guarda leva a gente", denunciava o autor. Por outro lado, completava, "eu já fui numa macumba/que no fim o pau comeu/mas foi entre gente fina/e a polícia não prendeu".

Apesar da nacionalização do samba em marcha, ainda se guardava, nos setores populares, uma certa distância dos "penetras" de outras classes. Vestígios disso são captados também em *Você nasceu pra ser grãfina*, numa gravação de Carmen Miranda. Nessa composição, Laurindo de Almeida zombava de uma madame que teimava em aprender samba, sem voz, sem ritmo, nem nada que a credenciasse a tanto: "se compenetre/que o samba é alta bossa/e é pra nego de choça/que não fala o inglês". Na mesma linha, na outra face desse disco de 1939, o mesmo autor retratava um *Mulato antimetropolitano* "que não gosta da cidade", "dispensa o cinema/e neres (nada) de foxtrot/é do samba-canção/(...) e hoje ele vive no morro/onde há samba pra cachorro/e o povo é mais igual".

Embora esses exemplos revelem que o discurso musical dos sambistas não atingira um grau de uniformidade plena, não há como descartar que o tom preponderante apontava para uma relativa comunhão de classes em torno do samba. Quanto a isso, reafirmo algo que me parece crucial. O samba, ao extrapolar os territórios e os grupos sociais de onde se originou, era motivo de orgulho para os sambistas. Numa palavra, ele atuava como fator de afirmação e de identificação sociocultural de grupos e classes sociais normalmente marginalizados na esfera da circulação dos bens simbólicos. Eles assistiam, com justa satisfação, à transformação, seja lá como for, da obra brotada do seu talento em símbolo de brasilidade.

Custódio Mesquita soube interpretar como poucos esse sentimento que tomava conta dos construtores do samba em geral, aqui incluída a parcela das classes médias que ele próprio exprimia. Sua canção *Doutor em samba*, de 1933, é por si só eloquente, não fora ainda a performance do mestre do canto-falado, Mário Reis, bem como a participação primorosa dos Diabos do Céu no acompanhamento:

> Sou doutor em samba/quero ter o meu anel/tenho esse direito/como qualquer bacharel/vou cantar a vida inteira/para meu samba vencer/é a causa brasileira/que eu quero defender//Só o samba me interessa/e me traz animação/quero o meu anel depressa/pra seguir a profissão.

O protético Assis Valente, outro doutor não doutor, manifestava igualmente o sentimento de superioridade dos sambistas na arte de criar música popular. Os termos eram praticamente equivalentes. No clássico *Minha embaixada chegou*, de 1934, levado ao disco por Carmen Miranda, ele recordava que "não tem doutores na favela/mas na favela tem doutores/o professor se chama bamba/medicina na macumba/cirurgia lá é samba".

Paralelamente, no próprio solo do samba despontariam mediadores políticos e culturais, dentre os quais Paulo da Portela talvez fosse o mais emblemático. Homem muito chegado à imprensa, constantemente em contato com as autoridades, cumpriu a função de aproximar grupos e classes sociais distintos, contribuindo, à sua maneira, para a maior aceitação do samba. Como frisa Sérgio Cabral, "a sua luta consistia em tirar as escolas (de samba) da marginalidade e que não fossem mais olhadas como antro de malandros e desordeiros". (CABRAL, 1984, p. 2) Nesse particular certamente haveria um vasto campo de entendimento entre o mundo do samba e o *grand monde*. E o Estado brasileiro não tinha por que não aplaudir iniciativas do gênero.

Do mesmo modo, soavam, em mais de um sentido, como música aos ouvidos das classes dominantes e dos governantes, palavras como as do ex-capoeirista Heitor dos Prazeres em favor da regeneração do malandro. É "doloroso", "vergonhoso", "não é negócio ser malandro", pregava ele em *Vou ver se posso*, com Mário Reis, enquanto expressava a confiança de que, com trabalho, tudo mudaria. Como quem se demite da malandragem, anunciava em 1934: "eu vou deixar esta vida de vadio/ser malandro hoje é malhar em ferro frio". E ainda estávamos um tanto quanto distantes da cruzada antimalandragem patrocinada pelo "Estado Novo" quando, em nome da unidade nacional, todos foram convocados, para dizer o mínimo, a engrossar as fileiras do exército da produção em prol do "progresso nacional".

Os sambas da minha terra: acordes finais

O(s) território(s) do(s) samba(s) permanecerá(ão) em aberto, dotado(s) de fronteiras móveis, nele(s) tendo lugar sempre novos rounds das "lutas de representações". Basta relembrar que, no momento em que a Bossa Nova, a partir do final dos anos 1950, avançou o sinal e dilatou o universo do samba, inúmeras foram as reações de indignação das forças sociais esteticamente mais conservadoras, deflagrando-se um debate musical em escala jamais vista neste país. (PARANHOS, 1990)

No período a que me restringi neste texto, a vigência do "Estado Novo" e a relação especial que ele estabeleceu com a música popular constituem tema do maior interesse para a análise dos canais institucionais de comunicação que se criaram entre as agências estatais e a produção/difusão do samba. Deliberadamente, pus de lado o enfrentamento dessa questão por não poder, aqui, ir além de uns tantos limites, embora sem ignorar que o Estado, desde meados da década de 1930, começava a emitir claros sinais de aproximação com a área da música popular (a oficialização do desfile de Carnaval pela Prefeitura do Distrito Federal, em 1935, é um indicador disso).

O samba, que já chegara aos cassinos e às telas de cinema, conhecerá, sob o "Estado Novo", o momento de consolidação da sua afirmação como símbolo musical nacional. Despido, pelo menos na versão oficial, dos pecados de origem que o mantiveram à margem dos lugares respeitáveis, o samba ganhava terreno. Não por acaso, esse será o período do florescimento de uma grande safra de sambas cívicos, os chamados sambas-exaltação, dentre os quais sobressairá *Aquarela do Brasil*, de Ari Barroso, como exemplo mais bem acabado. Essa composição exalava o espírito oficial da época, mesmo sem conter, é bom que se diga, qualquer referência ao regime estado-novista.

Com um ar grandiloquente, típico de quem transportou para o campo da música popular a "estética monumental", essa fornada de sambas-exaltação recorreria a clichês do ufanismo tupiniquim. Da exaltação à natureza se passaria, sem nenhuma dificuldade aparente, à exaltação mais ou menos explícita da vida política brasileira (subentendase, do regime político instituído). Tal foi o caso de *Brasil!* (de Benedito Lacerda e Aldo Cabral) ou, ainda, de *Brasil, usina do mundo* (de João de Barro e Alcir Pires Vermelho), samba que nos coloca diante de trabalhadores cantando felizes, parceiros ou, mais do que isso, cúmplices dos novos tempos simbolizados pelo "Estado Novo".

O nacionalismo espontâneo de compositores de extração popular e/ou de classe média, que se orgulhavam da sua condição de criadores do samba era, portanto, ressignificado, em sintonia com a política cultural estado-novista. Ao mesmo tempo, as temáticas da mestiçagem e da conciliação de classes eram retrabalhadas pelos ideólogos do regime, tendo em vista o enaltecimento da democracia racial e da democracia social supostamente existentes no país.

Nem tudo, porém, acontecia ao sabor dos desejos dos governantes ou dos defensores do "Estado Novo". O DIP (Departamento de Imprensa e Propaganda) procurava, seja por meio de políticas de aliciamento, seja por meio de uma censura férrea, coagir compositores renitentes a abandonarem o culto à malandragem nos seus sambas. Daí decorreu, basicamente, o aparecimento de uma quantidade apreciável de sambas de exaltação ao trabalho, de autoria até de malandros escolados, como Wilson Batista (o caso mais notório é o de *O bonde de São Januário*, sucesso do carnaval de 1941, composto em parceria com Ataulfo Alves). Entretanto, nem com recursos de poder draconianos a seu dispor o "Estado Novo" logrou silenciar e/ou cooptar por completo os compositores. Multiplicaram-se às dezenas as composições que, de uma ou outra maneira, driblavam e/ou contornavam a censura ditatorial. (PARANHOS, 2002) Uma obra exemplar, nesse sentido, é *Recenseamento*, de Assis Valente, que parecendo reproduzir o discurso do "Brasil grande e trabalhador", desmonta com sutileza os argumentos oficiais, salpicando de ironia a fala da mulher que responde ao funcionário público que a interpela.

Desse prisma pode-se dizer que, na verdade, são muitos os sambas da minha terra, até sob a ditadura estado-novista. Nunca se conseguiu uma tal padronização ou uniformização na produção do samba que calasse as vozes destoantes, inclusive as diferenças estilísticas. Aliás, nem sequer no interior dos aparelhos de Estado existiu um pensamento único, monolítico, acerca do significado do samba. As contradições e conflitos próprios das lutas de representação afloraram aí também.

Na ausência de um projeto cultural hegemônico (CONTIER, 1988, p. 300-312), distintas propostas de disciplinarização das manifestações artísticas de origem popular terminaram por emergir. Pondo às claras seu ranço profundamente elitista, um grupo de intelectuais ligados ao Estado deu vazão à sua repulsa ao samba em artigos publicados na revista Cultura Política.[11] Nivelandoo a expressões artísticas primitivas, ao desregramento da sensualidade, à batucada da ralé do morro, eles o elegeram como objeto de uma campanha movida por propósitos educativos e civilizadores. Tratava-se não de abatê-lo – objetivo que admitiam ser impossível –, mas sim, de domálo.

As disputas iriam se acirrar na própria área da produção do(s) samba(s). De novo a mobilidade de fronteiras do samba se evidenciava. E ele começava, aos poucos, a enveredar, uma vez mais, por territórios inexplorados, como prelúdio de outros tempos que estariam por vir, cenas

dos próximos capítulos que desembocariam na Bossa Nova. Sob a rubrica de sambaswing – que por si mesma anunciava a presença e a assimilação de elementos musicais norteamericanos –, um compositor como Janet de Almeida trazia o futuro para o presente.[12] Pesadelo (dele e de Leo Vilar), gravado em 1943 pelos Anjos do Inferno, é rico em dissonâncias e

---

11 Cultura Política, editada pelo DIP entre 1941 e 1945, acolhia sistematicamente em suas seções textos sobre música e radiodifusão.

12 Está longe de ser mera coincidência sua redescoberta, várias décadas depois, precisamente pela figura-símbolo da Bossa Nova, João Gilberto, que regravará sambas como Pra que discutir com madame (de Janet de Almeida e Haroldo Barbosa), de 1945.

recortes harmônicos pouco usuais no Brasil. Daí ao samba Boogiewoogie na favela (de Denis Brean, pseudônimo de Augusto Duarte Ribeiro), de 1945, havia um curto caminho a ser vencido. Apesar da reação dos que, em honra às tradições nacionais, insistiam em argumentar que Boogie-woogie não é samba (de Hélio Sindô).

Acima das disputas, pairando sobre as suas diferentes pronúncias, o samba seguia sua(s) trilha(s), consolidandose como símbolo da nacionalidade. Expressão cultural plural, ele era glorificado como portador da nossa singularidade musical. E soava como algo tão natural, tão entranhadamente brasileiro, que, em 1940, Dorival Caymmi, já proclamara em Samba da minha terra, na voz do Bando da Lua: "quem não gosta de samba/bom sujeito não é/é ruim da cabeça/ou doente do pé".

Bibliografia

ALMIRANTE. *No tempo de Noel Rosa*. Rio de Janeiro: Francisco Alves, 1977.

ANDRADE, Mário de. *Macunaína: o herói sem nenhum caráter*. São Paulo: Círculo do Livro, s/d.

BARROS, Orlando de. *Custódio Mesquita: um compositor romântico no tempo de Vargas (1930-1945)*. Rio de Janeiro: Funarte/Eduerj, 2000.

CABRAL, Sérgio. *A MPB na era do rádio*. São Paulo: Moderna, 1996.

_____. "Falando de samba e de bambas". In: *História da música popular brasileira: Bide, Marçal e Paulo da Portela*. São Paulo: Abril Cultural, 1984.

_____. *No tempo de Almirante: uma história do Rádio e da MPB*. Rio de Janeiro: Francisco Alves, 1990. CABRAL, Sérgio. *Pixinguinha: vida e obra*. Rio de Janeiro: Lumiar, 1997.

CAMPOS, Francisco. *O Estado Nacional: sua estrutura – seu conteúdo ideológico*. Rio de Janeiro: José Olympio, 1940.

CHARTIER, Roger. *A História Cultural: entre práticas e representações*. Lisboa: Difel; Rio de Janeiro: Bertrand Brasil, 1990.

CONTIER, Arnaldo Daraya. *Brasil novo. Música, nação e modernidade: os anos 20 e 30*. São Paulo, 1988. Tese (Livre-docência em História) – Faculdade de Filosofia, Letras e Ciências Humanas, USP, cap. III.

FREYRE, Gilberto. *Casagrande & senzala: formação da família brasileira sob o regime de economia patriarcal*. Rio de Janeiro: José Olympio, 1933.

MÁXIMO, João; DIDIER, Carlos. *Noel Rosa: uma biografia*. Brasília: Linha Gráfica/Editora UnB, 1990, cap. XVI.

PARANHOS, Adalberto. "Novas bossas e velhos argumentos: tradição e contemporaneidade na MPB". Uberlândia, *História & Perspectivas*, n. 3, jul.-dez. 1990.

PARANHOS, Adalberto. "O Brasil dá samba?: os sambistas e a invenção do samba como 'coisa nossa'". In: TORRES, Rodrigo (org.). *Música popular en América Latina*. Santiago de Chile: Fondart, 1999.

PARANHOS, Adalberto. *O roubo da fala: origens da ideologia do trabalhismo no Brasil*. São Paulo: Boitempo, 2007.

RICARDO, Cassiano. *Marcha para Oeste*. Rio de Janeiro: José Olympio, 1940.

SANDRONI, Carlos. *Feitiço decente: transformações do samba no Rio de Janeiro (1917-1933)*. Rio de Janeiro: Jorge Zahar/Editora UFRJ, 2001.

SANTOS, Alcino et al. *Discografia brasileira 78 rpm: 1902/1964*. Rio de Janeiro: Funarte, 1982, vol. 1, 2 e 3.

SCHWARCZ, Lilia Moritz. "Complexo de Zé Carioca: notas sobre uma identidade mestiça e malandra". *Revista Brasileira de Ciências Sociais*, São Paulo, n. 29, out. 1995.

SEVERIANO, Jairo; MELLO, Zuza Homem de. *A canção no tempo: 85 anos de músicas brasileiras* (vol. 1, p. 19011957). São Paulo: Editora 34, 1997.

VIANNA, Hermano. *O mistério do samba*. Rio de Janeiro, Jorge Zahar: UFRJ, 1995.

VOVELLE, Michel. *Ideologias e mentalidades*. São Paulo: Brasiliense, 1991.

TINHORÃO, José Ramos. *História social da música popular brasileira*. Lisboa: Caminho, 1990.

WISNIK, José Miguel. "Getúlio da Paixão Cearense: Villa-Lobos e o Estado Novo". In: SQUEFF, Enio.; WISNIK, José Miguel. *O nacional e o popular na cultura brasileira – música*. São Paulo: Brasiliense, 1983.

Samba carioca e carnaval:
sonoridades, identidades, urbes e imaterialidades[1]

Fabiana Lopes da Cunha

> Hoje no mundo tudo é mediado pela cultura, até1o ponto em que mesmo os níveis político e ideológico devem ser desemaranhados de seu modo primário de representação, [...] tudo na sociedade de consumo assumiu uma dimensão estética. (JAMESON, 1995, p. 9-35)

A citação de Jameson foi usada aqui para discutirmos a relevância de nosso tema e o quanto esse culto ao passado sacralizado, evidenciado em museus e centros culturais, se estendeu aos espaços públicos incitando a criação de uma "espetacularização" das cidades e, em nosso caso, do Rio de Janeiro, onde vemos em curso a "musealização" de alguns espaços, coadunada com a implementação das políticas de patrimônio. A definição de patrimônio, inserida em nossa Constituição de 1988, apesar de aparentemente neutra e inclusiva, obviamente não dispensa diretrizes políticas sobre o que deve ou não ser preservado (STAM, 1993, p. 267-283; PRENTICE, 2001, P. 5-26). Se, por um lado, o espaço urbano se degrada e as comunidades se dilaceram (pelo desemprego, pelas drogas e pela criminalidade), por outro há um esforço das autoridades públicas e de alguns

---

1 Parte das conclusões desse texto foram publicadas no artigo de Fabiana Lopes da Cunha (2009, p. 42-65).

grupos em "sacralizar" locais, valorizar e difundir alguns ritos e práticas culturais. No caso do Carnaval e mais especificamente do samba, que atualmente traz consigo a denominação de "carioca", há um esforço em vincular esse gênero como importante símbolo identitário dos moradores da cidade e estado do Rio de Janeiro e sua relevância histórica dentro da construção de uma identidade para a nação. Isso tem ocorrido principalmente através de políticas de valorização do patrimônio (tanto material quanto imaterial) associadas a um processo de reurbanização e revitalização de algumas áreas da cidade que possuem vínculo com a história desse gênero musical e dos festejos carnavalescos. Tal fato fica visível quando nos deparamos, por exemplo, com a criação do Museu a Céu Aberto do Morro da Providência. Idealizado pela arquiteta e urbanista Lu Petersen, com o intuito de revitalizar a área portuária da cidade, o projeto inclui além do museu, a Cidade do Samba e a Vila Olímpica da Gamboa, num investimento de R$14,3 milhões não apenas para a construção de redes de água, esgoto, escolas e creches, mas também com o intuito de "viabilizar um 'roteiro turístico' que instituiu a localidade como patrimônio". (FREIRE-MEDEIROS, 2006, p. 52). O Museu a Céu Aberto do Morro da Providência foi inaugurado em 2005 e a Cidade do Samba, em fevereiro de 2006. (OLIVEIRA, 2008)

> Por ocasião da abertura do projeto, o que se pretendia era que os navios de cruzeiro que chegassem ao Rio, e que trazem cerca de 160 mil pessoas por ano, tivessem o impacto da Cidade do Samba e do morro da Providência. (*op. cit.*, p. 156)

O roteiro turístico no morro inclui como pontos de visitação três mirantes de onde pode-se ver a região da Central do Brasil, o Sambódromo, o Cais do Porto, o Pão de Açúcar, o Corcovado e a Baía de Guanabara e como grandes atrativos no morro há uma capela, uma igreja e uma escadaria construída por escravos, um antigo reservatório de água e a casa de Dodô da Portela, a porta-bandeira campeã do primeiro desfile oficial das escolas de samba no Rio de Janeiro, em 1937. Como podemos ver, a patrimonialização do Morro da Providência está intimamente associada ao samba e ao Carnaval.

Entendemos, portanto que, tais medidas, associadas à inserção das matrizes do samba carioca como um dos bens imateriais legitimados pelo IPHAN, valorizam ainda mais esse tipo de projeto. Para se ter uma ideia do impacto dessas ações, basta analisar o conteúdo do site oficial da Cidade do Samba. Nele, é anunciada ao visitante a possibilidade de conhecer "o maior complexo de arte e entretenimento do país", onde as Escolas de Samba mostram "o que existe de melhor na maior festa popular do planeta".[2] Após vislumbrar os centros de produção de carros alegóricos e fantasias das Escolas de Samba do grupo especial, é possível ao turista vivenciar parte das emoções do Carnaval na cidade do Rio de Janeiro. Primeiro, assistindo ao espetáculo "Forças da Natureza", cuja temática refere-se à preocupação com a preservação do meio ambiente, "sobre a necessidade de mudança de atitudes do homem para com os patrimônios naturais". O *show* "é um grito de alerta em ritmo de samba",[3] possibilitando ao turista ouvir alguns "clássicos" do samba e da Bossa Nova, como *Falsa Baiana, Águas de Março, Quem te Viu, Quem te vê, Aquarela do Brasil* ou *Brasileirinho* e saborear os sons e a coreografia junto com quitutes da culinária local, servidos durante todo o evento. Produzido por 70 sambistas selecionados entre membros das Escolas de Samba do Grupo Especial, "cantores, ritmistas, passistas, baianas, destaques, mestres-salas e porta-bandeiras desfilam no palco e, ao final da apresentação, convidam o público para um desfile de verdade, na pista que circunda os 12 barracões."[4] Tudo isso é oferecido pelo valor de R$190,00.[5] Para estudantes, professores e pessoas da terceira idade esse preço cai para R$ 95,00, o que ainda torna o acesso para muitos, ao menos com relação ao espetáculo, inviável. Notícias sobre o Carnaval do Rio de Janeiro e sobre a Cidade do

---

2 Disponível em: http://cidadedosambarj.globo.com/. Acessado em: 8 set. 2009.
3 *Idem.*
4 *Idem.*
5 Disponível em: http://cidadedosambarj.globo.com/. Acessado em: 5 maio 2011.

Samba[6] e o gênero musical propriamente dito demonstram, portanto, um outro lado dessas ações: como o samba e a folia são cada vez mais rentáveis e como o espaço do sambódromo, os desfiles e os ensaios nas quadras estão cada vez mais organizados e vinculados à Liesa. Criada em 1984, a Liga Independente das Escolas de Samba assumiu o controle do desfile do Grupo Especial "com liberdade para negociar e administrar contratos de publicidade e os direitos de transmissão da festa no Sambódromo (MEDEIROS, 2003, p. 32-35)." Além disso, a Liga também negocia "os espaços publicitários no Sambódromo e os contratos com lanchonetes e restaurantes" e também o contrato de exclusividade com a Rede Globo. O negócio do samba envolve ainda a Editora Musical Escola de Samba, também criada pela liga, responsável pela "gravação e comercialização do CD com os sambas-enredo do Grupo Especial [...]" (*Idem*). Com a construção da Cidade do Samba em 2004 e sua inauguração oficial em 2006, a indústria cresceu ainda mais: o complexo possui três pavimentos de 600 m² onde funcionam butiques, almoxarifados, cozinhas, refeitórios, sanitários, setores administrativos e de criação. Além disso, podemos encontrar nesse espaço ateliês de costura, chapelaria e adereçaria, além de oficinas de escultura. Há ainda um centro de capacitação profissional para os que querem aprender os diversos ofícios relacionados à festa. O intuito da diretoria da Liesa é ampliar a Passarela do Samba e também criar o Museu do Carnaval, na Cidade do Samba. Esses projetos contam com o apoio do poder público e têm a pretensão de se concretizar até os Jogos Olímpicos de 2016.[7]

Como podemos perceber, o Carnaval e o samba se transformaram, ao menos no Rio de Janeiro, em duas instituições extremamente importantes e essa projeção tem se desdobrado na criação de espaços específicos para seu estudo e/ou desenvolvimento. Outro ponto que queremos ressaltar em toda nossa discussão é que, se por um lado percebemos que alguns grupos vinculados ao samba e ao Carnaval continuam atentos às mudanças e dialogam com elas, permitindo assim não apenas a sobrevivência do

---

6   Ver site oficial da Cidade do Samba citado acima: http://liesa.globo.com/ e MEDEIROS (2003).

7   Disponível em: http://liesa.globo.com/. Acessado em: 05 maio 2011

gênero e da festa, mas também sua renovação e revigoramento, por outro lado, o poder público tem patrocinado e incentivado ações no sentido de institucionalizar ou patrimoniar tais práticas, incentivando a ação individual e coletiva de alguns grupos no que diz respeito à preservação de suas identidades e memórias. Essas práticas associadas a outras ações e políticas públicas têm provocado a valorização e a remodelação de áreas degradadas das cidades e esse processo tem buscado estimular mudanças nessas áreas, tanto na esfera imobiliária quanto turística. No entanto, apesar das vantagens que ambos têm com essas ações, cabe indagar os excluídos deste processo. A especulação imobiliária desses locais eleva também o valor dos preços dos produtos vendidos na região, o que dificulta a cada dia a vida dos moradores de baixa renda. Outro ponto a ser ressaltado é relacionado ao preço do espetáculo, inacessível para muitos, assim como o preço dos cursos do Instituto do Samba (que têm o valor em torno de R$ 200,00 a R$ 300,00).[8] Além disso, todo o complexo que compõe a Cidade do Samba foi pensado para viabilizar a recriação do espetáculo carnavalesco e do próprio samba durante todo o ano com o intuito de atrair, principalmente, turistas e visitantes externos à própria comunidade. Este problema já era sentido por Ismael Silva, o criador da primeira escola de samba, a Deixa

---

8 Criado em 2005, o Instituto do Carnaval, começou a oferecer alguns cursos de curta duração com o intuito de aferecer conhecimento e formação em áreas vinculadas à produção, criação e gestão do carnaval, tais como: Cobertura jornalística do carnaval; Voz no Samba: noções básicas para intérpretes de samba-enredo – Carnaval do Rio de Janeiro (módulo básico e avançado); Oficinas da alegria – portadores de deficiência; Introdução à fantasia carnavalesca e Formação de diretores de harmonia em escola de samba. Há ainda opções de cursos on-line para formação em Gestão de Carnaval. Mas, apesar do esforço em institucionalizar esse saber e expressões culturais através da promoção dessas instituições e cursos, tais iniciativas não têm obtido muito sucesso. O curso de Gestão do Carnaval, oferecido pelo Instituto do Carnaval em parceria com a Universidade Estácio de Sá, que teve início em 2005, acabou fechando em 2009 por falta de procura de alunos e parece que o Instituto do Carnaval, tal como concebido atualmente, vai pelo mesmo caminho. Isso se considerarmos que o número de seguidores no *Twitter* serve como um dos indicadores. Atualmente não existe ninguém o seguindo. E o pior é que, desde que se abriu o espaço para os "twiteiros", o Instituto conseguiu apenas quatro "seguidores". (disponível em: http://www.institutodocarnaval.com/; http://twitter.com/#!/instdocarnaval. Acessados em: 14 maio 2011)

Falar, que com idade avançada e problemas na coluna, não conseguia assistir ao desfile da arquibancada e não possuía renda suficiente para desfrutar a festa de um lugar mais confortável no Sambódromo. (CUNHA, 2001).

Com a criação de um Carnaval cada vez mais luxuoso e com investimentos financeiros vultosos, o acesso a certos espaços no Sambódromo se torna cada vez mais difícil para a população de baixa renda, o que deixa como uma das alternativas para a mesma buscar criar e/ou recriar outras formas de lazer e de expressões culturais que, talvez, num futuro mais distante, transformem-se em novos bens a serem inventariados. De certa forma, isso já vem ocorrendo, pois se o Carnaval e o samba se modificaram dando margem à exclusão de muitos numa festa de origem popular, vemos renascer os blocos independentes que parecem estar reinventando a folia momesca.

Em meio a um processo de decadência e colapso das cidades, que para Sevcenko seria resultado de seu abandono "deliberado pelos beneficiários do novo arranjo global e das novas tecnologias informatizadas" (SEVCENKO, 2001, p. 128), a "espetacularização" e "musealização" de certos espaços citadinos e de manifestações e práticas culturais seria uma busca por uma espécie de "refundação", pautada não em bases históricas e participativas, mas marcada por construções que simbolizariam os novos tempos: grandes museus de arquitetura mirabolante e megacentros culturais. Para esse estudioso, tal política cultural visaria uma espécie de "reciclagem das cidades", que

> esvaziadas de sua vida local e reduzidas a estereótipos destinados ao consumo de multidões turísticas cosmopolitas atraídas pelo marketing do refinado ou do exótico e confiantes na legitimidade que a posse de moedas fortes atribui aos seus juízos culturais, à sua ansiedade por entretenimento e ao seu poder de compra. (*Idem*)

Com o uso da cultura como uma espécie de "ópio" para privilegiados, sua amplitude se torna intoxicante e alienadora, como já esclarece a frase de Jameson usada na epígrafe.

No entanto, para compreendermos o impacto dessas práticas culturais, seus usos políticos e desdobramentos sociais nos dias atuais no Rio de

Janeiro, é preciso que retornemos às primeiras tentativas de normatização e adequação do Carnaval e da "gestação" do samba. No caso da festa, temos que retroceder às últimas décadas do século XIX e, quanto ao gênero musical, o samba, às primeiras décadas do século XX.

Entre a cidade ideal e real: suas festas, seus sons

Em fins do século XIX e início do século XX, o Rio de Janeiro ainda possuía feições coloniais: o tamanho do porto não permitia que navios de grande porte atracassem no cais, assim como a estreiteza e curvilinealidade das ruas atrapalhavam o transporte e a ligação entre os terminais portuário e ferroviário e os armazéns e casas de comércio. Para piorar a situação, a cidade era foco de inúmeras doenças como a varíola e a febre amarela. Esse panorama estava aliado ao fato de os europeus não verem com bons olhos a turbulenta comunidade de mestiços e as contínuas crises políticas que haviam exaurido tanto o "Tesouro Nacional, como sustado a entrada de capitais e dificultado a imigração. Era preciso, pois, findar com a imagem da cidade insalubre e insegura, com uma enorme população de gente rude plantada bem no seu âmago, vivendo no maior desconforto, imundície e promiscuidade e pronta para armar em barricadas as vielas estreitas do centro ao som do primeiro grito de motim" (SEVCENKO, 1989). Tal percepção, descrita em jornais e revistas do período, era também manifestada pelos carros de crítica que transpunham as principais ruas do centro da cidade nos dias de Carnaval ou nos desfiles de carros alegóricos caricaturais expostos nos periódicos ilustrados. O fato é que essas críticas e sentimentos denotavam que o Rio de Janeiro da *Belle Époque* possuía múltiplas facetas: se por um lado respirava e se inspirava nas mudanças que os países europeus, e em especial a França, sofriam no último quartel do século XIX, por outro, mantinha ainda feições coloniais e sua herança da sociedade escravocrata.

O primeiro grande desfile carnavalesco, uma espécie de "fundação" do Carnaval estimulado por parte da *inteligentsia* do período, o do Congresso das Grandes Sumidades Carnavalescas, de 1855, tinha como um dos objetivos "tomar o espaço das ruas" como uma forma de apropriação simbólica do espaço citadino pela elite, imitando o gestual das festas processionais:

"O longo caminho explorado pelo passeio incluirá as principais vias cariocas, como o largo do Paço, a rua Direita, o campo da Aclamação, a rua Matacavalos, o cais da Glória, o largo do Machado, o Passeio Público e o largo do Rocio". (FERREIRA, 2005) É interessante observar esse trajeto, pois ele denota a relevância da festa para os que a promoviam e, possivelmente, aos que participavam ou assistiam à festividade.

O roteiro descrito acima é do desfile feito pelas Grandes Sociedades carnavalescas no carnaval de 1891. Até esse período, essas *promenades* não possuíam um roteiro fixo e muitas vezes mudavam de acordo com certas necessidades e interesses (pessoais, políticos e/ou comerciais e financeiros). Com certa padronização dos desfiles e das ruas por onde os préstitos tinham necessariamente que passar, esse espaço da cidade se torna cada vez mais valorizado. O processo continua mesmo após a abertura da Avenida Central, pois segundo Kalixto, na década de dez do século XX o aluguel de uma sacada para vislumbrar o Carnaval folgadamente de uma das residências que se situavam no roteiro das Grandes Sociedades custava, ao folião, por volta de 300 a 400 réis. Os desfiles das Grandes Sociedades cada vez mais majestáticos e luxuosos, com a reformulação urbana passam a ocorrer na Avenida Central, mais larga, onde os carros alegóricos e ainda alguns de crítica poderiam desfilar sem receio de que suas grandes proporções dificultassem seu passeio aos olhares curiosos do público. (CUNHA, 2008)

É importante ressaltar que essa ocupação do espaço pela burguesia citadina já vinha ocorrendo no final do século XIX, mas com a regeneração urbana, tal fato se intensificará, modificando hábitos e vestimentas. As sobrecasacas e cartolas (um dos alvos prediletos de alguns foliões no século XIX) deram lugar ao paletó de casemira clara e chapéu de palha. As mulheres passeariam pela Rua do Ouvidor com vestidos leves e elegantes e grandes, chapéus como ditariam os modismos do momento. Como afirma Nicolau Sevcenko, o importante era ser *"chic* ou *smart* conforme a procedência do tecido ou do modelo". (SEVCENKO, 1989)

Tais reformas ocorriam em vários níveis, como por exemplo o comportamental. A vadiagem, a serenata e a boemia passariam a ser vistas com maus olhos e o violão, instrumento que em geral acompanhava os boêmios em suas serestas e "vadiagens", também. Além da perseguição a esses comportamentos, acontece a eliminação de pensões e confeitarias baratas e, juntamente com elas, sua clientela de boêmios e vadios.

A intolerância se estendia, ainda, às formas de manifestação da cultura e religiosidade popular:

> A proibição das festas de Judas e do Bumba-meu-boi, os cerceamentos contra a festa da Glória e o combate policial a todas as formas de religiosidade popular: líderes messiânicos, curandeiros, feiticeiros etc... As exprobrações contra as barraquinhas de São João no Rio vão de par, nas crônicas diárias, com os elogios aos cerceamentos à festa da Penha em São Paulo. (*Idem*, p. 33)

Certamente, tal intolerância também atingiria uma das maiores festas de caráter popular da capital federal. Como já vimos, o Carnaval que essa elite desejava era o europeu, "com arlequins, pierrôs e colombinas de emoções comedidas, daí o vitupério contra os cordões, os batuques, as pastorinhas e as fantasias populares preferidas: de índio e de cobra viva.". (*Idem*, p. 33) Mas tal controle ficava cada vez mais difícil, pois na virada para o século XX "não parecia haver uma resposta definida sobre como lidar com aquela multiplicidade e multiplicação da folia, que se estendia pelos bairros mais distantes e pelas classes mais baixas, parecendo imitar e adaptar (ou desvirtuar, para outros) as lições aprendidas das Grandes Sociedades".(CUNHA, 2001, p. 155)

O espaço festivo passa a ser tomado pelos populares para desconsolo e desespero de parte da elite carioca. A coluna "Diário das Ruas", da revista *Fon-Fon!*, exibe essa preocupação com certo humor e sarcasmo. No mesmo espaço onde brincavam conselheiros e madames, saltavam e dançavam lavadeiras e arrumadeiras. (CUNHA, 2008, p. 231) A ocupação dos espaços públicos, apesar da insistente intervenção das autoridades políticas e de parte da elite, nem sempre obteve o resultado esperado. Entre a cidade ideal e a real havia um longo caminho a percorrer.

Dessa forma, apesar das dificuldades enfrentadas para participar da folia, a população pobre brincava muito durante os Carnavais do início do século XX. Independentemente do projeto disciplinador proposto por intelectuais e parte da elite, os cordões continuaram a desfilar com seus estandartes protegidos por capoeiras vestidos de porta-machados e de índios pelas principais ruas e avenidas da cidade. Com seus nomes estapafúrdios e exóticos, entoando versos fáceis e ritmados, os quais associavam a melodia à agremiação carnavalesca, incomodavam parte da elite carioca. Tais grupos continuavam a participar teimosamente desses eventos e, por conta disso, ganhavam caricaturas e crônicas que ficaram registradas nas principais revistas ilustradas e jornais do período.

O que percebemos com tudo isso é que se de um lado a elite buscou civilizar o Carnaval e a população através deste, juntamente com as mudanças e a regeneração da cidade, por outro lado, as camadas populares não permitiram que tais modificações as excluíssem do espaço, que sempre foi seu por excelência. Isso se torna claro ao relembrarmos que as habitações populares possuíam espaços internos exíguos, e, portanto, era nas ruas e nos espaços externos dos cortiços e habitações coletivas que as relações sociais se davam (MARINS, 1998; CUNHA, 2008)

Dessa forma, durante o Carnaval ficava cada vez mais difícil controlar a multidão que tomava conta das ruas. A cada ano as autoridades criavam novas formas de controle dos foliões,

> aproveitando-se da imagem de ameaça e violência a eles associada. No final do período 1900-10 ela adquirira um grau elevado de aperfeiçoamento técnico no controle do trânsito de veículos, do fluxo de pessoas, da observação da multidão. Editais policiais estabeleciam regras detalhadas para circulação e estacionamento dos bondes e veículos particulares – não apenas para manter o trânsito livre, mas também para tentar impedir que cordões se cruzassem em seus deslocamentos pela cidade. O estabelecimento de mãos e contramãos para o fluxo de pedestres nas ruas do velho centro foi uma das táticas empregadas para evitar esses encontros. (CUNHA, 2001, p. 195-196)

Tais interditos não eram obedecidos, apesar de grandes contingentes de policiais serem destacados para o policiamento das ruas centrais da cidade. Entre as instruções dadas pelo chefe de polícia em 1912, aos oficiais cabia a tarefa de

impedir o jogo do entrudo, coibir os mascarados, as vaias e os corre-
-corres e também, expressamente, "evitar encontro de cordões carnavalescos e que os mesmos promovam distúrbios; obrigando-os a obe-
decerem às ruas de subida e descida, de acordo com o edital do Dr.
Primeiro delegado auxiliar". (*Idem*, p. 196)

Se as ruas *a priori* era um privilégio dos homens, com a reforma os novos hábitos permitiriam gradualmente que as jovens e senhoras elegantes a ocupassem, ainda que de forma acanhada e comportada. Mas os novos tempos incitavam o contato entre distintas classes e gêneros nos espaços públicos, dentro dos bondes, nos teatros, nos cafés, nos novos espaços de lazer e também, claro, os espaços festivos. Os sons e ritmos frenéticos passam a adentrar nos lares das melhores famílias. O samba marca sua presença definitiva nos Carnavais com o lançamento de *Pelo telefone* de Donga e Peru dos Pés Frios, em 1917.[9] As revistas começam a divulgar amplamente as músicas carnavalescas e a revista *Careta* chega mesmo a publicar não apenas as letras, mas também as partituras de sambas e marchas.

As mudanças se davam em todas as esferas da sociedade. Os últimos anos do século XIX e as primeiras décadas do XX foram, assim, de grandes transformações em vários setores, inclusive no carnaval e em suas sonoridades, o que foi registrado também pelos literatos e caricaturistas do período, que em geral possuíam múltiplas atividades como a de compositores, teatrólogos, jornalistas, funcionários públicos, publicitários e, alguns, até mesmo, a de figurinistas e atores. Sob uma nova ótica, o carnaval muda suas feições no decorrer de tais anos, ora representado como rei, como diabo, como deus ou com doses de erotismo, onde Colombina se renderia aos prazeres de Pierrôs e Arlequins. (CUNHA, 2008)

Se, por um lado, a *belle époque* tropical produziu uma adaptação de expressões locais mescladas às importadas comprovando, segundo Antônio Herculano, (LOPES, 2000) a capacidade urbana do Rio de Janeiro de assimilar o externo, por outro lado, a invenção do carioca e do brasileiro não

---

9 Sobre o samba e suas modificações narrativas, melódicas e timbrísticas no decorrer da década de 1920 e meados da década de 1940, e sua relação com as transformações urbanas e implementação da política nacionalista e trabalhista de Vargas, ver CUNHA (2004).

foi obra apenas da prática das elites. O Rio de Janeiro em fins do século XIX e início do XX era o centro da vida política e, cultural da nação e por conta disso, exercia poderosa força de irradiação de modismos, gostos e práticas culturais pelos diversos cantos do país e a mobilidade de algumas das práticas vinculadas à expressão musical e popular (como o circo, o teatro de revista, as apresentações de artistas estrangeiros em palcos das distintas capitais do país, assim como a contratação de artistas brasileiros para shows em outros países das Américas ou da Europa), possibilitou o diálogo, as trocas culturais e a disseminação de determinados gostos, indumentárias, ritmos etc. A integração, interação e a participação de africanos e seus descendentes, assim como dos grupos menos favorecidos da população neste contexto e processo e também os múltiplos diálogos culturais entre o local e o global propiciaram a criação e recriação de ritos, festas e ritmos populares e também a construção de identidades – com relação a bairros, certos espaços citadinos, favelas ("pedaços"), sociedades carnavalescas, escolas de samba e, claro, com a cidade e a nação.

Canções como *Pelo Telefone* passam a traduzir os desejos, as diferentes realidades e formas de expressão de parte da população e fazem sucesso nas festas populares, nas gravadoras e, posteriormente, no rádio. O grande sucesso desse samba mostra o universo desses músicos e dos locais onde compunham, o improviso, a importância da criação coletiva e de determinados "espaços" na história e consagração do samba não apenas como gênero musical, mas também como identidade de grupos, e, posteriormente, da nação. (CUNHA, 2004) O sucesso do samba *Pelo Telefone* também possibilitará a criação e/ou recriação de identidade em torno do samba e do carnaval e de sua vinculação a certos espaços citadinos, viabilizando criar inclusive alguns "mitos fundadores" e a "sacralização de alguns espaços" dentro da história do Carnaval e do samba, tais como a casa da Tia Ciata, a Pedra do Sal, a Praça Onze, alguns bairros como o da Saúde, Gamboa, Estácio, Vila Isabel, Pavuna, dentre outros. A relevância desses locais pode ser comprovada não apenas em bibliografia sobre o assunto[10]

---

10   MOURA. R. *Tia Ciata e a Pequena África no Rio de Janeiro*. Rio de Janeiro: Funarte, 1983; SANDRONI, Carlos. *Feitiço Decente:Transformações do Samba no Rio de Janeiro (1917-1933)*.

mas também, mais recentemente, através do documento produzido pelo Centro Cultural Cartola[11] com o intuito de instituir as matrizes do samba carioca como patrimônio imaterial da nação.

Esse texto busca associar as principais matrizes do samba carioca a certos espaços e à construção identitária dos grupos. Dessa forma, o samba de partido alto (uma das matrizes desse gênero musical) teria como *lócus* de expressão e manifestação, a roda; o samba de terreiro, que no início do século XX era produzido nos terreiros das casas que seriam posteriormente transformados em quadras das escolas de samba e, por fim, o samba enredo, vinculado às escolas de samba. O documento discorre sobre essas diferentes formas de expressão musical, sua relevância para determinados grupos e, claro, para a antiga capital federal e, consequentemente, sua contribuição na construção das "matrizes do samba carioca" e desse gênero musical como ícone de identidade nacional. Para compreendermos melhor essa discussão, acreditamos que é importante falarmos um pouco sobre os debates acerca de patrimônio imaterial, música popular e folclórica e sua relação com o samba.

Rio de Janeiro: Zahar/Editora da UFRJ, 2001; CUNHA, Maria Clementina Pereira. *Ecos da folia: Uma história social do carnaval carioca entre 1880 e 1920*. São Paulo: Companhia das Letras, 2001; EFEGÊ, J. *Figuras do carnaval carioca*. Rio de Janeiro: Funarte, 1982; CUNHA, Fabiana L. *Da marginalidade ao estrelato: O samba na construção da nacionalidade (1917-1945)*. São Paulo: Annablume, 2004. Da mesma autora, "As matrizes do samba carioca e carnaval: algumas reflexões sobre patrimônio imaterial". *Patrimônio e Memória* (Unesp), vol. 5, p. 1-23, 2009. Com relação a livros de memorialistas e autores que foram de suma importância para a contribuição da construção "mítica" desses espaços, ver ALMIRANTE.*No tempo de Noel Rosa*. Rio de Janeiro: Francisco Alves, 1977; BARBOSA, O. *Samba: sua História, seus poetas, seus músicos e seus cantores*. Rio de Janeiro: Funarte, 1978; GUIMARÃES, Francisco. *Na roda do samba*. Rio de Janeiro: Funarte, 1978.

11 Dossiê das *Matrizes do Samba no Rio de Janeiro: Partido Alto, Samba de Terreiro e Samba – Enredo*. Centro Cultural Cartola/Iphan/MinC/Fundação Palmares. 2006. Disponível em: http://www.cnfcp.gov.br/pdf/Patrimonio_Imaterial/Dossie_Patrimonio_Imaterial/Dossie_Samba_RJ.pdf. Acessado em 23 maio 2011.

Breve Discussão sobre música popular, folclore e patrimônio imaterial

Um dos primeiros trabalhos preocupados com a definição do que deveria ser a música nacional brasileira, inclusive sobre música popular, foi produzido por Mário de Andrade em 1928. (ANDRADE, 1972) Para ele, a pesquisa do material folclórico-musical deveria preparar,

> no plano da criação, a diluição do material popular no campo da expressão nacional, visando constituir as bases de elaboração de uma música pura, de formas renovadas. Em outras palavras, Mário de Andrade negava o exotismo, ufanismo, populismo e pastiches folclóricos, como procedimentos de criação a partir do popular. (NAPOLITANO & WASSERMAN, 2000, p. 169)

Dessa forma, a música urbana não era o foco central do material coletado, analisado e incorporado ao projeto marioandradiano, pois sua

> brasilidade estaria mesclada a outras sonoridades, oriundas de outras nacionalidades. Além do mais, a música urbana, sobretudo aquela produzida no centro mais vigoroso de produção musical-popular – a cidade do Rio de Janeiro – rapidamente era canalizada para o consumo, na forma de música ligeira. (*Idem*)

Em 1936, Mário de Andrade (2006) refutaria o "conceito etnográfico de canção popular, já que não haveria elementos no país para atestar que tal melodia tem mais de um século". (GARCIA, 2010, p. 11) Dessa forma, a "tradição deixaria aqui de ser um critério definidor do que é folclore". Ele afirmava ainda que aqui existia um "folclore urbano", típico das jovens nações. Para Renato Almeida (s/d), a música popular seria a expressão da síntese das três raças que compunham a nação. No entanto, ambos não viam no samba ou nas canções que embalavam os carnavais, obras de cunho folclórico.

> Ninguém confundirá o caráter de uma moda-de-viola ou de um ponto de macumba com o de uma marchinha de carnaval ou de um samba-canção. Aquelas são criações folclóricas de

aceitação coletiva e transmissão oral, enquanto estas são obras individuais e popularizadas. (ALMEIDA, s/d)

Para Mário de Andrade, a pesquisa do material folclórico-musical deveria constituir-se nas bases de "elaboração de uma música pura, de formas renovadas" (NAPOLITANO & WASSERMAN, 2000), e concluía que a música popular urbana estaria muito "mesclada a outras nacionalidades" para proporcionar um material que propiciasse a construção da brasilidade. (*Idem*) Mas, se tanto Mário de Andrade quanto Renato Almeida preocupavam-se em distinguir e definir o que seria música popular urbana e o que seria música folclórica, encontraremos em Mário de Andrade uma fronteira "porosa e elástica" entre a música originária da cidade e a do meio rural, que acabará sendo aproveitada posteriormente, nos anos 1950, pela geração que será responsável por eleger um determinado repertório de música popular urbana e elevá-lo ao *status* de música tradicional e folclórica, usando para isso um discurso que opõe tradição e modernidade.[12]

> Esses intelectuais que tomaram a música popular carioca e seu universo como assunto de crônicas diárias, misturadas, muitas vezes, às suas memórias pessoais, atuaram, em seu tempo, como mediadores culturais: sugerindo formas de recepção, colocaram os meios de comunicação – jornal, revista, rádio – a serviço de um propósito: a valorização e perpetuação do que chamavam a "autêntica música popular brasileira." (GARCIA, 2010, p. 13)

Assim, se a década de 1950 produziu um discurso de autenticidade e legitimidade relacionado ao cancioneiro popular veiculado nas primeiras décadas do século XX, os impulsos iniciais para o debate sobre as "origens da música urbana", principalmente no que diz respeito ao samba, ocorre ainda na década de 1930 com a obra de Vagalume (GUIMARÃES, 1978) e Orestes Barbosa. (BARBOSA, 1978) O primeiro buscou definir os fundamentos estéticos do samba e tentou construir o morro como um território

---

12 Para compreender a relevância de editores e colaboradores da *Revista da Música Popular* no decorrer da década de 1950 para a legitimação desse discurso e da construção de uma "aura" de autenticidade do samba das primeiras décadas do século XX ver GARCIA (2010).

mítico desse gênero musical. Já para Barbosa, o samba é entendido como um patrimônio da cidade do Rio de Janeiro, que por ser a capital federal no período deveria ser a responsável pela criação e difusão de um ritmo que traduziria a nação. Daí sua defesa para que o samba se tornasse também símbolo de brasilidade.

No que diz respeito ao patrimônio cultural, a década de 1930 produziu também uma proposta inovadora, que era a de se incluir o patrimônio cultural intangível ou imaterial[13] dentre as categorias que deveriam ser preservadas no país. Quando Mário de Andrade, em 1936, foi convidado por Gustavo Capanema e Rodrigo Mello Franco Andrade para construir o que seria posteriormente o Serviço do Patrimônio Histórico e Artístico Nacional, sua proposta era que

> As músicas que nosso povo cantava e dançava fossem elevadas à categoria de um bem da cultura imaterial, uma vez que planejava, além da gravação e da filmagem, o registro em livros de tombo. Idealmente, imaginava que as mesmas regiões fossem mapeadas a cada cinco anos, por exemplo, para que no futuro se detectasse, comparativamente, as mudanças operadas no cantar dos povos brasileiros. (TONI, 2008, p. 27)

A intenção de Mário de Andrade era, através da coleta sonora e escrita das distintas manifestações e expressões musicais, criar um acervo que pudesse ser utilizado posteriormente para o estudo e o uso nacional, "mostrar o Brasil aos brasileiros", segundo Luís Saia. (*Idem*, p. 33) Mário estava empenhado em construir uma ciência do folclore no país. Para isso, buscou a ajuda de professores e cientistas sociais da USP. Contudo, tal interação não obteve sucesso (VILHENA, 1996, p. 125-150) e o folclore, no Brasil, só esteve presente de forma significativa no campo da música. A cadeira de folclore nacional de música, criada em 1939 na Escola Nacional de Música da Universidade do Brasil e a *Revista Brasileira de Música*, iniciada em 1934, "foram espaços fundamentais para a divulgação, a discussão e o debate sobre o ensino e a

---

13 Não entraremos aqui na discussão sobre o melhor termo a ser utilizado em relação a essas expressões culturais: se imaterial ou intangível. Para isso, ver OLIVEIRA (2008).

pesquisa da música folclórica no Brasil". (OLIVEIRA, 2008) Mas, apesar disso, as políticas de patrimônio no país visavam, até fins do século XX, apenas o patrimônio cultural material, principalmente os bens edificados.

Esse cenário começou a se modificar com a aprovação dos artigos 215 e 216 da Constituição Federal de 1988. Em 2000, o IPHAN criou um novo instrumento jurídico como uma alternativa aos tombamentos, buscando com isso retomar a proposta inicial de Mário de Andrade:reconhecer como patrimônio não apenas os bens materiais – os edifícios, monumentos etc. –, mas também os de caráter imaterial ou intangível. Esses bens são agrupados por categoria e registrados em livros:

1) Livro de Registro dos Saberes;

2) Livro de Registro de Celebrações (rituais e festas);

3) Livro de Registro das Formas de Expressão (linguagens, danças, ritmos etc);

4) Livro de Registro dos Lugares (onde são reproduzidas práticas culturais coletivas tais como, mercados, feiras, santuários ou praças).

Atualmente há 22 bens imateriais já registrados no Brasil, segundo o IPHAN.[14] Destes, ao menos 7 estão intimamente vinculados a expressões musicais: 1 no livro de Registro dos Saberes (modo de fazer a viola-de-cocho) e 6 no livro de Registro das Formas de Expressão (Samba de Roda do Recôncavo Baiano; Jongo no Sudeste; Frevo; Tambor de Crioula e as Matrizes do Samba no Rio de Janeiro: Partido Alto, Samba de Terreiro e Samba-Enredo e Roda de Capoeira). Isso sem levarmos em conta os diversos sons que permeiam a Feira de Caruaru, ou as festas populares registradas.[15] Tais números indicam, portanto, a relevância que as formas de expressão vinculadas à nossa musicalidade têm dentro da atual política de patrimônio do IPHAN, o que nos leva novamente aos ideais de seu fundador, Mário de Andrade.

---

14 Disponível em: http://portal.iphan.gov.br/portal/montarPaginaSecao.do;jsessionid=906 539D87E43CF26B62DF233DEA69656?id=12456&retorno=paginaIphan. Acessado em 09 maio 2011.

15 Festa do Círio de Nossa Senhora de Nazaré, Festa do Divino Espírito Santo de Pirenópolis, Festa de Sant'Ana de Caicó.

Sua preocupação com o assunto acabou gestando inúmeras obras, muitas delas compiladas após sua morte por Oneyda Alvarenga. Dentre elas, gostaríamos de citar seu *Dicionário Musical Brasileiro* e os inúmeros verbetes que buscam explicitar as diferentes formas e expressões do samba, demonstrando com isso a complexidade para se estudar e compreender esse ritmo. Mário de Andrade, nesta obra, após esclarecer sobre a origem do vocábulo *Samba* elenca, em seguida, os distintos tipos de manifestações com o codinome de samba: "samba"; "samba a dois coros"; "samba batido"; "samba chulado"; "samba corrido"; "samba da virada"; "samba-de-chave"; "samba de embolada"; "samba-de-influência"; "samba-de-morro"; "samba de palma"; "samba do matuto"; "samba-do-norte"; "samba do partido alto"; "samba raiado"; "samba-rumba"; "samba trançado". (ANDRADE, 1989, p. 453-458).

Além dessas inúmeras denominações e diferenças rítmicas, coreográficas e geográficas, há ainda outros ritmos que seriam descritos por ele como uma variedade do samba, como o jongo, por exemplo.

Desses diferentes tipos de samba, alguns não contemplados por Mário de Andrade, três já foram registrados como bens imateriais do Brasil[16] e um deles, o samba do Recôncavo Baiano, foi proclamado como obra-prima da humanidade pela Unesco. Esses fatos denotam não apenas a multiplicidade rítmica, mas também a relevância dessa expressão musical e coreográfica dentro de nosso país e em distintas regiões.

Partes desses debates sobre as origens do samba carioca – que se iniciam na década de vinte do século XX e se estendem até os dias de hoje –, questões identitárias, os diversos ritmos, sonoridades, outros aspectos desse gênero musical e sua vinculação a certos espaços podem ser encontrados no documento produzido para a patrimonialização das "Matrizes do Samba Carioca".[17]

---

16   O samba de roda do Recôncavo Baiano, as matrizes do samba carioca (samba de partido alto, samba de terreiro e samba – enredo) e o jongo paulista.

17   *Dossiê das Matrizes do Samba no Rio de Janeiro: Partido Alto, Samba de Terreiro e Samba Enredo.*

As Matrizes do Samba Carioca

Analisando o documento apresentado ao IPHAN, (CUNHA, 2009, p. 1-23) o Dossiê das *Matrizes do Samba do Rio de Janeiro*, proposto pelo *Centro Cultural Cartola*[18] com o intuito de registrar as matrizes das mais significativas expressões desse gênero no Rio de Janeiro, ficam claras as dificuldades que o grupo teve em tal empreitada. A pesquisa que respaldou a construção do dossiê reúne um conjunto de referências históricas através de livros, teses e monografias, além de vídeos, discografia, reportagem e testemunho de sambistas da "velha guarda", tais como: Monarco, Xangô da Mangueira e Nelson Sargento.

Dentre os diversos tipos de samba, a comissão escolheu três deles para registrá-los como "matrizes do samba carioca" no *Livro de Expressões* de bens imateriais do IPHAN: o samba de partido alto, o samba de terreiro e o samba-enredo.

Para justificar a escolha de apenas três expressões do gênero dentre muitas outras, a equipe composta principalmente por músicos, pesquisadores e acadêmicos que trabalham com o tema e que compilou o documento[19]

---

18 Instituição fundada em 2001 pela família do sambista e sediada no pé do morro da Mangueira, oferece oficinas e cursos voltados para as artes e esportes. Há ainda inúmeros projetos educativos em andamento, vinculados à música, identidade e memória. Possui ainda um Centro de Referência de Pesquisa do Samba que em 2009 passou a ser reconhecido pelo IPHAN/MinC como Pontão da Memória do Samba Carioca, e tem como principal objetivo o resgate e a documentação do samba, constituindo-se como parte integrante do projeto de salvaguarda das matrizes do samba carioca. O acervo está sendo ampliado, por conta dos desdobramentos do dossiê, como o projeto em andamento "Memória das Matrizes do Samba no Rio de Janeiro": (IPHAN 6SR – MINISTÉRIO DA CULTURA – Projeto Depoimentos), fruto também da aprovação das "matrizes do samba carioca" como patrimônio cultural imaterial do Brasil.

19 Coordenação: Nilcemar Nogueira; Pesquisa:Helena Theodoro, Aloy Jupiara e Rachel Valença. Nei Lopes (Da tradição africana); Roberto Moura (Notas para uma história afro-carioca); Sérgio Cabral (Deixa Falar, o samba e a escola); Carlos Sandroni (A música); Felipe Trotta (A música); João Batista Vargens (A poesia), Marília de Andrade (A dança), Carlos Monte, Haroldo Costa, Janaína Reis e Lygia Santos. Assistentes de pesquisa:Janaína Reis e alunos do curso de Gestão do Carnaval do Instituto do Carnaval da Universidade Estácio de Sá: Ailton Freitas Santos, Célia Antonieta Santos De Franco, Cremilde de A. Buarque Araújo, Lilia Gutman P. Langhi, Luis Antonio Pinto Duarte, Meryanne Cardoso,

ressaltou os estilos e lugares do samba carioca que, no passado, foram de suma importância para que este gênero musical e coreográfico se transformasse de música marginal e perseguida, em símbolo de brasilidade. Há ainda uma preocupação com a identificação do samba em distintos lugares, como morros, ruas, quintais e escolas de samba (as que tiveram destaque no estudo foram as mais antigas: Mangueira, Portela, Salgueiro, Vila Isabel, Império Serrano e Estácio de Sá), o que possibilitou também a criação de um projeto de salvaguarda, vinculando tais manifestações rítmicas, coreográficas e religiosas a certos espaços consagrados, desde o início do século XX, com a cultura africana e afro-brasileira.

No entanto, se o vínculo com certos espaços e seus moradores é algo muito presente na antiga capital federal, um dos argumentos utilizados pelos compiladores do documento para a solicitação e necessidade do registro e salvaguarda das matrizes do samba carioca diz respeito à diminuição destes espaços de expressão cultural pois, segundo o documento, os sambas-enredo, com sua espetacularização, acabaram restringindo os locais onde o samba de partido alto e o de terreiro, através de seus partideiros e improvisadores, difundiam tais práticas. Por conta disso, o IPHAN propõe o incentivo de ações que valorizem e articulem as comunidades de sambistas da velha-guarda, os principais depositários desses saberes e tradições. A instituição sugere ainda o incentivo à pesquisa histórica, a produção de biografias e o registro em áudio e vídeo dessas comunidades e de seus expoentes.[20]

Para distinguir as três diferentes matrizes, a equipe trabalhou distintas categorias, ressaltando as particularidades de cada uma delas, tais como:

1) na música, analisando e/ou descrevendo aspectos relacionados ao ritmo, à sonoridade, à estrutura harmônico-melódica e também nas

---

Nelson Nunes Pestana, Paulo César Pinto de Alcântara, Regina Lucia Gomes de Sá, Sergio Henrique Vieira Oliveira e Wellington Pessanha. As gravações em vídeo foram realizadas por Luiz I. Gama Filho (direção) e Cristina Gama Filho (produção); o registro fotográfico, por Diego Mendes.

20 Disponível em: http://www.cnfcp.gov.br/pdf/Patrimonio_Imaterial/Dossie_Patrimonio_Imaterial/Dossie_Samba_RJ.pdf. Acessado em 23 maio 2011

"formas de algumas canções consideradas típicas de cada um dos universos abordados";[21]

2) na poesia;

3) na dança;

4) nos lugares;

5) os atores;

6) na cena: (a roda, as manifestações de religiosidade, a comida, os instrumentos, as bandeiras e as cores, as baianas, as velhas guardas, os terreiros – atualmente quadras –, as formas de transmissão do saber no samba do Rio de Janeiro) e concluem com algumas propostas de salvaguarda, já citadas acima.

Dessa forma, o documento sugere a análise destas distintas matrizes no que diz respeito aos seus aspectos rítmicos, sonoros, na estruturação harmônico-melódica e nas práticas socioculturais que representam o universo musical e cultural destes diferentes modos de fazer samba, sem deixar de lado a compreensão de que o ambiente musical inventariado é permeado de múltiplos significados, que vão desde os instrumentos utilizados, o(s) ambiente(s) em que tal gênero é composto e consumido, até a performance dos músicos e dos que participam do mesmo. Portanto, para compreendermos esse "metagênero musical",[22] não basta entender sua musicalidade e poesia, é preciso também apreender sua conexão com a dança, com o local, a forma e seus múltiplos significados, vinculados à religião, à dança, ao preparo e à presença de bebidas e comidas específicas (que são consumidos em determinados lugares), do simbolismo de seus instrumentos, cores, bandeiras etc. Sem compreender esse universo múltiplo, cultural e festivo, não é possível analisarmos esse gênero musical em toda a sua diversidade e complexidade.[23] A escolha de três formas de

---

21 *Dossiê das Matrizes do Samba Carioca*. p. 23. Disponível em: http://www.cnfcp.gov.br/pdf/Patrimonio_Imaterial/Dossie_Patrimonio_Imaterial/Dossie_Samba_RJ.pdf. Acessado em 23 maio 2011.

22 São tantos os estilos de fazer samba que podemos pensá-lo como uma espécie de metagênero, um grande ambiente sociomusical onde práticas culturais coletivas ocorrem a partir da música e através dela". In: *Dossiê das Matrizes do Samba Carioca*, p. 23.

23 Para mais detalhes, ver o documento *Dossiê das Matrizes do Samba no Rio de Janeiro: Partido Alto, Samba de Terreiro e Samba-Enredo*. Centro Cultural Cartola/IPHAN/MinC/

expressão como matrizes do samba carioca é justificada no documento como sendo as que mais "se relacionam com o cotidiano, com os modos de ser e de viver, com a história e a memória dos sambistas".[24]

Ao longo do texto que compõe o dossiê, podemos perceber como as matrizes do samba do Rio de Janeiro são múltiplas e dialogam entre si. Há inúmeros pontos em que esses estilos se entrecruzam, inclusive espacialmente, como no caso das rodas de samba de terreiro, que muitas vezes partilham espaços fronteiriços com as quadras das escolas de samba, onde o samba-enredo é cantado pelos que estão presentes.

Para nós (CUNHA, 2004, 2009), a trajetória que o samba percorreu para deixar de ser um gênero musical perseguido e marginalizado pelas autoridades para se transformar, na década de quarenta do século XX em símbolo de brasilidade, estaria intimamente relacionada com as mudanças sofridas pela cidade do Rio de Janeiro. Dessa forma, as modificações desse gênero musical no que diz respeito a sua letra, ritmo e melodia e também quanto à sua execução em novos espaços citadinos, sua difusão e consumo estariam atreladas às reformas urbanísticas da cidade do Rio de Janeiro. Assim como a cidade foi se transformando com novas tecnologias, avenidas e espaços de lazer e entretenimento, o samba também foi se modificando até chegar à sua máxima sofisticação timbrística com os sambas-exaltação, como o famoso *Aquarela do Brasil* de Ari Barroso. Tais mudanças têm como marco, dentro da historiografia sobre o assunto, o primeiro samba a fazer sucesso no Brasil, o *Pelo Telefone*. Composto em um espaço coletivo, no bairro da Saúde, na casa da famosa tia Ciata, com características do samba de partido alto e de roda, mas também de terreiro (para utilizar aqui a denominação do documento para o registro dessa matriz do samba), essa composição teria sido "apropriada indevidamente"

Fundação Palmares. 2006. Disponível em: http://www.cnfcp.gov.br/pdf/Patrimonio_Imaterial/Dossie_Patrimonio_Imaterial/Dossie_Samba_RJ.pdf. Acessado em 23 maio 2011

24 *Idem*, p. 10

por um dos frequentadores das festas promovidas por este importante líder da comunidade de afros-descendentes, o conhecido Donga.[25]

Tais modificações do espaço e da sociedade são evidenciadas e cantadas em inúmeros sambas do período e podem ser compreendidas através da análise dos diferentes locais e formas como o Carnaval (e suas sonoridades) era festejado nessas duas primeiras décadas do século XX.

Durante a década de 1930, o samba sofrerá modificações rítmicas, timbrísticas e narrativas, assim como a cidade e a sociedade também se transformam: surgem novos espaços geográficos e musicais, novos compositores e intérpretes, novos meios de divulgação e ouvintes. Com a mutabilidade da cidade e seus habitantes, o samba, assim como a festa carnavalesca, também se transforma para sobreviver aos "novos tempos" e será alvo de interesse e pesquisas por parte da intelectualidade do período.

Dessa forma, vários elementos vão contribuir para as transformações que o samba e, por conseguinte, o Carnaval vai sofrer ao longo do século XX. Tal dinâmica se deve, portanto, à entrada de novos grupos sociais no universo do samba, como o grupo de Vila Isabel; à formação das Escolas de Samba, que vão sendo construídas como lugares da tradição (a Deixa Falar surge em 1929); à mobilidade territorial das experiências musicais (como o eixo Estácio-Morro); ao caldeirão de sonoridades catalisado pela expansão do rádio, pressionado e impressionado pelo potencial de crescimento de audiências que não faziam parte do grupo social que havia configurado, inicialmente, o mundo do samba. Todos esses elementos precisavam ser "disciplinados", colocados sob o prisma da tradição, sobretudo num momento em que o popular e o nacional eram as categorias de afirmação cultural e ideológica por excelência.

Assim, diante de toda essa discussão e retomando as questões sobre os diferentes tipos de samba, é difícil delimitar a fronteira entre eles, inclusive a espacial, pois se o samba da primeira geração ainda possui a marca sonora de seu parentesco com os sambas de partido-alto dos baianos e com

---

25   Coloco entre aspas essa apropriação porque como o samba era fruto da coletividade e do momento em que era executado, em geral de forma improvisada e responsorial pelo público presente, fica difícil firmar esse tipo de acusação.

o samba de terreiro (como denominam os pesquisadores do documento apresentado ao IPHAN), o êxito da nova geração (ou novas gerações) só foi possível pelo sucesso que o estilo anterior obteve. Além disso, o

> estilo antigo já é um misto baiano-carioca[...] Sinhô era carioca e fez dos ataques aos baianos um de seus temas prediletos. João da Baiana, apesar de seu nome, tinha nascido no Rio, e dizia orgulhar-se de ter "vencido" seus irmãos nascidos na terra da mãe. Quanto ao estilo novo, Lopes mostrou a enorme contribuição de músicos e tradições musicais de outros estados (Minas, Pernambuco etc.) à sua configuração final. (SANDRONI, 2001, p. 141)

Se o samba de partido alto teria como padrão rítmico o paradigma do Estácio, para utilizar aqui a definição de Sandroni, e como principais características do gênero a criação coletiva, o improviso e o desafio, partindo sempre fisicamente de uma roda de samba, o de terreiro é definido no documento de patrimonialização das matrizes do samba carioca e por Moura como associado aos locais de encontro e celebração dos sambistas, cantando em suas letras as experiências da vida, o amor, as lutas, as festas, a natureza e exaltando a escola e a música, mas nesses locais e nessas composições continuam a existir elementos do samba de partido alto, como o improviso e a roda:

> cada terreiro (cada quadra, mais tarde) era cenário de incontáveis rodas de samba pelo menos até dois meses antes do carnaval – quando o tempo destinado aos sambas de terreiro (mais tarde sambas de quadra) se dividia com a competição interna de escolha do samba-enredo. Se as elites queriam que sambistas e negros soubessem onde era o seu lugar, a escola foi nesse momento um espaço de diferenciação. O lugar era aquele e nenhum outro. (MOURA, 1983, p. 131)

Desde que o samba obteve o reconhecimento institucional, segundo Moura, propiciado pela criação das escolas de samba, de 1935 a 1960, os sambistas passaram a vivenciar plenamente suas escolas e a roda de samba, principalmente nesses terreiros, agora transmutados em quadras, anexas à sede da escola de samba. Era como se a escola fosse uma extensão da própria casa do sambista. (*Idem*)

Mas, se há o reconhecimento institucional, esse também vem acompanhado de algumas exigências, como por exemplo a entrada nesse cenário de novos atores e também de novas regras para os desfiles carnavalescos, o que vai se refletir também nos enredos, na autonomia das escolas e, claro, nos sambas-enredo.

Dessa forma, o que podemos concluir no momento é que essa riqueza e diversidade musical e cultural atrelada aos encontros dentro do espaço urbano da cidade do Rio de Janeiro propiciaram um universo festivo e musical extremamente dinâmico, viabilizando a criação de ritmos e melodias diverso, que foram sendo composto, difundido e consumido em seus respectivos momentos históricos, respondendo também aos anseios de diversão do público e à necessidade da nascente indústria de entretenimento.

Enfim, se, por um lado, parece-nos ter dado certo a tentativa de se organizar e adequar de forma mais "civilizada" os foliões, o Carnaval e o samba ainda nas primeiras décadas do século xx, por outro lado, percebemos que a criatividade e a ânsia em desfrutar do prazer de desfilar e cantar são perpetuadas entre as camadas mais populares, que criam ou recriam formas de brincar nos espaços públicos das grandes capitais. Acreditamos que esse tenha sido um dos principais motivos para a solicitação do inventário e registro das matrizes do samba carioca como um bem de cultura imaterial: a preocupação das comunidades de sambistas (principalmente os que se relacionam com a "velha guarda") com essa dinâmica que acaba por estimular mudanças na forma de compor, cantar, dançar, desfilar e vivenciar o samba.

Por outro lado, a criação da Cidade do Samba, associada à patrimonialização das matrizes do samba carioca, parece fechar um ciclo que se iniciou na década de 1920 com a tentativa de se criar uma música nacional com a construção de um discurso pautado no "mito de origem" do samba carioca. No entanto, são elementos que se completam, mas que também são dialéticos, pois apontam para dois caminhos, o da inclusão e o da exclusão, e também para novos encaminhamentos e desdobramentos.

Assim, apesar de todos os problemas aqui apontados, sem o envolvimento dessa comunidade de sambistas, de estudiosos e amantes do assunto e, por conseguinte, sem sua preocupação com a preservação de uma memória musical e festiva, sua disposição para o diálogo e recriação constante dessas expressões musicais, tal empreitada – a de inventariar e salvaguardar essas matrizes do samba carioca – jamais surtiria efeito.

Por fim, quando vemos no documento a descrição dos diversos espaços da cidade e seu entorno destinados ao samba e ao Carnaval, como o bar do Candongueiro, em Niterói, ou dos inúmeros bares e Centro Culturais na Lapa (que difundem o samba), do mapeamento culinário associado a sambistas e/ou ao samba dentro do Rio de Janeiro, ou ainda dos mapas das escolas de samba – são apontadas 72 delas na cidade do Rio de Janeiro –, dos locais onde imperam as rodas de samba e dos espaços considerados uma referência na cidade no que tange à história do Carnaval e do samba, compreendemos a frase do novo diretor de fomento da Fundação Palmares, que apoiou a confecção do dossiê, o Sr. Martvs António das Chagas: "Não há nada mais material do que a 'imaterialidade do samba'".[26]

Bibliografia

ALMEIDA, Renato. *Compêndio de história da música brasileira*. Rio de Janeiro: F. Briguiet & Comp. Editores, s/d.

ALMIRANTE. *No tempo de Noel Rosa*. Rio de Janeiro: Francisco Alves, 1977.

ANDRADE, Mário de. *Ensaio sobre a música brasileira*. São Paulo: Vila Rica; Brasília: INL, 1972

_____. "Música e a canção populares no brasil". In: *Ensaio sobre a música popular brasileira*. Belo Horizonte: Itatiaia, 2006

_____. *Dicionário musical brasileiro*. Belo Horizonte: Itatiaia; Brasília: MinC; São Paulo: IEB: Edusp, 1989.

---

26 Essa frase foi dita quando o Sr. Chagas era subsecretário de políticas e ações afirmativas da Secretaria de Promoção da Igualdade Racial da Presidência da República, durante o governo do presidente Luís Ignácio Lula da silva. Disponível em: http://www.clubedosamba.com.br/index.asp?url=noticia&id=215 Acessado em 08 set. 2009

BARBOSA, O. *Samba: sua história, seus poetas, seus músicos e seus cantores.* Rio de Janeiro: Funarte, 1978

CUNHA, Fabiana Lopes da Cunha. *Da marginalidade ao estrelato: o samba na construção da nacionalidade(1917-1945).* São Paulo: Annablume, 2004.

_____. *Caricaturas carnavalescas: carnaval e humor no Rio de Janeiro sob a ótica das revistas ilustradas* Fon-Fon! *e* Careta *(1908-1921).*Tese de Doutorado. FFLCH/USP, 2008.

_____. "As matrizes do samba carioca e carnaval: algumas reflexões sobre patrimônio imaterial". In: *Patrimônio e Memória* (Unesp), vol. 5, p. 1-23, 2009.

CUNHA, Maria Clementina Pereira. *Ecos da folia: uma história social do Carnaval carioca entre 1880 e 1920.* São Paulo: Companhia Das Letras, 2001.

DAMATTA, R. *Carnavais, malandros e heróis: para uma sociologia do dilema brasileiro.* Rio de Janeiro: Guanabara, 1990

Dossiê das Matrizes do Samba no Rio de Janeiro: partido alto, samba de terreiro e samba-enredo. Centro Cultural Cartola/IPHAN/MinC/Fundação Palmares. 2006 Disponível em: http://www.cnfcp.gov.br/pdf/Patrimonio_Imaterial/Dossie_Patrimonio_Imaterial/Dossie_Samba_RJ.pdf. Acessado em 23 maio 2011

EFEGÊ, J. *Figuras do carnaval carioca.* Rio de Janeiro, Funarte, 1982

FREIRE-MEDEIROS, Bianca. "A favela como patrimônio da cidade? reflexões e polêmicas acerca de dois museus". In: *Estudos Históricos*, Rio de Janeiro, n. 38, jul.-dez. 2006

FERREIRA, Felipe. *Inventando Carnavais: O surgimento do Carnaval carioca no século XIX e outras questões carnavalescas.* Rio de Janeiro: Editora UFRJ, 2005

GARCIA, Tânia da Costa. "A folclorização do popular: uma operação de resistência à mundialização da cultura, no Brasil dos anos 50". *ArtCultura* (UFU), vol. 12, p. 80-92, 2010

GUIMARÃES, Francisco. *Na roda do samba.* Rio de Janeiro: Funarte, 1978

JAMESON, Frederic. *As Marcas do visível.* Rio de Janeiro: Graal, 1995

LOPES, Antônio Herculano (org.). *Entre a Europa e África: A invenção do carioca.* Rio de Janeiro: Fundação Casa de Rui Barbosa/Topbooks, 2000.

LUIZ EDMUNDO. *O Rio de Janeiro do meu Tempo.* Rio de Janeiro: Conquista, 1957.

MARINS, Paulo César Garcez. "Habitação e vizinhança: limites da privacidade no surgimento das metrópoles brasileiras". In: SEVCENKO, Nicolau (org.). H.V.P.B. São Paulo: Companhia das Letras, 1998 (História da vida privada no Brasil, vol. 3).

MEDEIROS, Alexandre. "Como ser rei no Rio de Janeiro". In: *Carta Capital*, 12 mar. 2003. p. 32-35.

MORAES, José G. V. de. "História e música: canção popular e conhecimento histórico". In: *Revista Brasileira de História*. São Paulo, vol. 20, n. 39, p. 203-221, 2000.

_____. "O Brasil sonoro de Mariza Lira". *Revista Temas & Matizes* – Unioeste – Pró-Reitoria de Pesquisa e Pós-Graduação, vol. 5, n. 10 – 2º Semestre de 2006, p. 29-36.

MOURA. R. *Tia Ciata e a Pequena África no Rio de Janeiro*. Rio de Janeiro: Funarte, 1983.

_____. *No princípio, era a roda: um estudo sobre samba, partido-alto e outros pagodes*. Rio de Janeiro: Rocco, 2004.

NAPOLITANO, Marcos & WASSERMAN, Maria C. "Desde que o samba é samba: a questão das origens no debate historiográfico sobre a música popular brasileira". In: *Revista Brasileira de História*, São Paulo, vol. 20, n. 39, p. 167-189, 2000.

OLIVEIRA, Lúcia Lippi. *Cultura é Patrimônio: Um Guia*. Rio de Janeiro: Editora FGV, 2008.

SANDRONI, Carlos. *Feitiço Decente:Transformações do Samba no Rio de Janeiro (1917-1933)*. Rio de Janeiro: Jorze Zahar Editor/Editora UFRJ, 2001.

_____. La samba à Rio de Janeiro et le paradigme de l'Estácio. Cahiers de La Musique Traditionnelle, Genebra (Suíça), vol. 10, p. 153-168, 1997.

SEVCENKO, N. *Literatura como missão: tensões sociais e criação cultural na Primeira República*. São Paulo: Brasiliense, 1989.

_____. *A corrida para o século XXI: No loop da montanha-russa*. São Paulo: Companhia das Letras, 2001.

STAM. D.C. "The informed muse: the implications af the new museology". *Museum Management and Curatorship*, vol. 12, p. 267-283, 1993.

PRENTICE, Richard. "Experiential cultural tourism: museums and marketing of the new romanticism of evoked. Authenticity". *Museum managemen and Curatorship*, vol. 19, n. 1, p. 5-26, 2001.

TONI, Flávia Camargo. "Missão: as Pesquisas Folclóricas". In: *Revista* USP, São Paulo, USP/CCSA, 2008.

VIANNA, H. *O Mistério do Samba*. Rio de Janeiro: Jorge Zahar Editor/Editora UFRJ, 1995.

A "canção imperfeita" de Tom Zé e a Tropicália

José Adriano Fenerick

I

Em entrevista recente, Tom Zé disse o seguinte a respeito de sua história na Tropicália:

> Realmente eu fui o Trotsky dessa história. Em 1968, eu era tropicalista. Quando fez cinco anos, em 1973, era quase tropicalista. Quando fez dez anos, em 1978, quase já não aparecia em nada. Quando fez 15 anos, eu não estava mais, tinha sido varrido de todas as fotografias.[1]

Neste breve comentário, Tom Zé, de certo modo, definiu sua trajetória musical, na passagem dos anos 1960 para os anos 1970, como uma imagem de fotografia que foi *se apagando*. No entanto, a sua relação com o Tropicalismo precisa ser retomada para se entender o que ocorreu com o compositor de Irará na década de 1970.

---

1 Tom Zé – "Meu sonho é tocar na rodoviária", entrevista a Tânia Nogueira, *Revista República*, s/d. Disponível em: www.tomze.com.br. Acessado em 15 jan. 2008.

Após o *momento heroico* do Tropicalismo, ocorrido no final da década de 1960, com sua proposta estética altamente inclusiva, fica muito difícil falar, em termos de música popular brasileira, em algo novo, em algo que não repita ou retome os procedimentos utilizados pela antropofagia tropicalista. Já se disse que o Tropicalismo foi o último movimento inovador na música popular brasileira, entre outras coisas, pela impossibilidade de haver um outro movimento – inovador ou não – após todas as *misturas* tropicalistas. Nas palavras de Celso Favaretto, "o que chegava, seja por exigência de transformar as linguagens das diversas áreas artísticas, seja pela indústria cultural, foi acolhido e misturado à tradição musical brasileira" (2000, p. 32). O Tropicalismo desde o início, portanto, carregava em si um paradoxo:

> O fato de se configurar como um movimento que rompe, ao mesmo tempo, com a própria concepção de "movimento". Esse argumento fica mais claro à medida que nos damos conta de que, ao contrário das vanguardas estéticas, as quais geralmente postulam a ruptura radical com a tradição, a Tropicália adotou uma atitude incorporativa com relação a grande parte do repertório popular musical. (NAVES, 2001, p. 47-48)

Esse paradoxo do Tropicalismo em parte explica-se pelo contexto político-cultural da época em que ele eclodiu. De acordo com Napolitano, a década de 1960 foi um período marcado por intensos debates político-ideológicos e conflitos culturais, catalisados em larga medida pela música popular brasileira, que cada vez mais, por meio dos Festivais de Música Popular, transformava-se numa espécie de fórum de debates das questões nacionais, embora constituída e articulada no seio de uma indústria cultural cada vez mais racionalizada e poderosa.[2] O Tropicalismo, em meio aos debates políticos e culturais do período, passa a ser visto como "a contraface da MPB, e os tropicalistas, até por uma questão de autopromoção,

---

2 Estamos utilizando o conceito de Indústria Cultural partindo da formulação original de T. W. Adorno e Max Horkheimer (1985). Entretanto, sem desconsiderar os aspectos mais significativos do conceito, acreditamos não ser possível fazer uma aplicação direta, no contexto da música popular brasileira, das formulações originais dos filósofos alemães em questão.

não negavam essa aparente antítese" (NAPOLITANO, 2001, p. 270). Nesse sentido, o Tropicalismo se apresentava como uma possibilidade de resposta aos conflitos político-culturais da segunda metade da década de 1960, articulando uma "nova linguagem da canção a partir da tradição da música popular brasileira e dos elementos que a modernização fornecia" (FAVARETTO, 2000, p. 25). Ou seja, participando ativamente de um dos períodos mais criativos da sociedade brasileira,

> os tropicalistas assumiram as contradições da modernização, sem escamotear as ambiguidades implícitas em qualquer tomada de posição. Sua resposta à situação distinguia-se de outras da década de 60, por ser auto-refencial, fazendo incidir as contradições da sociedade nos seus procedimentos. Empregava as produções realizadas ou em processo, pondo-as em recesso, deslocando-as de modo a subtrair sua prática à redução de um momento particular do processo de evolução das formas existentes, com o que fica marcada uma posição de ruptura. (FAVARETTO, 2000, p. 25)

Na medida em que o Tropicalismo operou com a justaposição de diversos elementos da cultura, obteve "uma suma cultural de caráter antropofágico, em que contradições históricas, ideológicas e artísticas são levantadas para sofrer uma operação desmistificadora" (FAVARETTO, 2000: 26) Entretanto, para operar no nível dessa justaposição de contraditórios, que possibilita a desmistificação e mantém o aparato crítico excitado, a Tropicália, ao menos num primeiro momento, teve que incluir em seu seio propostas musicais e projetos estéticos diferentes (por vezes, antagônicos), embora num primeiro momento convergentes. Podem-se observar tais dissonâncias contidas no Tropicalismo por meio das propostas e interesses musicais de Rogério Duprat e dos Mutantes que, tal como Tom Zé, de certo modo acabaram sendo relegados a uma espécie de "lado B" da Tropicália.[3] O "lado A" certamente acabou se identificando com as

---

3 Sobre a obra de Duprat, ver: GAUNA, Regiane. *Rogério Duprat: Sonoridades Múltiplas*. São Paulo: Editora da Unesp, 2002 e sobre a obra dos Mutantes, ver: SANTOS, Daniela Vieira dos. *Não vá se perder por aí: A trajetória dos Mutantes*. São Paulo: Annablume/Fapesp, 2010.

proposições de Gilberto Gil e, principalmente, de Caetano Veloso. No entanto, no caso de Tom Zé as dissonâncias com o Tropicalismo foram mais conflituosas, ou, dito de outra forma, se comparada aos vários projetos musicais inclusos no movimento tropicalista, a participação de Tom Zé no Tropicalismo é dúbia: por um lado, pode ser vista como uma mera confluência de propósitos aglutinados em um momento específico do final dos anos 1960, mas que não tinha a pretensão de se constituir no *mainstream* da música popular brasileira e, por outro lado, pode ser entendida como uma permanência/radicalização do projeto experimental do Tropicalismo, especialmente após o *período heroico* do movimento.

Tom Zé, como se sabe, surge na cena musical brasileira da era dos festivais com uma participação totalmente inócua. No entusiástico III Festival da Música Popular Brasileira da TV Record, de 1967, em que Caetano Veloso e Gilberto Gil chocam a plateia com *Alegria, Alegria* e *Domingo no Parque*, respectivamente, Tom Zé tem uma participação apagada, com uma canção lírica e melodiosa, denominada *A moreninha*, que não chega sequer a se classificar entre as finalistas deste certame. No ano seguinte a situação se modifica drasticamente. Em 1968, Tom Zé compõe, já em São Paulo, as treze canções para aquele que seria seu primeiro LP, *Tom Zé – Grande Liquidação*. As canções de seu primeiro disco, na grande maioria, tratam-se de crônicas sobre a sua adaptação a São Paulo, com títulos como: *Não buzine que eu estou paquerando, Catecismo, creme dental e eu, Parque Industrial, São Paulo meu amor* dentre outras. Mas, antes do lançamento de seu primeiro LP, Tom Zé participa, com *Parque Industrial*, do disco manifesto do Tropicalismo – *Tropicália ou Panis et Circensis* – selando assim, definitivamente, seu nome ao movimento. Ainda em 1968, compõe *2001*, renomeada por Rita Lee (o título original era *Astronauta Libertado*) e gravada pelos Mutantes, uma das canções-chave na estética do Tropicalismo, e o mais importante para sua carreira até então: vence o IV Festival de MPB da Record com a canção *São, São Paulo meu amor*, tendo ainda a canção *2001* colocada em quarto lugar. Essa rápida e vertiginosa ascensão de Tom Zé, em menos de um ano, poderia dar a entender que o compositor baiano teria uma carreira consolidada nos anos seguintes, mas foi justamente o contrário que ocorreu.

No auge do Tropicalismo, em 1968, pode-se dizer que Tom Zé se atinha muito mais à postura comportamental tropicalista do choque (com roupas coloridas, cabelos compridos etc.) do que a uma proposta musical bem delineada. Ganhar o Festival da Record, nesse sentido, foi ao mesmo tempo a "glória" e também o início de sua reclusão, pois seu projeto musical pessoal ainda não existia de forma definida. No entanto, engajar-se no Tropicalismo e ganhar o Festival contribuíram para a elaboração futura desse projeto, mesmo que de maneira enviesada e tensa com o próprio movimento. Como se sabe, apesar de as críticas à "estrutura dos festivais" feitas pelos tropicalistas, o ano de 1968 marca um momento de afirmação do Tropicalismo no cenário dos festivais. Mas a necessidade de manter a postura radical e a necessidade de reafirmar a atitude do choque "contrabalançava a euforia pela aceitação do movimento" (NAPOLITANO, 2001, p. 276). Esse aspecto da atitude tropicalista fica claro quando Tom Zé, mesmo vencendo o Festival da Record,

> fez questão de publicar um "Manifesto contra a velhice cultural", cujo item IX diz o seguinte: "Parece que é vedado aos compositores brasileiros o ato ou a capacidade de renovar: considerando isto, um falso dilema nos é imposto: ou sermos 'velhos' ou não sermos compositores brasileiros". (*Idem*, p. 276-277)

Ocorre, no entanto, que em 1968 a situação era bem diferente da descrita por Tom Zé no "Manifesto contra a velhice cultural". Conforme Napolitano,

> as estruturas mais ligadas à indústria cultural estavam predispostas a ver o "novo" inclusive nas obras onde ele não era predominante, como na própria canção de Tom Zé. Sua música era uma "marchinha" com quadras satíricas sobre a grande cidade, de mensagem linear, chegando a ser ingênua e amparada numa estrutura composicional e interpretativa comum para a época. Mas era preciso produzir a "diferença" para afirmar o movimento dentro do embate com a MPB. (*Ibidem*, p. 277)

É no contexto desse embate entre a MPB nacionalista e o Tropicalismo que Edu Lobo teria dito de *São, São Paulo meu amor*, logo após a vitória de Tom Zé no festival: "Tudo bem, ele ganhou, mas a música do Milton Nascimento é música em qualquer lugar, não só em São Paulo".[4] Esse comentário de Edu Lobo, além de marcar a "diferença" da MPB em relação ao Tropicalismo, coloca a questão da disputa de mercado. A Tropicália e a MPB disputavam o mesmo mercado, a mesma faixa de mercado, que embora estivesse em crescimento no final de década de 1960, ainda era relativamente pequeno para comportar duas tendências distintas disputando o mesmo público consumidor, situação que só viria a se modificar efetivamente na década seguinte, ao menos em relação à "diferença" entre Tropicália e MPB. Assim, no momento em que MPB e Tropicalismo se fundem para formar a canção popular brasileira da década de 1970, apesar da tentativa de a indústria fonográfica lançar Tom Zé como a "bola da vez" do mercado de música logo após o Festival da Record de 1968, o compositor de Irará não consegue achar seu espaço, nem no *mainstream* da MPB pós-tropicalista e muito menos no mercado musical. Como o próprio Tom Zé sempre repete em suas entrevistas recentes: ele passa então a "sabotar" seu próprio trabalho, sua própria carreira.[5] Não pensamos, evidentemente, em uma "autossabotagem" de Tom Zé, mas sim na busca pelo seu próprio projeto musical, que apenas tardiamente se construiria, e num momento já pouco propício para inovações musicais. E esse projeto se diferenciará tanto do momento tropicalista da década de 1960 quanto do que veio depois, com a canção popular da década de 1970. O próprio Caetano Veloso destaca a diferença de projetos, no correr da década de 1970, entre o seu trabalho e o trabalho de compositores como Tom Zé. Diz Caetano em seu livro *Verdade Tropical*: "eu amava os discos experimentais de Tom Zé ou de Walter Franco... – mas sabia que meu lugar era lá no meio da corrente central da cultura de massas brasileira..." (1997, p. 496)

---

4 Cf. *Tom Zé Biografia*, disponível no link: http://mtv.uol.com.br/apresenta/tomze/bio.shtml#tropic. Acessado em 29 maio 2008.

5 Cf. Documentário: *Tom Zé, ou Quem irá colocar uma dinamite na cabeça do século?* Direção Carla Gallo, São Paulo, 2000.

Tal distanciamento de projetos e ideias entre Tom Zé e as figuras principais do Tropicalismo (Caetano e Gil) pode ainda ser exemplificado pela reunião do grupo tropicalista baiano – que contou com a presença de Gil, Caetano, Gal e Bethânia (nunca antes ligada diretamente ao movimento) – para a gravação do disco duplo e do show *Doces Bárbaros*, sem a presença de Tom Zé. Ou seja, por volta de 1976, Tom Zé já era *o* Trotsky do Tropicalismo, como ele mesmo disse. E aqui se faz pertinente a análise de Luiz Tatit sobre o Tropicalismo em geral e sobre Tom Zé em particular.

Luiz Tatit vislumbra dois projetos contidos no Tropicalismo musical, encabeçados por Caetano Veloso e Gilberto Gil. O primeiro projeto – transformador, experimental, radical, – que o autor chama de "intenso" – e pode ser localizado nos primeiros anos do movimento (1967, 1968), decorreu

> de um *insight* de época, motivado por uma forte sintonia com os fenômenos da movimentada década de 1960 (as rebeliões, o padrão tecnológico, a explosão das mídias, a pujança dos Beatles em *Sgt. Pepper's*, o sonho *hippie* etc.) quando, diante das transformações irreversíveis do novo mundo, os valores definidos pela MPB "oficial" só vinham revelar o atraso e o descompasso do Brasil em relação ao que acontecia naquele período. (TATIT, 1996, p. 275)

Já o segundo projeto, o projeto implícito (e extenso) do Tropicalismo, se configurou como aquele que redesenhou o modelo da "canção de rádio" das décadas subsequentes, fundando

> aquilo que viemos a reconhecer depois como música *pop* nacional. Embora esse termo sempre estivesse associado, na tradição anglo-americana, às fórmulas musicais concebidas para o consumo imediato – e esse sentido mantém-se inalterado no âmbito da nova definição –, aos poucos seu campo semântico foi incorporando também o traço da mistura, na medida em que a sonoridade brasileira se deixava impregnar pelo gesto tropicalista extenso. Assim, não contando com um termo mais genuíno (...) arriscamos a adotar o termo *pop* para caracterizar essa canção pós-tropicalista que

toma conta das rádios a partir dos anos 1970 e que se descaracteriza como gênero. (TATIT, 2004, p. 213-214)

Esse aspecto, abordado por Tatit, torna-se importante para se entender o trabalho de Tom Zé, uma vez que sua relação com o Tropicalismo, quando participa da fase "intensa", foi mais uma convergência momentânea de interesses. Passada essa primeira fase, e a partir do momento em que o Tropicalismo, em sua "fase extensa", passa a construir a "canção de rádio" no Brasil, se unindo à MPB e à Bossa Nova numa mesma vertente principal da canção brasileira, Tom Zé se afasta do *mainstream* da canção popular de "bom gosto", pois "seu gesto de criação revelava outra procedência e outro desenvolvimento" (TATIT, 2004, p. 237).

Do "grupo baiano" do Tropicalismo, Tom Zé é o único a ter estudado música em termos acadêmicos, na Universidade Federal da Bahia (UFBa), entre 1963 e 1967, tendo aulas e contato com músicos como Ernest Widmer, Walter Smetack e Hans J. Koellreutter. Formado em composição pela UFBa, Tom Zé não se liga de imediato à música popular, à criação de música popular. Seu universo musical, sua escuta musical original, é formada por elementos que poderiam num primeiro momento ser vistos como contraditórios: o folclore e a vanguarda. Tom Zé já declarou, em várias oportunidades, que seu modelo de música, o som perfeito que ele vem perseguindo há anos e tentando reproduzir (diz ele que quando conseguir pára de compor!) é o canto das lavadeiras que ele ouvia quando criança em Irará.[6] Por outro lado, a universidade lhe deu uma formação de vanguarda. Na UFBa, por meio de seus professores, Tom Zé travou contato com as vanguardas mais radicais do século XX – do dodecafonismo da Segunda Escola de Viena até as experiências com música aleatória e eletroacústica da segunda metade do século. E em sua formação musical esses elementos não se colocavam como antagônicos, ao contrário, se colocavam como necessários (Cf. ZÉ, Tom. 2003). Ou seja, a música popular (cada vez mais inserida nas regras da indústria cultural) não se apresentava

---

6 Sobre isso, ver os documentários: *Zé de Irará, Tom da Bahia*, Produção: TVE Bahia, 2004; *Tom Zé, ou Quem irá colocar uma dinamite na cabeça do século?* Direção Carla Gallo, São Paulo, 2000

para Tom Zé como algo fácil de ser realizado, pois sua escuta de formação estava balizada pelos dois polos extremos da música popular urbana: a vanguarda e o folclore. Articular esses dois polos e traduzi-los em música popular, em canção popular, foi o projeto de Tom Zé. Um projeto que acabou resultando numa espécie de "descanção" popular (cf. TATIT, 2004: 238). Mas esse projeto só se realizou de forma lenta, um tanto quanto descompassada do projeto tropicalista em seu "momento heroico". A sua presença no Tropicalismo, assim, foi apenas uma contingência, embalada pela proposta geral do movimento de renovação da música popular brasileira. Assim, com a abertura proporcionada pelo Tropicalismo na música popular brasileira – que se tornou mais clara quando as tendências contidas em cada projeto particular foram consolidadas na década de 1970 – o projeto de Tom Zé se tornaria mais evidente e totalmente diferente dos rumos tomados pela corrente principal da MPB.

II

Em sua autobiografia, *Tropicalista Lenta Luta*, Tom Zé diz o seguinte:

> Veja como as coisas são. Quando fiz o terceiro disco, *Se o caso é chorar* [1972], saiu uma resenha dizendo: "Tom Zé fez um disco novo. Pior para ele". Naquele tempo aquilo doeu como o diabo; mas retomei (...) – eu retomei outro projeto. Tanto que o disco seguinte, *Todos os Olhos* [1973], foi praticamente feito a quatro mãos, por mim e pelo o que o crítico me disse. (2003, p. 225)

Em 1972, o "susto" tropicalista já havia se amainado e a indústria fonográfica trabalhava na perspectiva da consolidação das experiências musicais da década de 1960. A sua relação, muito mais circunstancial do que propriamente de engajamento com o Tropicalismo, fez com que Tom Zé não se adaptasse à nova forma da canção popular no Brasil, traduzida na MPB renovada. As tentativas de lançar Tom Zé como a "bola da vez" do mercado fonográfico, logo após o Festival da Record de 1968, não se efetivaram, em larga medida por ele não se adaptar à forma da canção conforme realizada na entrada da década de 1970. Por outro lado, Tom Zé passa a radicalizar suas propostas estéticas, buscando um outro projeto de MPB, mas num momento em que o mercado musical, a indústria fonográfica, já não estava mais aberta a novas experiências.

Em uma declaração feita em 1974, o produtor de discos André Midani disse o seguinte:

> A vanguarda não é hoje uma prioridade nossa. Como não é uma prioridade do inconsciente coletivo brasileiro. Se fomos uma companhia certa há seis anos, quando estávamos preocupados com a vanguarda, que era também uma preocupação do país, não acho que estejamos errados hoje em que não nos preocupamos tanto com o que não é uma preocupação nacional." (*apud* PAIANO, 1994, p. 216)

Nas palavras de Midani, acima citadas, estão contidos dois aspectos interligados: a consolidação da indústria cultural no país e o decorrente fechamento do mercado para o novo, e a ideia de vazio cultural ("depois deles não houve mais ninguém", como dizia a canção do Belchior se referindo aos músicos dos anos 1960) propagado pela esquerda mais ortodoxa do país após o fracasso de seu projeto político-cultural. E é nesse contexto que os trabalhos mais radicais de Tom Zé surgem. Ou seja, é no contexto do fechamento da indústria fonográfica para o novo e, de forma interligada, da consolidação das carreiras dos músicos e compositores surgidos nos anos 1960 que Tom Zé estabelece seu projeto musical no decorrer da década de 1970. E esses dois polos de um mesmo processo tornam-se fundamentais para entendermos o paulatino desaparecimento de Tom Zé da cena musical brasileira da década de 1970 em diante (até seu "reaparecimento" em fins da década de 1980, início da década de 1990) e seu projeto musical, que trouxe uma tensão tanto para o mercado de música (a rigor, Tom Zé ficou excluído deste mercado) quanto para o *mainstream* da MPB.

O projeto de Tom Zé passa a ficar mais nítido, para ele mesmo inclusive, quando o compositor abandona a forma tradicional de canção e passa a trabalhar no limite da desconstrução da canção. Conforme Tatit, o gesto criador de Tom Zé,

Decorria da exploração sistemática das imperfeições, seja no domínio musical (composição, arranjo), seja na expressão do canto, o que lhe conferia um ângulo privilegiado para avistar os acontecimentos socioculturais e produzir a inversão de valores e decomposição de formas cristalizadas no universo artístico. Pode-se dizer que, ao contrário do procedimento habitual dos cancionistas de estetizar o cotidiano, Tom Zé cotidianizava a estética: inseria as imperfeições, as insuficiências, os defeitos. (...) Portanto, isso nada tinha a ver com o projeto extenso (ou implícito) do Tropicalismo que acabou engendrando a canção de rádio dos anos setenta e abrindo espaço para a canção *pop* brasileira do final do milênio. (TATIT, 2004, p. 237-238)

Tom Zé traz para o universo da canção popular elementos e procedimentos oriundos das vanguardas eruditas (polirritmia, inclusão de ruídos, pesquisa de novos instrumentos, performances próximas do *happening* etc.), propondo "novas formas de composição e novos recursos para o arranjo musical a partir de objetos caseiros, eletrodomésticos e instrumentos especialmente concebidos para este trabalho" (TATIT, 2004, p. 238). No entanto, não faz isso no sentido da construção da canção tal como realizada pela MPB e em certo sentido pelo próprio Tropicalismo de Gil e Caetano. Ao contrário, Tom Zé se utiliza dos elementos e procedimentos das vanguardas musicais para "desmontar" a canção popular. Esse aspecto o diferencia inclusive da contribuição dada por Rogério Duprat (entre outros), que também incluiu elementos e procedimentos das vanguardas eruditas na canção popular brasileira, mas no sentido de construir uma poética tropicalista. Embora tenha tido uma formação musical sofisticada, ou talvez devido a isso mesmo, Tom Zé adota uma posição "apocalíptica" em relação à canção, propondo no campo da música popular brasileira a intervenção de um "descantor" que produz uma "descanção", "totalmente desvinculada da noção de beleza até então cultivada" (TATIT, 2004: 238). Diz Tom Zé em sua autobiografia:

> Meu negócio era saber que *não* sabia fazer o certo. E quem não sabe fazer o certo, você há de imaginar, fica trabalhando no limite...

Tem uma fronteira aqui: o universo da "música" está aqui, um círculo, e existe uma fronteira, com coisas que estão fora e outras dentro. A pessoa trabalha nessa fronteira. (ZÉ, Tom. 2003, p. 227)

Trabalhar no limite, para Tom Zé, era abandonar o formato tradicional de canção e praticar um tipo de composição onde os "defeitos" assegurassem "uma dinâmica cultural perdida nos acabamentos 'perfeitos' do mercado sonoro" (TATIT, 2004, p. 139). Assim, diz Tom Zé:

> De 68 a 73 foi uma luta para me adaptar à forma A-B-A simples de música popular, isto é, 1ª. Parte, 2ª. Parte, 1ª. Parte. Depois de 1961 só voltei a praticar o que eu realmente chamo de composição em 73, com *Tom Zé Todos os Olhos*, da Continental, quando esquentei as baterias para *Estudando o Samba*, de 1976. (Tom Zé, 2003, p. 50)

Embora Tom Zé tenha dito que só voltou a praticar o que ele "realmente chama de composição" a partir do LP *Todos os Olhos* é possível encontrarmos em seu LP anterior alguns procedimentos pouco usuais na canção popular do período. É esse o caso, por exemplo, da canção *Se o caso é chorar*, do LP homônimo. Nessa canção Tom Zé lança mão de um procedimento estético que, nos anos 1990, retomará em seu trabalho. Trata-se da "estética do plágio" (que posteriormente ele denominará de *plagicombinação*). Essa canção é quase totalmente feita de "plágios", ou melhor, trata-se de uma colagem. A harmonia é a mesma do "Estudo no. 2" de Chopin – e também da canção "Insensatez" de Tom Jobim e Vinícius de Moraes –, a forma, o tema e a dicção da interpretação são baseadas nas canções de Antonio Carlos e Jocafi – compositores ligados à temática do "amor dor de cotovelo" e criadores de vários "sucessos" na década de 1970, com várias canções inseridas em trilhas sonoras de novelas –, e a segunda parte da letra é uma colagem de várias canções populares brasileiras. Acompanhemos a segunda parte da letra de *Se o caso é chorar*:

Hoje quem paga sou eu
O remorso talvez
As estrelas do céu
Também refletem na cama
De noite na lama
No fundo do copo
Rever os amigos
Me acompanha o meu violão.

Todo esse trecho da letra é composto por "plágios". "Hoje quem paga sou eu" é o título de um tango de Herivelto Martins e David Nasser, gravado por Nelson Gonçalves. "O remorso talvez" ("seja a causa do seu desespero") é um trecho de um verso de *Vingança* de Lupicínio Rodrigues. "De noite na lama" é uma inversão do título da canção *De noite na cama* de Caetano Veloso. "No fundo do copo" é uma apropriação da ideia de *Risque* de Ari Barroso, cuja letra original diz: "não se perturbe/afogue a saudade/nos copos de um bar". E por fim, um trecho da letra de *A volta do Boêmio* de Adelino Moreira, imortalizada na voz de Nelson Gonçalves: "Voltei para *'rever os amigos'* que um dia/eu deixei a chorar de alegria/*'me acompanha o meu violão'*". Com esse procedimento, Tom Zé "desmonta" e "remonta" a tradição da música popular brasileira por meio da colagem, um procedimento utilizado pelos tropicalistas, mas que nesse caso assume um aspecto todo peculiar, pois não se apresenta como um choque, e sim como um enigma.

No entanto, em 1973, com o LP *Tom Zé Todos os Olhos*, seu procedimento de composição torna-se ainda mais *singular*.[7] Tom Zé passa então a fazer o que ele chama "de pequenos abridores de garrafa que a pessoa vai decifrar".[8] Ou seja, a partir de 1973, afasta-se totalmente da noção

---

7 Conforme observação de Tatit, "não se trata de música nova, no costumeiro sentido vanguardista do termo, ou mesmo de propostas musicais. Trata-se de um fenômeno singular (...): sonoridade, espetáculo, banda, discos, cenários, encenações, tudo irreproduzível sem a centralização da sua personagem e da sua personalidade. Tudo faz sentido se o eixo é Tom Zé" (*apud* ZÉ, Tom. 2003, p. 228).

8 Tom Zé, in: *Caros Amigos*. São Paulo, n. 31, out. 1999, p. 34

de beleza até então cultivada na canção popular brasileira. A título de exemplos tomemos duas canções gravadas no LP *Todos os Olhos*. Nesse LP Tom Zé regrava A *noite do meu bem* de Dolores Duran. Trata-se, todavia, muito mais de uma "recomposição" do famoso samba-canção que fez sucesso na década de 1950. A gravação feita por Tom Zé – ao contrário do arranjo utilizado na primeira gravação de A *noite do meu bem*, carregado de instrumentos e em tom dramático – se vale de uma orquestração "minimalista" (apenas voz, violão e órgão). A interpretação é contida, sem arroubos vocais e sem expressões exacerbadas de sentimentos. De fato, Tom Zé não canta propriamente a melodia da canção, ele fala (recita!) a letra, deixando-se acompanhar pelo órgão, que acaba por criar um clima sombrio, com notas longas, sustentadas por longos períodos, que apenas mudam de acordes para harmonizar a canção, sem contudo demarcar ritmo algum. Ao trecho da letra da música que diz: "ah! Como esse bem demorou a chegar", segue-se uma longa pausa, criando uma sensação de espera angustiante, criando uma relação intrínseca entre o que está sendo dito pela letra e aquilo que se ouve. O violão, por sua vez, não acompanha a música, ao contrário, ele dialoga com ela. No arranjo criado por Tom Zé, o violão está "solto", faz intervenções dramáticas e pontuais, propondo várias situações de intensidade (do fortíssimo ao pianíssimo) por meio de cromatismos e arpejos de acordes pouco usuais na canção popular. A quase ausência de expressividade na voz contrasta com a expressividade do violão, criando um todo conflitante e ao mesmo tempo harmônico. Assim, Tom Zé trabalha no limite dos contrastes, no limite entre a fala e o canto, no limite entre a expressão e a não-expressão, no limite entre a canção e a não-canção.

Um outro exemplo de "des-canção" de Tom Zé, também do LP *Todos os Olhos*, é *Complexo de épico*. Nessa canção há um outro aspecto minimalista explorado por Tom Zé: a repetição de sons. Toda a canção é feita sobre uma base rítmica composta por instrumentos de percussão e vozes, que se repetem infinitamente, contendo apenas algumas variações, sutis, de timbres. A letra da canção também está no limite entre a fala e o canto. Entretanto, em alguns momentos a letra é falada como alguém que está lendo alguma coisa. Ou melhor, como alguém que está se alfabetizando e ainda tem dificuldade de leitura. *Complexo de épico* é uma crítica ao compositor popular brasileiro que, por meio deste *canto-fala-soletrada*, cria um aspecto uma atmosfera satírica e irônica que reforça o sentido da letra, conforme esse trecho:

(fala-cantada) Todo compositor brasileiro é um complexado
(fala-soletrada) Por-que en-tão es-sa ma-nia da-na-da, es-sa preo-cupa--ção de fa-lar tão sério
(fala-cantada) de parecer tão sério
de ser tão sério
de chorar tão sério
de se sorrir tão sério
de brincar tão sério
de amar tão sério?
(fala-cantada) Ai meu Deus do céu, vai ser sério assim no inferno!

O LP *Estudando o samba*, de 1975, por sua vez, é um álbum todo ele complexo, amarrado em torno da célula rítmica básica do samba (em 2/4). Entretanto, nas várias faixas que compõem esse álbum, a célula rítmica do samba, decomposta, é apresentada de várias maneiras, se utilizando inclusive de polirritmia e contrapontos em alguns momentos, aspectos nada usais no universo e na tradição do samba. Esse é o caso, por exemplo, da música *Toc*, em que pulsos contra-métricos são colocados de maneira contrapontística sobre uma base rítmico-harmônica constante e repetitiva. Além disso, essa música apresenta intervenções de sons eletroacústicos, como "falas desconexas", buzinas, gemidos, gritos e demais ruídos. Esse tipo de experiência com sons "não musicais" se torna um aspecto central na obra de Tom Zé após essa época. O compositor passa, então, a pesquisar sonoridades em objetos cotidianos, como eletrodomésticos, por exemplo. Em um programa exibido originalmente na TV Cultura de São Paulo em 1978, pode-se ver Tom Zé, talvez em uma de suas últimas aparições nos meios de comunicação de massa na década de 1970, tocando uma enceradeira adaptada (instrumento depois denominado por ele de "enceroscópio"), serrotes, esmeril com agogô e um instrumento chamado *Hertzé*, que é uma espécie de sequenciador de sons, que são previamente gravados e reproduzidos de forma aleatória.[9] Tom Zé, assim, não apenas cotidianiza a estética, conforme disse Tatit, como também traz para o palco um elemento cênico inusitado, que é a utilização desse instrumental, um dado por si só altamente performático. Além disso, Tom Zé trabalha na contramão do acabamento tecnológico da música popular brasileira da época, introduzindo "ruídos artesanais", como é o caso de instrumentos como o *Hertzé*, que ele mesmo considerou uma espécie de "avô" do *sampler*.

Por meio desses procedimentos, Tom Zé não apenas descompõe a canção popular como também deixa em evidência seus limites, na medida em que a fala é ao mesmo tempo o início e a morte da canção, os sons musicais e sons "não musicais" são propostos para não mais se diferenciarem no universo da canção popular brasileira. Tom Zé explicita também, de forma crítica e criativa – por meio de sua "estética do plágio", de suas intervenções minimalistas e da inclusão de procedimentos vanguardistas no campo da canção popular – a contradição vivida pela MPB: almejar ser arte, ter a autonomia e a "seriedade" da arte, em meio a uma indústria cultural consolidada. Em suma, ao trabalhar no limite dessas situações, Tom Zé propõe uma estética baseada nos "defeitos", nos "ruídos" e nas "insuficiências" da canção, na negação do belo já consumado (Cf. ZÉ, Tom. 2003). Entretanto, esse projeto se chocou com a consolidação da "canção bem acabada" (tanto técnica como tecnologicamente falando) praticada pela MPB a partir da década de 1970, articulada na e pela indústria cultural no país, que cada vez mais deixava de lado obras que apresentassem algum aspecto experimental ou pouco convencional. Ou seja, o projeto da "descanção", da "canção insuficiente" de Tom Zé se formulou justamente no momento de consolidação da "grande" canção popular brasileira praticada pelo cânone da MPB, o que, ao menos em grande parte, explica o "longo exílio" de Tom Zé em terras brasileiras, até ser redescoberto por David Byrne, no final da década de 1980, pois sua proposta não tinha condição de encontrar acolhida nos anos de 1970.

---

9 Cf. *Os Alquimistas do Som*. São Paulo: TV Cultura/PUC, 2003. Sobre o Enceroscópio e o Hertzé ver também o DVD: *Tom Zé. Jogos de Armar*. São Paulo: Trama, 2003.

Os autores

TÂNIA DA COSTA GARCIA: Profa. Dr^a do Departamento de História da Universidade Estadual Paulista (Unesp), *campus* de Franca. Autora, entre outros trabalhos, do livro *O it verde e amarelo de Carmen Miranda (1930-1946)*. São Paulo: Editora Annablume/Fapesp, 2004.

LIA TOMÁS: Prof^a Dr^a do Departamento de Música da Unesp – Instituto de Artes. Autora, entre outros livros, de *Ouvir o Lógos: Música e Filosofia*. Prêmio INEPMEC, Editora da Unesp, 2003.

PAULO DE TARSO SALLES: Prof. do Departamento de Música da Universidade de São Paulo (ECA/USP). Autor dos livros *Aberturas e impasses: o pós-modernismo na música e seus reflexos no Brasil – 1970-1980*. São Paulo: Editora da Unesp, 2005 e *Villa-Lobos: procedimentos composicionais*. Campinas: Editora da Unicamp, 2009.

JUAN PABLO GONZÁLEZ: Musicólogo, Director do Instituto de Música da Universidade Alberto Hurtado SJ professor Titular do Instituto de História da Pontifícia Universidad Católica de Chile. Coautor, entre outros livros, de dois volumes da *História Social de la música Popular en Chile*, 1890-1950 y 1950-1970, Ediciones Universidad Católica de Chile y Casa de las Américas, 2005 y 2009.

SILVANO FERNANDES BAIA: Professor no Curso de Música do Instituto de Artes da Universidade Federal de Uberlândia. Mestre em Música pela Unesp e Doutor em História pela USP.

DIÓSNIO MACHADO NETO: Musicólogo, Professor Associado, Departamento de Música da Faculdade de Filosofia, Ciências e Letras de Ribeirão Preto – Universidade de São Paulo. É autor de diversos artigos publicados no Brasil e no exterior. Recebeu Menção Honrosa no Prêmio Capes de Teses de 2009 (Área de Artes), pelo trabalho *Administrando a Festa: Música e Iluminismo no Brasil colonial.*

HELOISA VALENTE: Semioticista e musicóloga. Doutora em Comunicação e Semiótica (PUC-SP). É fundadora do Centro de Estudos em Música e Mídia (MusiMid) e idealizadora dos Encontros de Música e Mídia. Dentre suas publicações, figuram: *As vozes da canção na mídia* (Via Lettera/Fapesp, 2003); e a organização de *Música e Mìdia: novas abordagens sobre a canção* (Via Lettera/Fapesp, 2007).

ADALBERTO PARANHOS: Prof. Dr. do Departamento de Ciências Sociais da Universidade Federal de Uberlândia. Autor, entre outros livros, de *O Roubo da Fala: origens da ideologia do trabalhismo no Brasil.* São Paulo: Boitempo, 1999.

FABIANA LOPES DA CUNHA: Prof[a] Dr[a] da Universidade Estadual Paulista – Unesp, *campus* de Ourinhos. É autora, dentre outros trabalhos, do livro *Da marginalidade ao estrelato: O samba na construção da nacionalidade (1917-1945).* São Paulo: Annablume, 2004.

JOSÉ ADRIANO FENERICK: Prof. Dr. do Departamento de História da Universidade Estadual Paulista, Unesp, *campus* de Franca. Autor, entre outros trabalhos, do livro *Façanhas às próprias custas. A produção musical da Vanguarda Paulista (1979-2000).* São Paulo: Annablume/Fapesp, 2007.

Esta obra foi impressa no outono de 2013.
No texto foi utilizada a fonte Electra LH em
corpo 11,3 e entrelinha de 15,5 pontos.